정답과 해설은 EBS 초등사이트(primary.ebs.co.kr)에서 내려받으실 수 있습니다.

교재 내용 문의는 EBS 초등사이트 (primary.ebs.co.kr)의 교재 Q&A 서비스를 활용하시기 바랍니다.

교재 정오표 발행 이후 발견된 정오 사항을 EBS 초등사이트 정오표 코너에서 알려 드립니다.
공지 교재 검색 ▶ 교재 선택 ▶ 정오표

교재 정정 공지된 정오 내용 외에 발견된 정오 사항이 있다면 EBS 초등사이트를 통해 알려 주세요.
신청 교재 검색 ▶ 교재 선택 ▶ 교재 Q&A

평생을 살아가는 힘, 문해력을 키워 주세요!

문해력을 가장 잘 아는 EBS가 만든 문해력 시리즈

예비 초등 ~ 중학

문해력을 이루는 핵심 분야별 / 학습 단계별 교재

우리 아이의 문해력 수준은?

더욱 효과적인 문해력 학습을 위한
EBS 문해력 진단 테스트

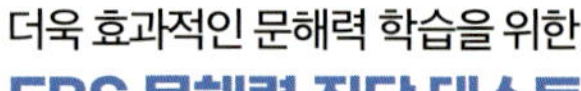

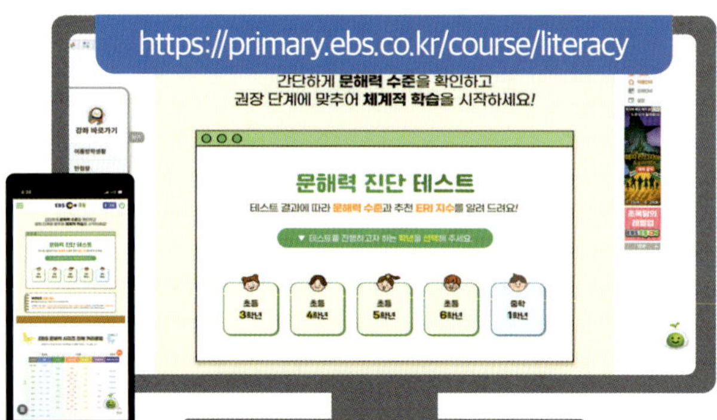

등급으로 확인하는
문해력 수준

문해력 등급 평가
초1 - 중1

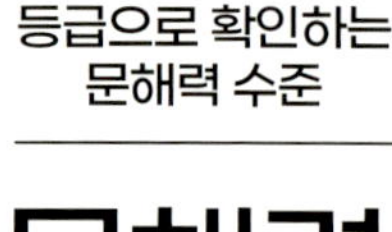

4단계

초등 3~4학년 권장

이 책의 구성과 특징

쑥쑥 어휘 실력!!
읽기 잡고 국어 잡고~

· 어휘 공부를 통해 읽기와 국어 공부를 함께할 수 있습니다.
· 초등학교 교과서에 자주 나오는 어휘를 학습할 수 있습니다.
· 쉽고 재미있게 어휘를 공부할 수 있습니다.

어휘 익히기

어휘 더하기

초등학교 교과서에 자주 나오는 어휘들을 그림을 통해 공부해 보아요.
비슷한말까지 공부하고 나면 어휘 실력이 한 단계 올라갈 수 있을 거예요.

헷갈리거나 함께 알아 두면 좋은 어휘를 공부할 수 있어요.
문제도 꼭 풀어 보아요.

문항을 통해 배운 어휘를 얼마나 이해했는지 확인해 보아요.

어휘 다지기

어휘 활용하기

앞에서 배운 어휘가 사용된 지문을 읽고 독해 문제를 풀어 보아요.

어휘 펼치기

어휘 굳히기

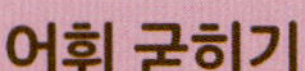
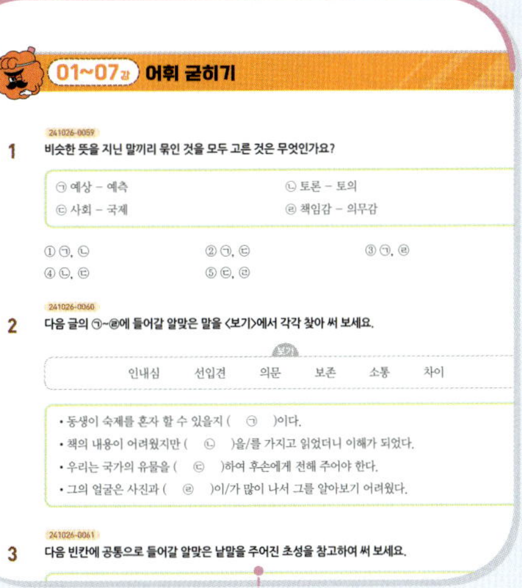

우리말에서 많이 사용하는 속담, 고사성어 등을 만화·삽화로 쉽고 재미있게 공부할 수 있어요.

7강마다 앞에서 익힌 어휘를 다시 한번 확인하며 복습해 보아요.

정답과 해설

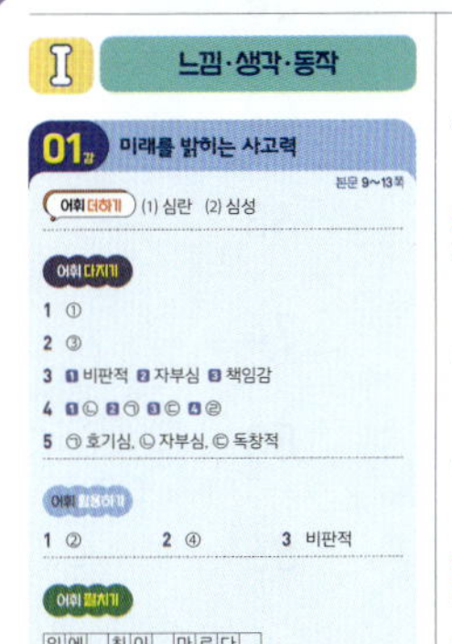

내가 풀어 본 문제들의 해설을 확인해 보아요.

이 책의 차례

Ⅰ 느낌·생각·동작

Ⅱ 역사·사회·자연

Ⅲ 과학·수학·국어

인공지능 **DANCHOQ**
푸리봇 문|제|검|색

EBS 초등사이트와 **EBS 초등 APP** 하단의
AI 학습도우미 푸리봇을 통해 문항코드를
검색하면 푸리봇이 해당 문제의 해설 강의를
찾아 줍니다.

I

느낌·생각·동작

창의성

창작할 創 + 뜻 意 + 성질 性

지금까지 없던 새로운 것을 생각해 내는 특성.

예 학생들의 **창의성**이 존중되는 교육이 필요하다.

🧑‍🏫 **친절한샘** '**창의적이다**'라는 말은 기존의 지식과 경험을 바탕으로 새롭고 가치 있는 결과물을 만들어 내는 능력, 또는 새로운 의견이나 아이디어, 성향을 가지고 있다는 뜻이에요.

독창성

홀로 獨 + 창작할 創 + 성질 性

다른 것을 모방하지 않고 새로운 것을 생각해 내거나 만들어 내는 성질.

예 독특한 발상과 **독창성**이 돋보인다.

🧑‍🏫 **친절한샘** '**아류**'라는 말은 독창성이 없이 남의 작품이나 생각을 따라 하는 일이나 사람을 말해요. 그리고 아예 다른 사람의 작품의 일부를 몰래 따와서 쓰는 것을 '**표절**'이라고 해요.

인내심

참을 忍 + 견딜 耐 + 마음 心

괴로움이나 어려움을 참고 견디는 마음.

예 조금만 더 **인내심**을 가지고 기다려 봐.

🧑‍🏫 **친절한샘** 목표를 세우고 끝까지 참고 노력해서 이루어 본 적 있나요? 인내심을 가지고 노력한다면 못 이룰 것이 없겠죠? 비슷한 의미를 가진 낱말로는 '**지구력, 참을성**'이 있어요.

책임감

책임 責 + 맡길 任 + 느낄 感

맡아서 해야 할 일이나 의무를 중요하게 여기는 마음.

예 소방관은 **책임감**과 희생정신이 강하다.

🧑‍🏫 **친절한샘** '**책임감**'과 비슷한 낱말로는 '**사명감, 의무감**' 등이 있어요. '**임무감**'은 맡은 일에 대한 책임감을 말해요.

합리적

합할 合 + 다스릴 理 + 과녁 的

논리나 이치에 알맞은 것.

예 **합리적**인 소비 습관을 가져야 한다.

🧑‍🏫 **친절한샘** '**이성적**'이란 말은 옳고 그름을 바르게 판단하는 능력을 말해요. '**비합리적**'이란 말은 정당한 이치나 도리에 맞지 않는 것이란 뜻으로 '**합리적**'이라는 말의 반대말이에요.

호기심

좋을 好 + 기이할 奇 + 마음 心

새롭고 신기한 것을 좋아하거나 모르는 것을 알고 싶어 하는 마음.

예 동생은 **호기심**에 가득 찬 눈빛으로 말했다.

🧑‍🏫 **친절한샘** 에디슨, 퀴리 부인, 라이트 형제 등 수많은 위인들의 공통점은 호기심이 많은 것이었어요. 모르는 것을 알고 싶어 하는 반짝이는 눈으로 공부해 보아요.

자부심

스스로 自 + 짐질 負 + 마음 心

스스로 자신의 가치나 능력을 믿고 떳떳이 여기는 마음.

예 졸업장을 받아 든 동생의 표정에 **자부심**이 가득했다.

친절한샘 '자부심'은 자신이 가진 가치나 능력을 자랑스러워한다는 뜻이 있는데, 비슷한 의미의 낱말로는 '**긍지, 보람**'이 있어요. 한편 '**자존심**'은 남에게 굽히지 아니하고 자신의 품위를 스스로 지키는 마음을 뜻해요.

비판적

비평할 批 + 판단할 判 + 과녁 的

무엇에 대해 자세히 따져 옳고 그름을 밝히거나 잘못된 점을 지적하는 것.

예 뉴스를 볼 때 **비판적**인 시각으로 봐야 한다.

친절한샘 '**비판의 날을 세우다.**'라는 표현은 원칙적이면서도 날카롭게 비판하는 것을 말해요. 어떠한 사건을 볼 때 비판적인 시각으로 옳고 그름을 밝혀야 해요.

어휘 더하기

정답과 해설 2쪽

'심(心)'이 들어간 한자어

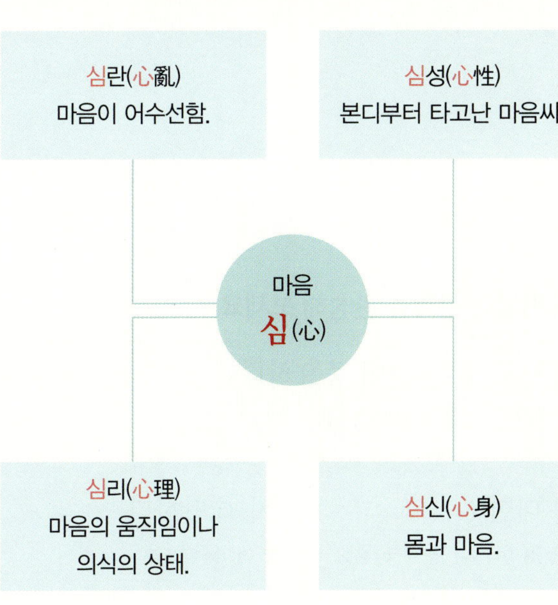

심란(心亂)
마음이 어수선함.

심성(心性)
본디부터 타고난 마음씨.

마음
심(心)

심리(心理)
마음의 움직임이나
의식의 상태.

심신(心身)
몸과 마음.

'심(心)' 자는 '마음'이나 '생각', '심장', '중앙'이라는 뜻을 가진 글자로, 사람이나 동물의 심장을 그린 것이에요. 옛사람들은 감정과 관련된 기능은 머리가 아닌 심장이 하는 것이라 여겼어요. 그래서 '심(心)' 자가 다른 글자와 결합할 때는 마음이나 감정과 관련된 뜻을 전달한답니다.

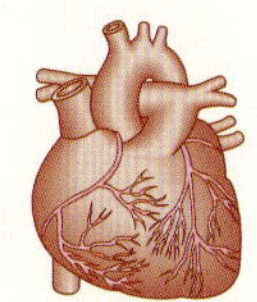 

다음 문장에서 알맞은 낱말을 골라 ○표 하세요.

(1) 홍수로 피해를 입은 이웃들을 보니 마음이 (심란 / 심신)하다.
(2) 콩쥐는 본래 (심성 / 심리)이/가 착하다.

241026-0001

1 비슷한 뜻을 지닌 말끼리 묶인 것을 모두 고른 것은 무엇인가요?

> ㉠ 책임감 – 임무감   ㉡ 합리적 – 이성적
>
> ㉢ 자부심 – 호기심   ㉣ 창의성 – 인내심

① ㉠, ㉡   ② ㉠, ㉢   ③ ㉡, ㉢
④ ㉡, ㉣   ⑤ ㉢, ㉣

241026-0002

2 다음 글의 ㉠~㉢에 들어갈 알맞은 말을 차례대로 나열한 것은 무엇인가요?

> • 틀에 박힌 생각은 점점 (㉠)을 잃게 한다.
> • 이번 캠프를 통해 역경과 고난에도 이겨 낼 수 있는 (㉡)을 기를 수 있었다.
> • 물건을 살 때에는 디자인뿐 아니라 가격, 성능, 효율성 등 다양한 조건을 고려하여 (㉢)인 소비를 할 수 있도록 해야 한다.

	㉠	㉡	㉢
①	창의성	인내심	독창적
②	자부심	인내심	비판적
③	창의성	인내심	합리적
④	자부심	창의성	독창적
⑤	비판적	자부심	독창적

241026-0003

3 빈칸에 들어갈 낱말의 초성과 뜻을 보고 알맞은 낱말을 써넣어 문장을 완성해 보세요.

1 책을 읽을 때 의문점을 가지고 (ㅂㅍㅈ)(으)로 읽는 것이 중요하다.
무엇에 대해 자세히 따져 옳고 그름을 밝히고 잘못된 점을 지적하는 것.

2 그는 할아버지께서 독립운동가였다는 사실에 대한 (ㅈㅂㅅ)이/가 대단하다.
스스로 자신의 가치나 능력을 믿고 떳떳이 여기는 마음.

3 다래는 자기가 맡은 일을 끝까지 해내려는 (ㅊㅇㄱ)이/가 강하다.
맡아서 해야 할 일이나 의무를 중요하게 여기는 마음.

241026-0004

4 왼쪽의 뜻을 가진 낱말을 오른쪽에서 찾아 선으로 바르게 이어 보세요.

1 새로운 것을 생각해 내는 특성. •		• ㉠ 인내심
2 괴로움을 참고 견디는 마음. •		• ㉡ 창의성
3 논리나 이치에 알맞은 것. •		• ㉢ 합리적
4 모르는 것을 알고 싶어 하는 마음. •		• ㉣ 호기심

241026-0005

5 다음 만화의 ㉠~㉢에 들어갈 알맞은 말을 <보기>에서 찾아 써 보세요.

보기

독창적	비판적	자부심	호기심	비합리적

1~3 다음 글을 읽고 물음에 답해 보세요.

　　조선 시대의 문신인 오성 이항복은 어릴 때부터 영특하기로 소문이 났습니다. 오성이 여덟 살 때의 일입니다. 오성의 집에는 큰 감나무가 있었는데, 그 나뭇가지의 일부가 옆집인 권 판서 집까지 뻗쳐 있었습니다. 가을이 되어 감나무에 감이 열렸습니다. 오성은 어느 날 자기 집 감나무에 열린 감을 옆집 하인들이 따 간 사실을 알게 되었습니다.

　　오성은 옆집 하인들을 찾아가 주인의 허락 없이 감을 함부로 따 간 것을 나무랐습니다. 그러자 하인들은 "가지가 우리 쪽으로 넘어왔으니, 이 감은 우리 것입니다."라며 오히려 화를 냈습니다.

　　잠시 후 오성은 권 판서를 찾아가 창호지를 바른 방문 안으로 자신의 팔을 불쑥 집어넣었습니다.

"아니, 이게 무슨 짓이냐?"

"죄송합니다. 대감님, 한 가지 여쭙겠습니다. 지금 이 팔은 누구의 팔입니까?"

권 판서는 오성의 갑작스러운 행동에 화가 나기도 했지만, (　　㉠　　)도 느꼈습니다.

"네 몸에 붙어 있으니 당연히 너의 팔이지, 누구의 팔이겠느냐?"

"그럼 대감님 댁으로 넘어온 저희 집 감나무는 누구의 것입니까?"

"당연히 너의 집 감나무 아니겠느냐!"

이렇게 말하면서 권 판서는 오성이 왜 이런 행동을 했는지 짐작하게 되었습니다.

"무슨 말인지 알겠구나. 하인들에게 다시는 그런 짓을 하지 말라고 말해 두겠다."

이 말을 듣고 오성은 자신의 (　　㉡　　) 행동에 용서를 구하고, 문을 원래대로 고쳐 놓았습니다.

241026-0006

1 ㉠과 ㉡에 들어갈 말을 가장 알맞게 짝 지은 것은 무엇인가요?

	㉠	㉡		㉠	㉡		㉠	㉡
①	인내심	무례한	②	호기심	무례한	③	자부심	황당한
④	호기심	당황한	⑤	인내심	당황한			

241026-0007

2 윗글을 이해한 내용으로 알맞지 <u>않은</u> 것은 무엇인가요?

① 오성의 집 감나무의 가지가 권 판서의 집으로 넘어갔다.

② 권 판서의 하인들이 오성의 집 감나무에 열린 감을 따 갔다.

③ 권 판서는 갑작스레 방문을 뚫고 들어온 오성의 팔을 보고 화를 내었다.

④ 오성은 옆집으로 넘어간 감나무 가지에 달린 감은 옆집의 것이라고 생각했다.

⑤ 권 판서는 오성의 팔이 방 안에 있다 해도 오성의 몸에 붙었으니 오성의 팔이라고 했다.

241026-0008

3 윗글의 오성과 같이 '무엇에 대해 자세히 따져 옳고 그름을 밝히거나 잘못된 점을 지적하는 태도'를 무엇이라 하는지 써 보세요.

☞ (ㅂ ㅍ ㅈ) 태도

다음 만화를 보고, 관용어의 뜻을 추측하여 말해 보세요.

'입에 침이 마르다'

'입에 침이 마르다'는 어떤 사실을 아주 좋게 말하거나 몹시 사정하면서 자꾸 말하는 것을 의미해요.

'입을 모으다'

'입을 모으다'는 여러 사람이 같은 의견을 말한다는 뜻이에요.

띄어쓰기에 유의하며 위 관용 표현을 원고지 칸에 써 보세요.

활동 다음 중 '입'이 들어가는 관용 표현을 찾아 □ 안에 ✔표 하세요.

□ ㉠ (   )이 가볍다   □ ㉡ (   )가 납작해지다

□ ㉢ (   ) 벗고 나서다   □ ㉣ (   )이 빠지게 기다리다

몰두하다

빠질 沒 + 머리 頭

다른 일에 관심을 가지지 않고 한 가지 일에만 집중하다.

예 퍼즐 맞추는 것에 **몰두하다**.

친절한쌤 무엇인가 골똘히 집중해서 해 본 적 있나요? 다른 일에 관심 갖지 않고 집중해서 하는 것은 참 즐거운 일이에요. '몰두하다'와 비슷한 뜻의 낱말로는 '**몰입하다, 골몰하다, 열중하다**' 등이 있어요.

예상

미리 豫 + 생각 想

앞으로 있을 일이나 상황을 짐작함.

예 이번 축구 시합에서 우리 반이 이길 것으로 **예상**된다.

친절한쌤 '가설'이라는 것은 연구에서 어떤 내용을 설명하려고 예상한 것으로, 아직 증명되지 않은 가정을 말해요. '예상'과 비슷한 뜻의 낱말로는 '예견, 예측' 등이 있어요.

의문

의심할 疑 + 물을 問

어떤 것에 대해 의심스럽게 생각함. 또는 의심스러운 문제나 사실.

예 내가 좋은 글을 쓸 수 있을지 **의문**이다.

친절한쌤 '의문에 붙이다'라는 관용어는 해결되지 않은 문제를 의문점이 있는 상태로 둔다는 뜻이에요. 비슷한 뜻의 낱말로는 '의심, 의혹'이 있고, 반대말로는 '해답, 확신'이 있어요.

인식

알 認 + 알 識

무엇을 분명히 알고 이해함.

예 그는 역사에 대한 **인식**이 없다.

친절한쌤 '의식적'이라는 말은 어떤 것을 인식하면서 일부러 하는 것이라는 뜻이고, 반대로 '무의식적'이라는 말은 인식하지 못하는 상태에서 일어나는 것을 뜻해요. '인식'과 비슷한 의미의 낱말에는 '의식, 인지, 감지' 등이 있어요.

추리

옮길 推 + 다스릴 理

알고 있는 것을 바탕으로 알지 못하는 것을 미루어 생각함.

예 내 **추리**는 완전히 빗나가고 말았다.

친절한쌤 여러분은 추리 소설을 읽어 본 적이 있나요? 추리 소설은 범죄 사건을 추리하여 해결하는 과정이 정말 흥미로운 내용이에요. 스릴 넘치는 추리 소설을 통해 '**유추, 예측, 짐작**'의 능력들을 발휘해 보세요.

토론

칠 討 + 논의할 論

어떤 문제에 대하여 여러 사람이 옳고 그름을 따지며 논의함.

예 학생들은 찬반 **토론**을 벌였다.

친절한쌤 '토론'은 어떤 문제에 대하여 서로 다른 의견을 가진 사람들이 각각 의견을 말하며 논의하는 것을 뜻하고, '토의'는 어떤 문제에 대하여 검토하고 협의하는 것을 말해요.

존중하다

높을 尊 + 무거울 重

의견이나 사람을 높이어 귀중하게 여기다.

예 가까운 사이일수록 서로 **존중하고** 격려해야 한다.

👩‍🏫 **친절한 샘** '어떤 사람의 훌륭한 인격이나 행위를 높이고 받들다.'를 뜻하는 '**존경하다**'와 '존경하여 받들어 대접하거나 대하다.'를 뜻하는 '**존대하다**'도 함께 알아 두세요.

해석하다

풀 解 + 풀 釋

① 문장으로 표현된 내용을 이해하고 설명하다.
② 사물이나 행위 등의 내용을 판단하고 이해하다.

예 나는 그래프를 어떻게 **해석해야** 할지 몰랐다.

👩‍🏫 **친절한 샘** '해석하다'와 비슷하게 어떤 현상이나 사물을 더 잘 이해하기 위하여 여러 요소나 성질로 나누는 것을 '**분석하다**'라고 해요. 그리고 어려운 구절이나 글 등을 읽어 뜻을 이해하거나 해석하는 것은 '**해독하다**'라고 해요.

어휘 더하기

정답과 해설 3쪽

'토의'와 '토론'

토의(討議)		토론(討論)
어떤 문제에 대하여 검토하고 협의하는 것. 예 선생님은 아침 자습 시간에 무엇을 할지 토의하자고 하셨다.	VS	어떤 문제에 대하여 여러 사람이 각각 의견을 말하며 논의하는 것. 예 심청이가 인당수에 빠진 것은 효도인가 불효인가에 대해 열띤 토론이 이어졌다.

'토의'와 '토론'은 목적이 다른데, '토의'는 어떠한 사안에 대해 가장 좋은 방안을 찾는 것이 목적이고, '토론'은 '찬반 토론'처럼 서로 다른 주장을 가지고 있는 사람들이 자기의 주장을 펼쳐 상대방을 설득하는 것이 목적이에요.

다음 문장에서 알맞은 낱말을 골라 ○표 하세요.

(1) 환경 오염 문제를 어떻게 해결하는 게 좋을지 (토의 / 토론)하기로 했다.
(2) 쓰레기장 시설 건립을 앞두고 찬반 (토론 / 토의)이/가 시작되었다.

241026-0009

1 비슷한 뜻을 지닌 말끼리 묶인 것을 모두 고른 것은 무엇인가요?

> ㉠ 예상 – 확신 ㉡ 몰두하다 – 몰입하다
>
> ㉢ 인식 – 인지 ㉣ 추리 – 인지

① ㉠, ㉡ ② ㉠, ㉢ ③ ㉡, ㉢
④ ㉡, ㉣ ⑤ ㉢, ㉣

241026-0010

2 다음 글의 ㉠~㉢에 들어갈 알맞은 말을 차례대로 나열한 것은 무엇인가요?

> 나의 (㉠)대로 박사님은 오늘도 또 연구실에서 밤을 새실 모양이야. 저렇게 매일 연구에만 (㉡)하시니 건강을 해치실까 걱정이야. 박사님은 언제 식사하시고 언제 주무시는지 (㉢)이/가 들어.

	㉠	㉡	㉢
①	존중	해석	토의
②	의혹	분석	비판적
③	해석	인지	짐작
④	예상	몰두	의문
⑤	예측	확신	토론

241026-0011

3 초성을 참고하여 제시된 낱말의 뜻풀이를 완성해 보세요.

1 존중하다: 의견이나 사람을 높이어 ㄱㅈ 하게 여기다.

2 해석하다: 사물이나 행위 등의 내용을 판단하고 ㅇㅎ 하다.

3 토의: 어떤 문제에 대하여 검토하고 ㅎㅇ 하는 것.

241026-0012

4 왼쪽의 밑줄 친 낱말과 비슷한 낱말을 오른쪽에서 찾아 선으로 바르게 이어 보세요.

1 이번 달 매출이 <u>예상</u>보다 부진했다.　　　•　　　　　•　㉠ 의식

2 형사는 이번 사건에 <u>의문</u>을 제기했다.　　•　　　　　•　㉡ 의혹

3 그는 우리나라의 역사에 대한 <u>인식</u>이 높다.　•　　　•　㉢ 예측

241026-0013

5 다음 만화의 ㉠~㉣에 들어갈 알맞은 말을 〈보기〉에서 찾아 써 보세요.

보기

| 몰두 | 예상 | 존중 | 추리 | 토론 | 해석 |

1~3 다음 글을 읽고 물음에 답해 보세요.

나는 평소 곤충에 관심이 많은 편이다. 부모님께서 사 주신『파브르 곤충기』를 열 번 넘게 읽어 보았고, 곤충에 대해 의문이 생길 때마다 인터넷을 검색해 본다. 내가 예상했던 내용이 사실로 확인되는 순간의 기쁨은 이루 말할 수 없다. 어느 날 학교 도서관에서『나비 박사 석주명』이라는 책을 보고 호기심을 느껴 빌려 와 읽었다.

석주명은 우리나라를 대표하는 곤충학자이다. 일제 강점기에 학교를 다녔던 그는 고등학생 때 덴마크의 낙농업에 흥미를 느껴 축산 방면으로 진로를 결정하고 일본 유학을 떠났다. 그곳에서 일본인 교사의 영향을 받아 나비를 (㉠)하기로 마음먹게 되었다.

유학을 마치고 돌아온 석주명은 1930년부터 자신이 졸업한 학교에서 생물 교사로 일하면서 나비 연구를 본격적으로 시작하였다. 전국을 돌아다니며 수십만 개체의 나비를 채집하였고, 이를 바탕으로 잘못된 지식을 바로잡고 많은 논문을 발표하였다. 이렇게 나비 연구에 (㉡)하여 '나비 박사'라는 별명까지 얻게 된 석주명은 우리 민족의 과학적 우수성을 보여 준 대표적인 과학자로 존경을 받고 있다.

이 책을 읽고 나도 석주명 박사처럼 훌륭한 곤충학자가 되어야겠다고 결심했다. 부모님께 이러한 나의 생각을 말씀드리자 부모님께서는 내 생각을 존중해 주시며 격려해 주셨다.

241026-0014

1 윗글에서 ㉠에 들어갈 알맞은 말은 무엇인가요?

① 예상   ② 해석   ③ 연구
④ 의문   ⑤ 인식

241026-0015

2 다음 초성을 참고하여 윗글의 ㉡에 들어갈 알맞은 말을 써 보세요.

| ㅁ ㄷ | 하다: 다른 일에 관심을 가지지 않고 한 가지 일에만 집중하다.

241026-0016

3 윗글의 내용과 일치하지 <u>않는</u> 것은 무엇인가요?

① 석주명은 일제 강점기에 학교를 다녔다.
② 석주명은 고등학생 때 나비를 연구하기로 결심했다.
③ 석주명은 나비를 채집하기 위해 전국을 돌아다녔다.
④ 석주명은 우리 민족의 과학적 우수성을 보여 준 곤충학자이다.
⑤ 유학을 마치고 돌아온 석주명은 모교에서 생물 교사로 일했다.

💬 다음 만화를 보고, '구슬이 서 말이라도 꿰어야 보배'라는 속담의 뜻을 추측하여 말해 보세요.

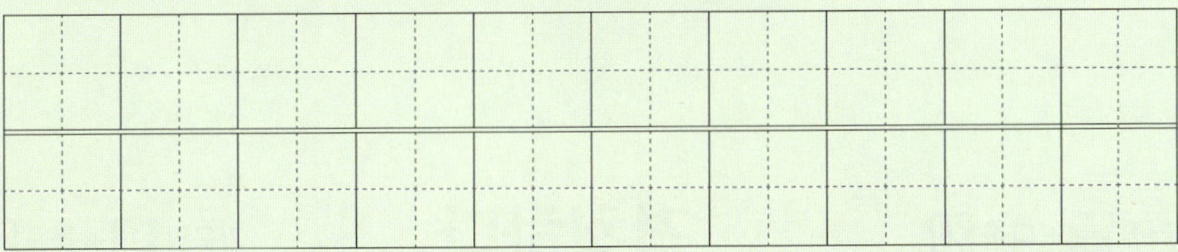

✏️ '구슬이 서 말이라도 꿰어야 보배'

아무리 훌륭하고 좋은 것이라도 다듬고 정리하여 쓸모 있게 만들어 놓아야 값어치가 있다는 뜻이에요.

✏️ 띄어쓰기에 유의하며 위 속담을 원고지 칸에 써 보세요.

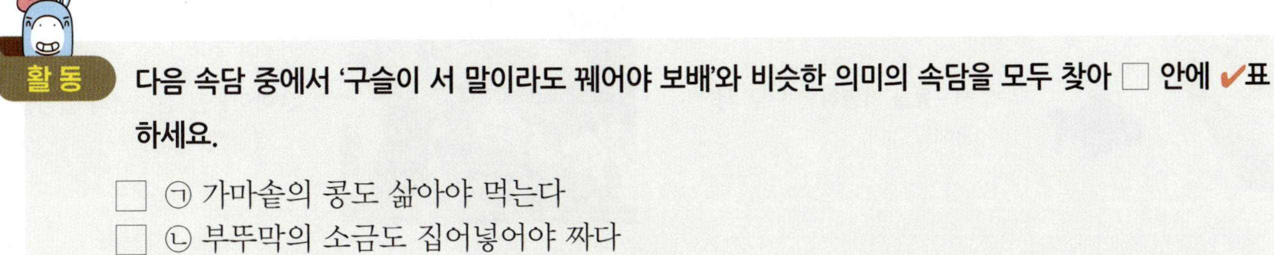

활동 다음 속담 중에서 '구슬이 서 말이라도 꿰어야 보배'와 비슷한 의미의 속담을 모두 찾아 ☐ 안에 ✔표 하세요.

☐ ㉠ 가마솥의 콩도 삶아야 먹는다
☐ ㉡ 부뚜막의 소금도 집어넣어야 짜다
☐ ㉢ 콩 심은 데 콩 나고 팥 심은 데 팥 난다
☐ ㉣ 지렁이도 밟으면 꿈틀한다

나무라다

잘못을 꾸짖어 잘 알아듣게 말하다.

⑩ 선생님께서 친구와 다툰 나를 **나무라셨어요.**

🐢**친절한샘** 잘못한 일이 있어 혼난 경험이 있나요? 상대방의 잘못을 지적하여 말하는 것을 '나무라다'라고 해요. 이와 반대되는 말은 **'칭찬하다'**예요.

다독이다

남의 연약한 점을 감싸고 달래다.

⑩ 울고 있는 친구를 **다독여** 주었어요.

🐢**친절한샘** 힘든 일이 있을 때 누군가 자신을 다독여 주면 힘을 얻을 수 있어요. **'어루만지다'**는 '손으로 부드럽게 쓰다듬어 만지다.'라는 뜻인데, '다독이다'처럼 '마음을 달래 준다.'라는 뜻으로 쓰이기도 해요.

굽실대다

① 윗사람을 대하면서 허리나 고개를 자꾸 구부렸다 펴다.
② 남에게 잘 보이기 위해 비굴하게 굴다.

⑩ 친구가 **굽실대며** 사탕을 달라고 했어요.

🐢**친절한샘** 윗사람에게 고개를 자꾸 구부렸다 펴는 것은 그 사람에게 잘 보이고 싶은 마음이 있는 것이겠죠? '굽실대다'는 **'굽신대다'**라고 써도 뜻이 같답니다.

냉대하다

찰 **冷** + 대우할 **待**

정 없이 차갑게 대하다.

⑩ 그녀는 친구를 **냉대하며** 모른 척했어요.

🐢**친절한샘** '냉대하다'와 '냉장고'의 '냉'은 같은 한자를 써요. 상대방을 그만큼 차갑게 대한다는 뜻이지요. 비슷한 뜻의 단어로 **'푸대접하다'**가 있어요.

차별하다

어그러질 **差** + 다를 **別**

둘 이상을 차이를 두어 구별하다.

⑩ 친구들을 **차별하면** 모두 서운해할 거야.

🐢**친절한샘** 옛날에는 어떤 기준에 따라 사람들을 차별하는 일이 벌어지기도 했어요. 성에 따라 차별하는 **'성차별'**, 인종에 따라 차별하는 **'인종 차별'**이 대표적이죠.

경청하다

기울일 **傾** + 들을 **聽**

다른 사람이 말하는 것을 귀를 기울여 듣다.

⑩ 아이들은 선생님의 설명을 **경청했어요.**

🐢**친절한샘** 대화나 회의를 할 때 내 의견을 잘 말하는 것 못지않게 다른 사람의 말을 잘 듣는 것도 중요합니다. 이렇게 남의 말이나 이야기에 관심을 가지고 주의 깊게 듣는 것을 **'귀를 기울이다'**라고 한답니다.

효도하다

효도 孝 + 도리 道

부모님을 정성껏 잘 모시어 받들다.

예 저도 앞으로 부모님께 **효도하려고** 해요.

친절한샘 우리 민족은 옛날부터 '효도'를 중요하게 여겨, 효도하는 것이 사람의 도리라고 생각했어요. 부모님의 마음을 편안하게 해 드리는 것이 여러분이 할 수 있는 가장 좋은 효도가 아닐까요?

기부하다

부칠 寄 + 붙을 附

다른 사람이나 기관, 단체 등을 도울 목적으로 돈이나 물건을 대가 없이 내놓다.

예 **기부한** 돈이 좋은 곳에 쓰였으면 좋겠어.

친절한샘 여러분은 누군가를 위해 기부해 본 적이 있나요? 돈이 아니더라도 여러분이 깨끗이 쓰던 물건이 있으면 기부할 수 있어요. '기부하다'와 비슷한 의미의 낱말은 **기증하다**입니다. 이 말은 대가 없이 돈이나 물건을 주는 것을 뜻합니다.

어휘 더하기

정답과 해설 4쪽

'효(孝)'가 들어간 한자어

효자(孝子)

효녀(孝女)

효도
효(孝)

효심(孝心)

효행(孝行)

우리는 매년 5월 8일 어버이날이 되면 부모님 가슴에 카네이션을 달아 드리며 부모님께 감사하는 마음을 표현하죠. '효'는 이처럼 부모님을 잘 모시어 받드는 일을 말해요. '효도'라고도 하지요.

예로부터 부모님을 잘 모시는 사람 중 남자는 '효자', 여자는 '효녀'라고 부르면서 많은 사람이 칭찬하곤 했어요.

'효'가 들어간 말 가운데 '효심'은 부모님을 잘 모시어 받드는 마음을, '효행'은 부모님을 잘 모시어 받드는 행동을 뜻해요.

효심이 깊은 여러분, 오늘은 작은 효행을 실천해 보도록 해요!

다음 문장에서 알맞은 낱말을 골라 ○표 하세요.

(1) 우리 딸이 정말 (효자 / 효녀)로구나!

(2) 부모님 어깨를 주물러 드리는 것처럼 작은 (효심 / 효행)을 실천해 볼까요?

1 빈칸에 들어갈 낱말의 초성과 뜻을 보고, 알맞은 낱말을 써넣어 문장을 완성해 보세요.

241026-0017

1 엄마가 태민이를 [ㄴ ㅁ ㄹ ㄴ] 것은 태민이가 바르게 성장하기를 원하기 때문이에요.
잘못을 꾸짖어 잘 알아듣게 말하는

2 평소에 친구들의 말을 잘 [ㄱ ㅊ ㅎ ㄴ] 건영이를 좋아하는 친구가 많이 있습니다.
다른 사람이 말하는 것을 귀를 기울여 듣는

241026-0018

2 빈칸에 공통으로 들어갈 말을 주어진 초성을 참고하여 써 보세요.

1 ㅊ · ㅂ

힘이 강한 친구와 힘이 약한 친구를 [ ][ ]하지 말아야 해요.

'남자가 왜 그러냐?', '여자가 왜 그러냐?'라는 말은 모두 성[ ][ ]에 해당하는 말이랍니다.

2 ㄱ · ㅂ

어렸을 때 가지고 놀던 장난감을 깨끗이 닦아서 어린이를 돕는 기관에 [ ][ ]하려고 합니다.

불우 이웃을 돕기 위한 이번 성탄절 행사는 학생들이 [ ][ ]한 성금으로 진행됩니다.

241026-0019

3 다음 문장의 밑줄 친 부분을 대신할 수 있는 낱말을 주어진 초성을 참고하여 써 보세요.

1 채은이는 나에게 힘든 일이 있을 때면 따뜻한 말로 <u>다독여</u> 주어요.	ㅇ ㄹ ㅁ 져
2 일을 하던 직원이 할 말이 있는지 주인에게 <u>굽실대며</u> 다가왔습니다.	ㄱ ㅅ ㄷ 며
3 후배들을 <u>냉대하는</u> 혜연이는 원래 마음이 따뜻했던 아이입니다.	ㅍ ㄷ ㅈ 하는

241026-0020

4 왼쪽 낱말의 뜻을 오른쪽에서 찾아 선으로 바르게 이어 보세요.

1 효자 •

2 효녀 •

3 효심 •

4 효행 •

• ㉠ 부모님을 잘 모시어 받드는 마음.

• ㉡ 부모님을 잘 모시어 받드는 행동.

• ㉢ 부모님을 잘 모시어 받드는 아들.

• ㉣ 부모님을 잘 모시어 받드는 딸.

241026-0021

5 다음 만화의 ㉠~㉢에 들어갈 알맞은 말을 <보기>에서 찾아 써 보세요.

보기

| 경청 | 기부 | 냉대 | 차별 | 효도 |

1~3 다음 글을 읽고 물음에 답해 보세요.

20○○년 ○월 ○일 날씨: 구름이 많이 낀 흐린 날

제목: (㉠)

제일 친한 친구인 수빈이와 사소한 오해를 하여 다투게 되었다. 게다가 방과 후에 동생이 수빈이에게 굽실대며 과자를 달라고 하는 모습에 더 짜증이 났다. 저녁 식사 시간에 동생이 말을 걸어도 ㉡차갑게 대하였다. 어머니께서 이런 내 모습을 보시고는 "우리 소영이가 평소와는 다르게 동생을 대하네? 무슨 일이 있었나 보다. 무슨 일인지 말해 줄 수 있겠니?"라고 부드러운 말투로 물으셨다. 나무라실 줄 알았는데 오히려 나를 다독이시며 내 이야기를 경청해 주셨다. 어머니 덕분에 내 마음이 한결 편안해졌다.

학교에서 경청에 대해 배운 적이 있었다. 상대방의 이야기를 듣는 좋은 자세라고 생각하긴 했지만 ㉢이렇게 좋은 효과를 가져오는 것인 줄 몰랐다. 마음이 풀리고 나니 동생에게 짜증을 낸 것에 미안한 생각이 들었다. 수빈이에게 왜 굽실대는 모습을 했는지 물어보았다. 평소에도 개그맨 흉내 내는 것을 좋아하는 동생인지라 그 누나한테서 재밌게 과자를 얻어먹느라 굽실대는 흉내를 내 보았다고 했다. 진작 동생에게 왜 그랬냐고 물어볼 걸 하고 후회하였다.

내일 학교에 가면 수빈이에게 마음을 터놓고 이야기를 나눠야겠다. 그리고 나도 우리 어머니처럼 수빈이의 이야기를 경청해 봐야겠다.

241026-0022

1 윗글의 내용으로 볼 때, ㉠에 들어갈 내용으로 가장 알맞은 것은 무엇인가요?

① 사소한 오해 ② 동생과의 화해 ③ 경청의 중요성
④ 어머니의 사랑 ⑤ 친구의 소중함

241026-0023

2 ㉡과 바꿔 쓸 말로 가장 알맞은 것은 무엇인가요?

① 나무랐다 ② 차별하였다 ③ 대접하였다
④ 냉대하였다 ⑤ 기부하였다

241026-0024

3 ㉢이 가리키는 내용으로 가장 알맞은 것은 무엇인가요?

① 자신의 잘못을 깨달을 수 있다.
② 상대방의 이야기를 잘 들어 준다.
③ 상대방에 대한 오해를 풀어 준다.
④ 상대방의 마음을 편안하게 해 준다.
⑤ 후회할 만한 일을 하지 않도록 해 준다.

정답과 해설 4쪽

💬 다음 만화를 보고, 밑줄 친 속담의 뜻을 추측하여 말해 보세요.

✏️ **'윗물이 맑아야 아랫물이 맑다'**

　우리말에는 '물'에 관한 속담이 많아요. 속담 '윗물이 맑아야 아랫물이 맑다'는 윗사람이 잘하면 아랫사람도 따라서 잘하게 된다는 뜻입니다.

✏️ 그럼 '물'에 관한 속담을 몇 가지 더 알아볼까요?

• 물 만난 고기: 어려운 지경에서 벗어나 활발히 활동하기 좋은 상황을 만난 처지.

• 아이 보는 데는 찬물도 못 먹는다: 아이들은 보는 대로 따라 하므로 아이들이 볼 때는 함부로 행동하거나 말을 하여서는 안 됨을 이르는 말.

활동　다음 3가지 속담 중 서로 의미가 유사한 2가지 속담을 찾아 □ 안에 ✔표 하세요.

□ ㉠ 윗물이 맑아야 아랫물이 맑다	□ ㉡ 아이 보는 데는 찬물도 못 먹는다	□ ㉢ 물 만난 고기

협력하다

도울 **協** + 힘 **力**

힘을 합해 서로 돕다.

⑩ 학급에서 힘든 일은 **협력해서** 해결하면 돼.

👆**친절한 샘** 아무리 힘든 일이 있어도 힘을 합치면 해결할 수 있어요. 비슷한 의미의 낱말인 '**협동하다**'는 '서로 마음과 힘을 하나로 합하다.', '**협조하다**'는 '힘을 합하여 서로 조화를 이루다.'라는 뜻으로 쓰여요.

합의하다

합할 **合** + 뜻 **意**

서로 의견이 일치하다.

⑩ 세계 평화를 위해 함께 노력하기로 **합의했어요.**

👆**친절한 샘** 서로 다른 의견을 가진 집단이 모여 문제를 해결하고 결정을 하기 위해 의논하는 것을 '**협상**'이라고 해요. 자기 의견만을 고집하기보다는 서로 조금씩 양보하면 합의를 쉽게 이룰 수 있을 거예요.

기록하다

기록할 **記** + 기록할 **錄**

주로 후일에 남길 목적으로 어떤 사실이나 생각을 적거나 영상으로 남기다.

⑩ 회의 내용을 **기록해** 두면 다음 회의 때 볼 수 있어서 좋아.

👆**친절한 샘** 학급 회의 시간에 회의 내용을 기록해 본 적이 있나요? 회의에서 기록을 맡은 사람을 '**서기**'라고 하죠. 서기가 없으면 회의에서 무엇을 결정했는지 금세 잊고 말 거예요.

방지하다

막을 **防** + 그칠 **止**

어떤 좋지 않은 일이나 현상이 일어나지 않도록 막다.

⑩ CCTV를 설치하는 것은 범죄를 **방지하는** 데 도움이 된다.

👆**친절한 샘** 주택가에 있는 도로에서 '**과속 방지턱**'을 볼 수 있죠? 과속 방지턱은 자동차의 달리는 속도를 강제로 낮추어 사고를 예방하기 위해 설치한답니다. '**예방하다**'는 '병이나 사고 등이 생기지 않도록 미리 막다.'를 뜻하는 말이에요.

제안하다

제시할 **提** + 생각 **案**

의견이나 여럿이 논의해야 할 항목으로 내놓다.

⑩ 서윤이가 새로운 자리 배치 방식을 **제안하였어요.**

👆**친절한 샘** 회의는 여럿이 논의해야 할 일이 있을 때 하게 되죠. 여럿이 논의하거나 살펴보아야 할 내용을 '**안건**'이라고 합니다. 안건을 내놓는 것을 '제안하다' 혹은 '**발의하다**'라고 해요.

배치하다

나눌 **配** + 둘 **置**

사람이나 물건 등을 알맞은 자리에 나누어 놓다.

⑩ 가구를 다시 **배치했더니** 방 안이 훨씬 넓어졌다.

👆**친절한 샘** '배치하다'와 헷갈릴 수 있는 말로 '배정하다'와 '배열하다'가 있어요. '**배정하다**'는 각자의 몫을 알맞게 나누어 정하는 것을, '**배열하다**'는 여럿을 일정한 순서나 간격으로 죽 벌여 놓는 것을 뜻해요.

건의하다

세울 建 + 의논할 議

어떤 문제에 대하여 의견이나 바라는 사항을 정식으로 제시하다.

예 **건의할** 사항이 있으면 발표해 주세요.

친절한샘 회의 시간이 아니더라도 평소에 건의하고 싶은 일이 있겠죠? 그래서 학급에는 건의함이 있어, 평소에 건의하고 싶은 내용을 모으기도 하죠. 평소에 학급에 관심이 많은 학생일수록 건의하고 싶은 내용도 많을 거예요. 여러분이 좋은 건의를 많이 할수록 점점 즐거운 학교생활이 되겠죠?

접수하다

접할 接 + 받을 受

① 신청이나 신고 등을 말이나 문서로 받다.
② 돈이나 물건 등을 받다.

예 여러분의 의견을 **접수하여** 담임 선생님께 전달하겠습니다

친절한샘 겨울이 되면 불우 이웃을 돕기 위한 성금을 모으곤 하죠. 여기서 '**성금**'은 '좋은 일에 쓰라고 내는 돈.'을 뜻하는 말이랍니다. 이때 성금을 받는 것을 '접수하다'라고 표현할 수 있어요. 그래서 '불우 이웃을 돕기 위한 성금을 접수해요.'와 같이 쓸 수 있어요.

어휘 더하기

정답과 해설 5쪽

새로운 말 만들기

늦잠꾸러기

장난꾸러기

–꾸러기?

욕심꾸러기

엄살꾸러기

우리가 자주 쓰는 말 가운데, '–꾸러기'가 붙은 말이 있어요. 이때 '–꾸러기'는 무슨 뜻일까요? '–꾸러기'는 앞의 말에 '그것이 심하거나 많은 사람'이라는 뜻을 더하는 역할을 해요.

그래서 '늦잠꾸러기'는 아침 늦게까지 자는 습관을 가진 사람, '장난꾸러기'는 장난이 심한 사람, '욕심꾸러기'는 욕심이 많은 사람, '엄살꾸러기'는 엄살을 잘 부리는 사람을 말해요. '엄살'은 아픔이나 괴로움을 거짓으로 꾸미거나 과장해서 나타내는 것을 말해요.

여러분의 친구 중에는 어떤 '꾸러기'가 있나요?

제 친구 __________는(은) __________꾸러기입니다.

그 친구에게 해 주고 싶은 말이 있다면 써 보세요.

__________ 아/야, __________________.

241026-0025

1 빈칸에 들어갈 낱말의 초성과 뜻을 보고, 알맞은 낱말을 써넣어 문장을 완성해 보세요.

1 담임 선생님께 [ㄱ ㅇ] 하고 싶은 사항이 있으면 말해 보세요.
어떤 문제에 대하여 의견이나 바라는 사항을 정식으로 제시함.

2 안전사고를 [ㅂ ㅈ] 하기 위해서 규칙에 잘 따라 주길 바랍니다.
어떤 좋지 않은 일이나 현상이 일어나지 않도록 막기.

3 우리 모두가 [ㅎ ㅇ] 한 내용은 스스로 잘 지키도록 노력해야 해.
서로 의견이 일치함.

241026-0026

2 빈칸에 공통으로 들어갈 말을 주어진 초성을 참고하여 써 보세요.

1
날마다 겪은 일이나 느낌을 [ㄱ ㄹ] 한 글을 '일기'라고 해요.

학급 회의 내용은 중요하니까 꼼꼼하게 [ㄱ ㄹ] 해야 해요.

2
우리는 늑대를 잡기 위해 사냥꾼을 숲 근처에 [ㅂ ㅊ] 하기로 하였어.

학급용 휴지는 언제든 손이 닿는 곳에 [ㅂ ㅊ] 해 주었으면 좋겠어요.

3
이번 미술 대회의 참가 신청서를 [ㅈ ㅅ] 합니다.

지난여름에 내린 비로 어려움을 겪게 된 이웃을 돕기 위한 기금을 [ㅈ ㅅ] 하고 있습니다.

241026-0027

3 주어진 초성을 참고하여 밑줄 친 부분을 대신할 수 있는 낱말을 써 보세요.

1 진규는 학급 대표로서 점심시간을 10분 늘리자고 <u>제안</u>했어요.	ㅂ ㅇ 했어요.
2 줄다리기에서 우리 반 모두가 <u>협력</u>해서 승리할 수 있었어요.	ㅎ ㄷ 해서

241026-0028

4 제시된 단어의 뜻과 초성을 바탕으로 빈칸에 들어갈 알맞은 말을 쓰세요.

늦잠꾸러기: 아침에 늦게까지 자는 습관을 가진 사람.

장난꾸러기: 장난이 심한 사람.

욕심꾸러기: 욕심이 많은 사람.

엄살꾸러기: 엄살을 잘 부리는 사람.

'-꾸러기'는 앞의 말에 그것이 ⟨ㅅ⟩ 하거나 ⟨ㅁ⟩ 은 사람이라는 뜻을 더하는 역할을 해요.

241026-0029

5 다음 만화의 ㉠~㉢에 들어갈 알맞은 말을 〈보기〉에서 찾아 써 보세요.

보기

| 기록 | 방지 | 배치 | 제안 | 합의 |

정답과 해설 6쪽

1~3 다음 글을 읽고 물음에 답해 보세요.

사회자: 다음은 건의 사항 시간입니다. 학급이나 학교에 건의할 내용이 있으면 발표해 주십시오.

지호: 학교에 안전 게시판을 만들 것을 건의합니다. 요즘 학교에서 안전사고가 많이 발생하는데, 안전 게시판에 학교생활을 안전하게 하는 방법을 써 붙여 놓으면 안전사고를 미리 막을 수 있을 것 같습니다.

기록자: (건의 사항을 칠판에 기록한다.)

사회자: 좋은 의견 감사합니다. 또 다른 건의 사항이 있으면 발표해 주십시오.

정수: 안전 지킴이를 모둠별로 정하여 안전사고가 자주 발생하는 곳에 배치했으면 좋겠습니다. 그러면 조금이나마 안전사고를 ㉠예방할 수 있을 것 같습니다.

사회자: 좋은 의견입니다. 건의 사항이 더 있습니까? 이서윤 친구.

서윤: 학교에서 위험한 행동을 했을 때 벌점을 받는 제도를 만들었으면 좋겠습니다. 벌점을 받지 않으려고 조심히 행동하면 다른 친구들에게 피해를 주는 일도 없어질 것이기 때문입니다.

사회자: 벌점제를 만들자는 것이군요. 또 다른 의견 있습니까?

학생들: 없습니다.

사회자: 그럼 건의 사항에 나온 의견을 담임 선생님께 말씀드리겠습니다. 그리고 회의가 끝나면 안전 지킴이에 지원할 학생들은 회장에게 접수해 주십시오.

241026-0030

1 ㉠을 대신할 수 있는 낱말로 적절한 것은 무엇인가요?

① 접수할　　　② 방지할　　　③ 예상할　　　④ 예측할　　　⑤ 주의할

241026-0031

2 윗글을 이해한 내용으로 알맞지 <u>않은</u> 것은 무엇인가요?

① 학생들은 안전한 학교생활을 위한 방법을 제안하고 있군.

② 지호는 학교생활을 안전하게 하는 방법을 안전 게시판에 붙여 놓자고 건의하였군.

③ 정수는 안전사고를 미리 막기 위한 안전 지킴이 활동을 하자고 제안하고 있군.

④ 서윤은 벌점 제도를 만들면 학생들이 위험한 행동을 하지 않을 것이라고 생각하는군.

⑤ 사회자는 담임 선생님께 건의 사항을 전달하며 안전 지킴이를 정해 달라고 요청하려 하는군.

241026-0032

3 다음은 윗글과 같은 학급 회의에 대해 설명한 글입니다. 뜻풀이를 참고하여 빈칸에 들어갈 알맞은 말을 써 보세요.

> 　학급 회의를 통해 학생들은 어떤 문제에 대하여 서로 (ㅎ ㄹ)하여 가장 좋은 방법을 찾아 나
> 힘을 합해 서로 도움.
> 갈 수 있다.

💬 다음 만화를 보고, 밑줄 친 말의 뜻을 추측하여 말해 보세요.

📝 **'아니 땐 굴뚝에 연기 날까'**

'원인이 없으면 결과가 있을 수 없음.' 혹은 '실제 어떤 일이 있기 때문에 말이 나옴.'을 뜻하는 속담입니다. 불을 때지 않으면(원인), 연기는 날 수 없다(결과)는 말이죠. 반대로 불을 때면 반드시 연기가 나는 것이고요.

옛날에는 아궁이에 불을 때서 방도 따뜻하게 하고 음식도 만들었어요. 밥 먹을 때가 되어 연기가 피어나는 집에는 불을 때고 있는 것이고, 연기가 피어나지 않는 집은 먹을 것이 없거나 태울 나무가 없어서 불을 때지 못하는 것이었지요.

활동 다음 대화의 빈칸에 들어갈 알맞은 속담을 쓰세요.

> 도윤: 너, 그것 들었어? 지원이와 민재가 절교했대.
> 민성: 설마 그럴 리가? 둘이 정말 친한 사이잖아?
> 도윤: ________________________________.

가꾸다

① 식물이 잘 자라도록 보살피다.
② 외모를 보기 좋게 꾸미거나 좋은 상태로 유지하다.
③ 어떠한 것을 좋게 만들다.
㉠ 화단을 **가꾸다**.
　피부를 **가꾸다**.

친절한 샘 '**곡식은 가꾼 대로 거둔다**'라는 속담이 있어요. 정성을 들여서 농사를 지으면 많은 곡식을 거두게 되고, 농사를 소홀히 하면 적은 곡식을 얻게 되지요. 이처럼 모든 일은 정성을 들인 만큼의 결과를 얻게 된다는 뜻이 담긴 속담이에요.

무자비하다

없을 無 + 사랑할 慈 + 슬플 悲

동정심이나 인정이 없어 마음씨가 몹시 쌀쌀하고 모질다.
㉠ 사람들은 **무자비하게** 희생된 군인들을 안타까워했다.

친절한 샘 '**자비하다**'는 '남을 깊이 사랑하고 불쌍하게 여기는 마음이 있다.'라는 뜻이에요. 여기에 '없을 무(無)'를 앞에 붙이면 '자비하다'의 반대말인 '무자비하다'가 되지요. '무책임하다, 무감각하다' 등도 이처럼 '없을 무(無)'를 앞에 붙인 낱말이랍니다.

별나다

두드러지게 특이하거나 이상하다.
㉠ 그 친구는 취미가 **별나다**.

친절한 샘 '별나다'와 비슷한 말에는 '다른 것과 특별히 다르다.'라는 뜻의 '**별다르다**'와 '보통 것과 다르게 특색이 있다.'라는 뜻의 '**색다르다**'가 있어요.

비난하다

아닐 非 + 어려울 難

다른 사람의 잘못이나 결점에 대하여 나쁘게 말하다.
㉠ 관중들은 심판의 판정이 잘못되었다고 **비난했다**.

친절한 샘 '**맹비난하다**'는 '몹시 사납게 비난하다.'라는 뜻으로, '비난하다' 앞에 '사나울 맹(猛)'을 붙여서 그 정도가 심함을 표현했어요. '맹공격하다'도 이처럼 '사나울 맹(猛)'을 앞에 붙여서 '매우 사납고 거칠게 공격하다.'라는 뜻을 나타내요.

투덜거리다

남이 알아듣기 어려울 정도로 작고 낮은 목소리로 자꾸 불평을 하다.
㉠ 병준이는 시험이 너무 어려웠다고 **투덜거렸다**.

친절한 샘 '투덜거리다'와 비슷한 의미의 말로는 '**불평하다, 구시렁거리다**'가 있어요.

바람직하다

좋다고 생각할 만하다.
㉠ 자신의 수준에 적합한 책을 고르는 것이 **바람직하다**.

친절한 샘 '바람직하다'와 비슷한 말로는 '마땅하다'가 있어요. '**마땅하다**'는 '① 어떤 조건에 잘 어울리거나 적당하다. ② 마음에 들다. ③ 옳거나 이치에 맞거나 당연하다.'라는 의미입니다.

공손하다

공손할 恭 + 겸손할 遜

말이나 행동이 예의가 바르고 겸손하다.

📙 학생들은 선생님께 **공손하게** 인사를 한다.

친절한 샘 '벼는 익을수록 고개를 숙인다'라는 속담이 있어요. 교양이 있고 훌륭한 사람일수록 남 앞에서 자기를 내세우지 않고 겸손하다는 뜻이지요. 여러분도 항상 겸손한 자세로 생활하는 사람이 되어요.

어리광

남을 기쁘게 하거나 남에게 귀여움을 받으려고 어린아이처럼 행동하는 일.

📙 동생은 **어리광**을 부리며 엄마 무릎에 앉아 있다.

친절한 샘 '어리광'과 비슷한 말로는 어른들이 귀여워해 주는 것을 믿고 마구 조르거나 버릇없이 구는 일을 뜻하는 '**응석**'이라는 말이 있어요. 응석과 어리광을 잘 부리는 사람을 '**응석꾸러기, 어리광쟁이**'라고 부른답니다.

어휘 더하기

정답과 해설 7쪽

복수 표준어

같은 의미를 나타내는 둘 이상의 단어가 표준어로 인정될 때, 그 둘 이상의 표준어를 '복수 표준어'라고 합니다.

터트리다 / 터뜨리다
1. 무엇을 둘러싸고 있는 표면을 눌러서 터지게 하다.
2. 불이나 빛이 세차게 튀게 하다.
3. 식물이 꽃망울을 벌려 꽃을 피우다.
4. 웃음, 울음, 비명 소리 같은 것을 갑자기 세게 내다.
5. 마음속에 있던 좋지 않은 감정을 갑자기 밖으로 드러내다.
6. 어떤 일을 갑자기 일어나게 하거나 밖으로 드러나게 하다.
7. 축구나 야구 등의 경기에서, 점수를 내다.

헷갈리다 / 헛갈리다
1. 정신이 어지럽고 혼란스럽게 되다.
2. 여러 가지가 뒤섞여 일의 방향을 잡지 못하다.

삐치다 / 삐지다
화가 나거나 서운해서 마음이 뒤틀리다.

간질이다 / 간지럽히다
누구의 몸을 만지거나 건드려서 간지럽게 하다.

예쁘다 / 이쁘다
1. 생긴 모양이 눈으로 보기에 좋을 만큼 아름답다.
2. 행동이나 동작, 말투 등이 보기에 사랑스럽고 귀엽다.
3. 아이가 행동이 바르고 말을 잘 들어서 흐뭇하다.

아래의 각 문장에서 밑줄 친 말과 같은 의미를 나타내는 복수 표준어를 알맞은 형태로 써넣으세요.

(1) 이모가 선물로 사 주신 옷이 <u>예쁘다</u>.
(　　　)

(2) 아이는 조그마한 일에도 자주 <u>삐친다</u>.
(　　　)

(3) 새 학년이 되니 반 아이들의 이름이 <u>헷갈린다</u>.
(　　　)

(4) 아기가 엄마의 팔을 <u>간지럽힌다</u>.
(　　　)

(5) 밤하늘에 폭죽을 펑펑 <u>터트린다</u>.
(　　　)

1 241026-0033

빈칸에 들어갈 말의 초성과 뜻을 보고, 알맞은 낱말을 써넣어 문장을 완성해 보세요.

1 우리 전통 문화를 잘 [ㄱ ㄲ]고 발전시켜야 한다.
  어떠한 것을 좋은 상태로 만들려고 보살피고.

2 다른 사람의 단점을 [ㅂ ㄴ]하기에 앞서 자신을 먼저 돌아보아야 해.
  다른 사람의 잘못이나 결점에 대하여 나쁘게 말하기에.

3 내 동생은 항상 [ㅇ ㄹ ㄱ]을/를 피우며 잘못한 일을 그냥 넘어가려고 해서 얄미워.
남을 기쁘게 하거나 남에게 귀여움을 받으려고 어린아이처럼 행동하는 일.

2 241026-0034

다음 문장의 빈칸에 공통으로 들어갈 알맞은 말을 주어진 초성을 참고하여 써 보세요.

1 가게 주인이 손님들에게 [ㄱ ㅅ]하게 인사를 했다.

2 웃어른에게는 [ㄱ ㅅ]한 태도로 대하여야 한다.

3 241026-0035

다음 글의 빈칸에 들어갈 알맞은 말을 〈보기〉에서 찾아 써 보세요.

보기

| 공손한 | 바람직한 | 별난 | 무자비한 |

　사람들은 개발을 목적으로 자연을 훼손하며 파괴하고 있다. 훼손된 자연 속에서 동물들은 삶의 터전을 잃어 가고, 환경 오염과 자연재해의 위험은 커져만 간다. 이렇게 (　　　　) 개발을 계속한다면 지구는 점차 생명력을 잃어 갈 것이다.

241026-0036

4 다음 중 비슷한 뜻을 지닌 낱말끼리 묶인 것이 <u>아닌</u> 것은 무엇인가요?

① 어리광 – 응석 ② 별나다 – 색다르다 ③ 바람직하다 – 마땅하다

④ 비난하다 – 공손하다 ⑤ 투덜거리다 – 불평하다

241026-0037

5 다음 문장에서 빈칸에 공통으로 들어갈 한 글자를 써넣으세요.

1 그 아이는 학급에서 자신이 맡은 역할을 전혀 신경 쓰지 않고 ☐ 책임하게 행동하였다.

2 환경 오염의 심각성에 ☐ 감각한 사람들이 많다.

3 전쟁으로 인해 그 도시가 ☐ 자비하게 파괴되었다.

241026-0038

6 다음 만화에서 ㉠~㉢에 들어갈 알맞은 말을 〈보기〉에서 찾아 써 보세요.

보기

가꾸어 투덜거리면서 바람직하게 어리광 공손하게

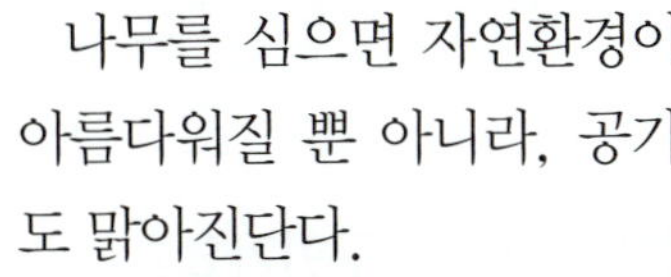

1~3 다음 글을 읽고 물음에 답해 보세요.

새나 하늘다람쥐처럼 나무 사이를 날아다니는 동물들은 꼬리를 움직여 방향을 잡아요. 하늘다람쥐는 나무 사이를 건널 때 꼬리로 방향을 조절해요. 그리고 많은 동물이 꼬리를 써서 몸의 균형을 잡거나 방향을 바꿔요.

아주 (㉠) 방식으로 꼬리를 쓰는 동물들도 있어요. 똑바로 서기 위하여 꼬리로 버티는 거예요. 캥거루, 미어캣, 황제펭귄 같은 동물들은 꼬리로 땅을 힘껏 누르면서 똑바로 서 있답니다. 딱따구리는 꼬리를 아래로 향하고 몸을 세워 나무에 붙어 있지요.

세상에서 꼬리를 가장 잘 쓰는 동물 가운데 하나는 주머니쥐일 거예요. 꼬리로 나무에 매달리기도 하고, 나뭇가지나 풀잎을 붙잡기도 하죠. 새끼 주머니쥐들은 엄마 주머니쥐의 꼬리에 매달려 ㉡어리광을 부리기도 한답니다.

이처럼 동물들의 꼬리는 여러 가지 역할을 해요. 늑대처럼 꼬리로 생각을 전달하기도 하고, 몸의 균형을 잡거나 방향을 바꾸기도 해요. 꼬리로 위험하다는 신호를 보내기도 한답니다. 동물들의 꼬리는 참 다양한 일을 하죠?

241026-0039

1 ㉠에 들어갈 말은 무엇인가요? 아래의 뜻을 참고하여 빈칸에 들어갈 알맞은 말을 써 보세요.

(   ) – 두드러지게 특이하거나 이상한.

241026-0040

2 ㉡과 바꾸어 쓸 수 있는 낱말은 무엇인가요?

① 투덜   ② 비난   ③ 응석

④ 버릇   ⑤ 공손

241026-0041

3 윗글을 읽고 친구들끼리 이야기를 나눈 내용입니다. 글의 내용을 바르게 이해한 친구는 누구인가요?

① 동훈: 딱따구리는 꼬리를 위로 세우고 나무에 붙어 있어.

② 한별: 미어캣은 꼬리로 몸의 균형을 잡아서 똑바로 서 있을 수 있어.

③ 승후: 동물의 꼬리는 다양한 역할을 하지만, 꼬리로 생각을 전달할 수는 없어.

④ 서현: 이 글을 읽으면 동물들의 꼬리 모양이 아주 다양하다는 것을 알 수 있어.

⑤ 하린: 새끼 주머니쥐들은 아직 힘이 없어서 엄마 주머니쥐의 꼬리에 매달릴 수 없어.

다음 만화를 보고, 밑줄 친 표현의 뜻을 추측하여 말해 보세요.

✏️ 어깨가 무겁다

어떠한 일에 무거운 책임을 져서 마음에 부담이 크다는 뜻이에요. 여기서 '어깨'는 부담이나 책임을 뜻하는 표현으로 쓰여요.

예 시험을 잘 볼 것이라는 부모님의 기대 때문에 어깨가 무거워.

✏️ 어깨가 가볍다 (반대되는 표현)

무거운 책임에서 벗어나 마음이 홀가분하다는 뜻이에요. 예 그 일을 끝내게 되어 어깨가 가볍다.

✏️ '무겁다, 가볍다'를 사용한 다른 표현을 알아볼까요?

- 입이 무겁다

  말수가 적거나 신중해서 말을 함부로 옮기지 않는다는 뜻이에요. 여기서 '입'은 사람이 하는 말을 빗대어 표현한 것이에요.

  예 한율이는 입이 무거워서 친구들이 자주 고민을 말한다.

- 입이 가볍다 (반대되는 표현)

  개인적이거나 비밀스러운 이야기를 다른 사람에게 잘 옮긴다는 뜻이에요.

  예 수현이는 입이 가벼워서 남의 말을 사람들에게 잘 퍼트린다.

활동 다음 대화에서 ㉠, ㉡에 들어갈 알맞은 말을 쓰세요.

도현: 소연아, 나 요새 고민이 있는데.

소연: 고민? 나한테 말해 봐. 나 (㉠) 무거운 거 알지?

도현: 내가 우리 반 반장이잖아. 우리 반 아이들을 잘 이끌어야 한다는 생각에 (㉡)이/가 무거워.

사회

모일 社 + 모일 會

가족, 마을, 회사, 국가 등 공동 생활을 하는 사람들의 모든 집단.

예 어린이는 미래 **사회**를 이끌어 갈 주인공이다.

친절한 샘 나 혼자서는 사회를 만들 수 없어요. '모일 사(社), 모일 회(會)' 모두 '모이다'라는 뜻을 가진 한자예요. 사람과 사람이 모여서 함께 생활하며 만들어진 것이 사회예요.

국제

나라 國 + 사이 際

여러 나라에 관련되거나 여러 나라가 함께하는 것.

예 우리나라 양궁 대표 팀이 **국제** 대회에서 금메달을 땄다.

친절한 샘 한 나라를 기준으로 했을 때, 나라의 안은 '**국내**'라고 해요. 한 나라의 영토 밖은 '**국외**'라고 불러요.

생산

날 生 + 낳을 産

사람이 생활하는 데 필요한 물건을 만듦.

예 마스크 **생산**이 늘어났다.

친절한 샘 농업, 공업, 임업, 수산업, 광업, 서비스업 등과 같이 물품이나 서비스 등을 만들어 내는 일을 통틀어서 '**산업**'이라고 해요.

소비

꺼질 消 + 쓸 費

돈, 물건, 시간, 노력, 힘 등을 써서 없앰.

예 이번 달부터 **소비**를 줄이고 저축을 더 많이 할 것이다.

친절한 샘 여러분은 용돈을 받으면 어디에 소비하나요? 나에게 생긴 돈과 소비한 돈을 기록하는 공책이나 수첩을 '용돈 기입장'이라고 불러요. 돈을 사용하는 일에는 '**지출**'이라는 단어를 쓰기도 해요.

수입

나를 輸 + 들 入

외국의 상품이나 기술 등을 국내로 사들임.

예 우리나라는 석유를 **수입**하고 있다.

친절한 샘 사람이 생활하거나 경제적인 생산을 하는 데 이용되는 원료를 '**자원**'이라고 해요. 특히 철, 석탄, 석유처럼 땅속에 묻혀 있는 자원을 '**지하자원**'이라고 해요. 지금까지 석유는 우리나라에서 나지 않는 자원이라 전부를 다른 나라에서 수입해 왔어요.

수출

나를 輸 + 날 出

국내의 상품이나 기술을 외국으로 팔아 내보냄.

예 **수출**이 작년보다 두 배 늘었다.

친절한 샘 '수출'과 '수입'을 합쳐서 '**수출입**'이라는 단어로 사용하기도 해요. 나라와 나라 사이에 서로 물건을 사고파는 일을 '**무역**'이라고 합니다.

경제

다스릴 經 + 건널 濟

생산이나 소비 등과 관련된 사람들의 활동.

예 정부는 **경제**를 개발하기 위한 계획을 세웠다.

친절한샘 뉴스에서 '경기가 좋다.', '경기가 나쁘다.'라는 말을 들어 본 적이 있나요? 경제와 관련하여 나타나는 상황을 '**경기**'라고 해요.

희소성

드물 稀 + 적을 少 + 성질 性

매우 드물고 적은 성질이나 상태.

예 다이아몬드는 **희소성**이 높은 보석이다.

친절한샘 더운 여름에는 많은 어린이가 시원한 아이스크림을 먹고 싶어 해요. 그런데 아이스크림이 한 개밖에 없네요. 이처럼 원하는 사람은 많은데, 아이스크림이 부족한 상태일 때 '아이스크림의 희소성이 높다.'라고 말해요.

어휘 더하기

정답과 해설 8쪽

'업(業)'이 들어간 한자어

작업
(지을 作 + 業)
일을 함. 또는 그 일.

농업
(농사 農 + 業)
농사를 짓는 일.

어업
(고기 잡을 漁 + 業)
이익을 얻기 위해 물고기, 조개, 김, 미역 등을 잡거나 기르는 일.

일 **업**
(業)

상업
(장사 商 + 業)
이익을 얻기 위해 물건을 사고파는 일.

서비스업
(service + 業)
관광, 금융, 숙박 등과 같이 서비스를 제공하는 일.

공업
(장인 工 + 業)
사람의 손이나 기계로 원료를 가공하여 상품이나 재료를 만드는 일.

'업(業)'은 '일'을 뜻하는 한자입니다. 회사와 관련된 낱말로는 '직업, 사업, 기업, 취업' 등이 있어요. 학교에서도 '업'이 들어간 낱말을 많이 사용해요. '수업, 졸업, 재량 휴업일'에 들어가는 '업'이 모두 '일 업(業)'입니다.

빈칸에 들어갈 알맞은 말을 쓰세요.

- 이익을 얻기 위해 물건을 사고파는 일을 ☐☐(이)라고 합니다.

241026-0042

1 반대되는 뜻을 지닌 낱말끼리 묶인 것을 모두 고른 것은 무엇인가요?

> ㉠ 수입 – 수출　　　　　　㉡ 생산 – 소비
> ㉢ 사회 – 경제　　　　　　㉣ 임업 – 서비스업

① ㉠, ㉡　　　　　　② ㉠, ㉢　　　　　　③ ㉡, ㉢
④ ㉠, ㉡, ㉢　　　　　　⑤ ㉡, ㉢, ㉣

241026-0043

2 빈칸에 공통으로 들어갈 알맞은 말은 무엇인가요?

> • 인천 (　　　) 공항은 여러 나라를 오가는 비행기가 뜨고 내리는 곳이다.
> • 우리나라 컬링 대표 팀이 (　　　) 대회에서 다른 나라 대표 팀을 이겼다.
> • 외국에서 일하고 있는 삼촌과 오랜만에 (　　　) 전화를 했다.

① 국내　　　　　　② 국외　　　　　　③ 국제
④ 무역　　　　　　⑤ 세계

241026-0044

3 밑줄 친 부분과 비슷한 뜻으로 쓰이는 낱말을 오른쪽에서 찾아 선으로 이어 보세요.

1 이번 달 <u>소비</u>가 늘어서 용돈이 얼마 안 남았다. •　　　　　• ㉠ 희소성

2 한국과 중국 사이의 <u>무역</u>이 늘어났다. •　　　　　• ㉡ 수출입

3 다이아몬드는 <u>매우 드물어서</u> 값이 비싸요. •　　　　　• ㉢ 지출

241026-0045

4 다음 빈칸에 공통으로 들어갈 글자를 쓰세요.

공 [ ] : 사람의 손이나 기계로 원료를 가공하여 상품이나 재료를 만드는 일.

상 [ ] : 이익을 얻기 위해 물건을 사고파는 일.

어 [ ] : 이익을 얻기 위해 물고기, 조개, 김, 미역 등을 잡거나 기르는 일.

241026-0046

5 다음 만화의 ㉠~㉣에 들어갈 알맞은 말을 〈보기〉에서 찾아 써 보세요.

보기

| 경제 | 생산 | 수입 | 수출 |

정답과 해설 8쪽

1~3 다음 글을 읽고 물음에 답해 보세요.

생산과 소비는 경제 활동에서 무척 중요한 요소이다. 사람이 생활하는 데 필요한 물건을 만드는 것을 '생산'이라고 한다. 그리고 생산된 것을 돈, 시간, 노력 등을 써서 사용하는 것을 '소비'라고 한다. 시장에서는 생산과 소비와 같은 경제 활동이 끊임없이 이루어지고 있다. 과일 가게에서 과일을 팔고 사는 것, 분식집에서 떡볶이를 만들고 사 먹는 것, 세탁소에서 옷을 다려 주고 맡긴 옷을 찾는 것 등이 모두 시장에서 이루어지고 있는 생산과 소비 활동이다.

생산 활동은 크게 세 가지로 나눌 수 있다. 첫째, ㉮생활에 필요한 것을 자연에서 얻는 활동이 있다. 벼농사를 짓거나 물고기를 잡는 것, 과일을 따는 것처럼 자연에 있는 것을 그대로 얻는 활동이다. 둘째, ㉯생활에 필요한 것을 만드는 활동이다. 건물을 짓거나 자동차나 옷 등을 만드는 것, 과자를 만드는 것 등이 여기에 해당한다. 셋째, ㉰생활을 편리하고 즐겁게 해 주는 활동이다. 물건을 파는 것, 버스를 운전하는 것, 환자를 돌보는 것, 공연을 하는 것 등이 여기에 해당한다.

사람들은 대부분 생산 활동으로 얻은 ㉠수입으로 소비 생활을 한다. 하지만 원하는 것을 모두 얻을 수는 없으므로 현명한 소비 생활이 필요하다. 이를 위해서는 돈을 어떻게 쓸지 미리 계획을 세우고, 꼭 필요한 것인지 생각해 보고, 물건을 살 때는 장단점 등을 꼼꼼히 따져 봐야 한다. 그리고 나중에 꼭 필요한 데 쓰기 위해 수입의 일부를 저축하는 습관을 가져야 한다.

241026-0047

1 윗글을 이해한 내용으로 알맞지 <u>않은</u> 것은 무엇인가요?

① 생산과 소비는 경제 활동에서 무척 중요한 요소에 해당한다.
② 생산은 우리가 생활하는 데 필요한 물건을 만드는 것을 뜻한다.
③ 분식집에서 떡볶이를 사 먹는 것도 경제 활동의 일부이다.
④ 공연장에 가서 연극을 관람하는 것도 생산 활동에 해당한다.
⑤ 현명한 소비를 위해서는 돈을 어떻게 쓸지 계획을 세워야 한다.

241026-0048

2 밑줄 친 말이 ㉠과 같은 뜻으로 쓰인 것은 무엇인가요?

① 해외 농산물 <u>수입</u>이 크게 늘었다.
② 외국 문화의 <u>수입</u>을 막으면 안 된다.
③ 그는 <u>수입</u>은 적지만 자신의 일에 보람을 느낀다.
④ 우리나라는 대부분의 원료를 <u>수입</u>에 의존하고 있다.
⑤ 경기가 좋아져 <u>수입</u>과 수출이 활발하게 이루어지고 있다.

241026-0049

3 윗글의 내용으로 볼 때, 다음 생산 활동은 ㉮~㉰ 중 어디에 해당하는지 써 보세요.

1 시골에 사시는 할머니는 집에서 콩으로 두부를 만드신다. (   )

2 인터넷으로 주문한 물건을 택배 기사님이 집으로 배달해 주었다. (   )

06강 함께 살아가는 우리

옛날 사람들은 어떻게 정보를 전달했을까요?

옛날 사람들은 나라에 위급한 일이 생기면 빨리 소식을 전하기 위해 산 위에 봉수대를 설치했어요. 낮에는 연기로, 밤에는 횃불을 올려 빠르게 먼 곳까지 정보를 전달했어요. 이때 신호로 올리던 연기나 불을 '봉화'라고 해요. 상황에 따라 봉화의 개수를 다르게 표시했어요.

봉화 개수와 상태를 보고, 〈보기〉 중에서 알맞은 낱말을 골라 ㉠~㉤에 넣어 보세요.

보기

- 접전: 경기나 전투에서 서로 맞붙어 싸움.
- 접근: 가까이 다가감.
- 침범: 남의 땅이나 나라, 권리, 재산 등을 범하여 손해를 끼침.
- 평화: 걱정이나 탈이 없이 화목하고 조용함.
- 출현: 없었거나 숨겨져 있던 사물이나 현상이 나타남.

봉화 개수	상태	알맞은 단어 넣기
	전쟁이나 다툼이 없이 조용함.	㉠
	적이 나타남.	적이 ㉡ 함.
	적이 국경에 가깝게 다가옴.	적이 ㉢ 함.
	적이 국경을 넘어옴.	적이 ㉣ 함.
	적과 서로 맞붙어 싸움.	적과 ㉤ 을/를 벌임.

관심

관계할 關 + 마음 心

어떤 것을 향하여 끌리는 감정과 생각.

㉠ 지영이는 요새 가수들에게 **관심**이 부쩍 많아졌다.

친절한샘 관심을 끄는 일이나 대상은 '**관심사**'라고 해요. 비슷한 말로는 '**관심거리**'가 있어요. 여러분의 '관심사'는 무엇인가요?

소통

트일 疏 + 통할 通

① 막히지 않고 서로 잘 통함.
② 오해가 없도록 뜻이나 생각이 서로 잘 통함.

㉠ 우리 가족은 대화를 통해 **소통**을 잘 이어 간다.

친절한샘 '소통'과 관련된 말 중 '**의사소통**'은 가지고 있는 생각이나 말 등이 서로 통함을 뜻하는 낱말이에요. 상대방과의 원활한 의사소통을 통해 사이를 돈독하게 할 수도 있고, 어떤 문제를 해결해 나갈 수도 있답니다.

영향

그림자 影 + 울릴 響

어떤 것의 효과나 작용이 다른 것에 미치는 것.

㉠ 한율이는 피아니스트이신 부모님의 **영향**을 받아 어렸을 때부터 피아노에 소질을 보였다.

친절한샘 어떤 것의 효과나 작용이 다른 것에 미치는 힘을 '**영향력**'이라고 해요. 자신이 속한 분야에서 중요한 역할을 하며 큰 힘을 발휘하는 사람을 '영향력' 있는 사람이라고 한답니다.

편견

치우칠 偏 + 볼 見

공평하고 올바르지 못하고 한쪽으로 치우친 생각.

㉠ 시우는 키가 작으면 농구를 잘하지 못할 거라는 내 **편견**을 깨트렸다.

친절한샘 '어떤 대상에 대하여 겪어 보지 않고 미리 짐작하여 가지는 생각.'은 '**선입견**'이라고 해요. 또한, 주관이나 선입견 때문에 어떤 대상에 대하여 좋지 않게 생각하는 태도를 비유하는 말로 '**색안경을 끼다**'라는 표현을 사용한답니다.

고르다

① 여럿 중에서 가려내거나 뽑다.
② 차이가 없이 한결같다. 가지런하다.
③ 상태나 모양을 규칙적이고 일정하게 만들다.

㉠ 선물을 **고르다**.

친절한샘 '상태나 모양이 들쑥날쑥하던 것을 규칙적이고 일정하게 만들다.'의 의미로 '고르다'가 사용될 때는 비슷한말인 '**다듬다, 손질하다**' 등을 대신 사용할 수 있어요.

격려하다

과격할 激 + 힘쓸 勵

용기나 의욕이 생기도록 기운을 북돋아 주다.

㉠ 관객들은 큰 박수와 응원으로 선수들을 **격려해** 주었다.

친절한샘 '격려하다'와 비슷한 말로는 '무엇을 하고자 하는 마음이 생기거나 어떤 일이 일어나도록 자극하다.'라는 뜻의 '**고무하다**'가 있어요.

상대적

서로 相 + 대답할 對 + 과녁 的

① 서로 맞서거나 비교되는 관계에 있는 것.
② 서로 맞서거나 비교되는 관계에 있는.
예 우리 팀은 **상대적**으로 약한 팀과 경기를 해서 쉽게 이겼다.

친절한 샘 '상대적'과 반대의 의미로 사용되는 '**절대적**'은 '아무런 조건이나 제약이 붙지 않는 것, 비교하거나 상대될 만한 것이 없는 것.'이라는 뜻이에요.

곤란하다

괴로울 困 + 어려울 難

사정이 몹시 어렵고 난처하다.
예 나는 친구들이 싸우면 어떻게 해야 할지 **곤란하다**.

친절한 샘 '**난처하다**'는 '어떻게 행동해야 할지 결정하기 어려운 불편한 상황에 있다.'라는 뜻이에요. '난처하다'와 비슷한 말로는 '① 분명하게 마음을 정하기 어렵다. ② 어떤 일을 감당하기 어렵다.'라는 뜻의 '**난감하다**'가 있어요.

어휘 더하기

정답과 해설 9쪽

'차이'와 '차별'

차이(差異)
서로 같지 않고 다름. 또는 서로 다른 정도.

VS

차별(差別)
둘 이상을 차등을 두어 구별함.

'차이'는 서로 같지 않고 다름을 의미하지만, '차별'은 대상을 차이를 두어서 구별함을 의미하는 말로, '평등'의 반대 의미로 사용됩니다. '차이'는 인정하지만 '차별'은 하지 않도록 해야겠지요?

다음 문장에서 알맞은 낱말을 골라 ○표 하세요.

(1) 다른 나라에서 태어나고 자란 타샤는 우리 학교로 전학을 와서 문화적 (차이 / 차별)을/를 극복하고 친구들과 친해졌다.
(2) 선생님께서는 학생들을 (차이 / 차별)하지 않으시고 공평하게 대해 주셨다.

241026-0050

1 빈칸에 들어갈 말의 초성과 뜻을 보고, 알맞은 낱말을 써넣어 문장을 완성해 보세요.

1 남자는 이렇고 여자는 저렇다고 하는 [ㅍ ㄱ] 을/를 버려야 한다.
공평하고 올바르지 못하고 한쪽으로 치우친 생각.

2 가정 환경은 아이들의 성격에 큰 [ㅇ ㅎ] 을/를 미친다.
어떤 것의 효과나 작용이 다른 것에 미치는 것.

3 이 동아리는 농구에 [ㄱ ㅅ] 이/가 있는 사람은 누구나 가입할 수 있다.
어떤 것을 향하여 끌리는 감정과 생각.

241026-0051

2 다음 문장 중 '고르다'가 같은 의미로 사용된 것끼리 짝 지은 것은 무엇인가요?

㉠ 음정이 <u>고르다</u>.
㉡ 문제의 정답을 <u>고르다</u>.
㉢ 친구 생일 선물을 <u>고르다</u>.
㉣ 식물이 잘 자라도록 흙을 <u>고르다</u>.

① ㉠, ㉡ 　　② ㉡, ㉢ 　　③ ㉢, ㉣
④ ㉠, ㉢ 　　⑤ ㉡, ㉣

241026-0052

3 왼쪽 낱말과 비슷한 뜻의 낱말을 오른쪽에서 찾아 선으로 바르게 이어 보세요.

1 난처하다 ・　　　　　　・ ㉠ 다듬다

2 격려하다 ・　　　　　　・ ㉡ 난감하다

3 손질하다 ・　　　　　　・ ㉢ 고무하다

241026-0053

4 다음 빈칸에 공통으로 들어갈 알맞은 낱말을 써 보세요.

1 휴일의 고속 도로는 차량의 (　　)이/가 원활하지 않다.

2 우리는 마음이 잘 맞아서 대화할 때 (　　)이/가 잘 이루어진다.

3 서로 다른 언어를 사용하는 사람들끼리 의사(　　)하기는 어려운 일이다.

241026-0054

5 다음 문장의 빈칸에 들어갈 알맞은 말을 골라 ○표 하세요.

1 통조림으로 된 음식은 다른 음식에 비해 (상대적 / 절대적)으로 유통 기한이 길다.

2 부모님은 언제나 나에게 (상대적 / 절대적)인 사랑과 아낌없는 지지를 보내 주신다.

241026-0055

6 다음 만화의 ㉠~㉣에 들어갈 알맞은 말을 〈보기〉에서 찾아 써 보세요.

보기

| 관심 | 소통 | 편견 | 영향 | 차이 | 차별 |

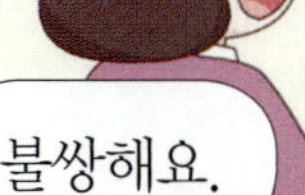

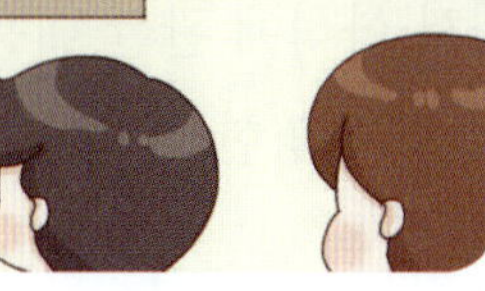

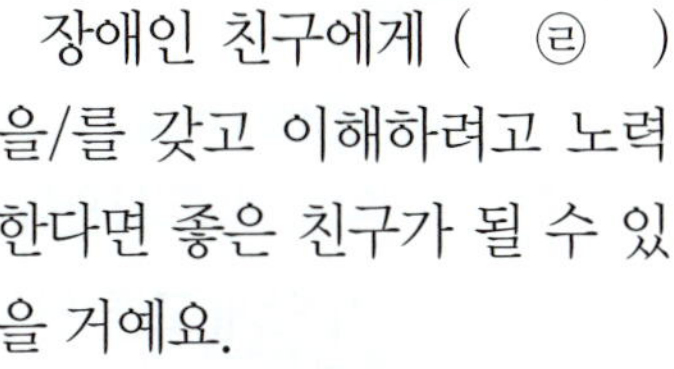

정답과 해설 9쪽

1~3 다음 글을 읽고 물음에 답해 보세요.

책을 읽는 것은 여러 가지 이유로 우리에게 좋은 (㉠)을/를 줍니다. 책은 우리에게 다양한 분야에 대한 지식과 정보를 주고, 책을 읽으면 우리의 생각이 확장되고, 상상력과 창의력을 키울 수 있습니다. 또한, 책을 읽으며 즐거움을 느끼고 스트레스를 해소하며 휴식을 할 수 있습니다.

이처럼 좋은 점이 많은 책 읽기가 보다 만족스러운 경험이 되려면 책을 잘 고르는 것이 중요합니다.

책을 고르는 몇 가지 기준에 대해 알아봅시다.

1. 평소 자신이 흥미가 있고 (㉡)이/가 있는 주제나 분야의 책인가?
2. 자신의 독서 목적에 맞는 내용인가?
3. 자신의 수준에 맞는 책인가?

이러한 기준을 고려하여 자신에게 맞는 책을 선택하여 유익한 독서를 하는 여러분이 되기를 바랍니다.

241026-0056

1 ㉠에 들어갈 말로 알맞은 말은 무엇인가요?

① 관심   ② 영향   ③ 소통
④ 편견   ⑤ 차이

241026-0057

2 다음 낱말의 뜻을 참고하여 ㉡에 들어갈 알맞은 말을 쓰세요.

(㉡) : 어떤 것을 향하여 끌리는 감정과 생각.

241026-0058

3 다음은 도서관에서 책을 고른 친구들끼리 이야기를 나눈 것입니다. 윗글에서 말한 책을 고르는 기준에 맞지 <u>않게</u> 고른 친구는 누구인가요?

① 소민: 난 이 책이 어려워서 잘 이해되지 않지만, 표지가 예뻐서 골랐어.
② 지훈: 이 책은 내가 평소에 좋아하는 동물인 판다에 관한 이야기라서 골랐어.
③ 예인: 나는 과학 숙제로 화석을 조사해야 해서 화석에 관한 내용의 책을 골랐어.
④ 민정: 내 장래 희망은 건축가야. 그래서 세계의 유명한 건축물에 관한 책을 골랐어.
⑤ 승민: 이 책은 조금 훑어보니 내가 이해할 수 있는 낱말들과 내용으로 쓰여 있어서 골랐어.

💬 다음 만화를 보고, 만화의 상황을 나타내는 고사성어를 알아봅시다.

✏️ **'선견지명(先見之明)'**

'앞을 내다보는 안목'이라는 뜻으로, 어떤 일이 일어나기 전에 다가올 일을 미리 내다보고 아는 지혜를 뜻해요.

예 이순신 장군은 선견지명이 있었기 때문에 적은 수의 군사로 전쟁을 큰 승리로 이끌었다.

✏️ 다음 한자를 따라 쓰면서 '선견지명'의 뜻을 익혀 보세요.

先	見	之	明	先	見	之	明
먼저 선	볼 견	갈 지	밝을 명	선	견	지	명

활 동　　**다음 중 '선견지명'을 나타낸 상황을 고르세요.**

☐ ㉠ 나경이네 가족은 주말에 나들이를 갔습니다. 돗자리를 챙겨 가신 어머니 덕분에 힘들 때 돗자리를 깔고 앉아서 쉴 수 있었습니다.

☐ ㉡ 서진이는 동생과 자주 싸워서 부모님께 혼났었습니다. 이제는 동생과 싸우지 않고 배려하며 사이좋게 지내게 되었습니다.

☐ ㉢ 도희는 줄넘기를 잘하지 못했지만, 매일매일 힘들어도 참고 열심히 연습해서 결국에는 잘하게 되었습니다.

☐ ㉣ 동훈이는 아침에 늦게 일어나서 지각할까 봐 걱정했습니다. 그런데 아파트 엘리베이터가 점검 중이어서 계단으로 내려가느라 더 늦어졌습니다.

241026-0059

1 비슷한 뜻을 지닌 말끼리 묶인 것을 모두 고른 것은 무엇인가요?

> ㉠ 예상 – 예측 　　　　㉡ 토론 – 토의
> ㉢ 사회 – 국제 　　　　㉣ 책임감 – 의무감

① ㉠, ㉡ 　　　　② ㉠, ㉢ 　　　　③ ㉠, ㉣
④ ㉡, ㉢ 　　　　⑤ ㉢, ㉣

241026-0060

2 다음 글의 ㉠~㉣에 들어갈 알맞은 말을 〈보기〉에서 각각 찾아 써 보세요.

〈보기〉

인내심　　　선입견　　　의문　　　보존　　　소통　　　차이

> • 동생이 숙제를 혼자 할 수 있을지 (　㉠　)이다.
> • 책의 내용이 어려웠지만 (　㉡　)을/를 가지고 읽었더니 이해가 되었다.
> • 우리는 국가의 유물을 (　㉢　)하여 후손에게 전해 주어야 한다.
> • 그의 얼굴은 사진과 (　㉣　)이/가 많이 나서 그를 알아보기 어려웠다.

241026-0061

3 다음 빈칸에 공통으로 들어갈 알맞은 낱말을 주어진 초성을 참고하여 써 보세요.

> • (　　　)이/가 많던 에디슨은 달걀을 직접 품기도 했다.
> • 선생님께서 소개해 주신 책은 아이들의 (　　　)을/를 자극했다.
> • 새로 전학을 온 친구는 (　　　) 어린 표정으로 이것저것 물어봤다.

ㅎ ㄱ ㅅ

241026-0062

4 반대되는 뜻을 지닌 말끼리 묶인 것을 모두 고른 것은 무엇인가요?

> ㉠ 수입 – 수출 　　　　㉡ 생산 – 소비
> ㉢ 별나다 – 색다르다 　　　　㉣ 칭찬하다 – 나무라다

① ㉠, ㉡ 　　　　② ㉠, ㉢ 　　　　③ ㉡, ㉢
④ ㉠, ㉡, ㉣ 　　　　⑤ ㉡, ㉢, ㉣

5   **241026-0063**

왼쪽의 뜻을 가진 낱말을 오른쪽에서 찾아 선으로 바르게 이어 보세요.

1 남의 연약한 점을 감싸고 달래다.   •

2 잘못을 꾸짖어 잘 알아듣게 말하다.   •

3 의견이나 사람을 높이어 귀중하게 여기다.   •

4 의견이나 여럿이 논의해야 할 항목으로 내놓다.   •

  • ㉠ 나무라다

  • ㉡ 존중하다

  • ㉢ 다독이다

  • ㉣ 제안하다

6   **241026-0064**

다음 대화의 빈칸에 들어갈 속담으로 알맞은 것은 무엇인가요?

> 민정: 소정아, 너 들었어? 서현이가 전학 간대!
>
> 소정: 진짜? 갑자기 왜 전학을 가는데?
>
> 민정: 모르겠어. 서현이와 같은 반 친구들이 그렇게 얘기하더라.
>
> 소정: 근데 서현이한테 전학 간다는 얘기 못 들었어.
>
> 민정: '________________'라는 속담도 있잖아.
>
> 소정: 그럼, 우리 쉬는 시간에 서현이한테 한번 물어보자.

① 백지장도 맞들면 낫다   ② 소 잃고 외양간 고친다

③ 아니 땐 굴뚝에 연기 날까   ④ 윗물이 맑아야 아랫물이 맑다

⑤ 구슬이 서 말이라도 꿰어야 보배

7   **241026-0065**

다음 빈칸에 공통으로 들어가기에 알맞은 말은 무엇인가요?

> • 준수는 이번 공연의 총책임을 맡아 (   )이/가 무겁다.
>
> • 형은 응원하던 팀이 경기에 져서 (   )이/가 축 처졌다.
>
> • 그분은 세계적 학자들과 (   )을/를 나란히 하는 뛰어난 학자이다.

① 머리   ② 어깨   ③ 허리

④ 무릎   ⑤ 다리

241026-0066

8 가로 열쇠와 세로 열쇠를 바탕으로, 십자말풀이를 해 보세요.

[가로 열쇠]
② 다른 사람이나 기관, 단체 등을 도울 목적으로 돈이나 재산을 대가 없이 내놓다.
③ 신청이나 신고 등을 말이나 문서로 받다.
⑤ 공평하고 올바르지 못하고 한쪽으로 치우친 생각.

[세로 열쇠]
① 스스로 자신의 가치나 능력을 믿고 떳떳이 여기는 마음.
④ 어떤 일을 하여 돈이나 물건 등을 거두어들임. 또는 그 돈이나 물건.
⑥ 다가올 일을 미리 내다보고 아는 지혜. 선○○명

241026-0067

9 아래의 상황에 어울리는 표현을 〈보기〉에서 각각 찾아 써 보세요.

보기

| 입을 모으다 | 입이 가볍다 | 입에 침이 마르다 |

1 선주는 내 비밀을 친구들에게 소문냈다.

2 아이들은 선생님의 질문에 대한 답을 함께 외쳤다.

3 엄마는 청소를 함께한 소연이를 여러 번 칭찬하셨다.

10~12 다음 글을 읽고 물음에 답해 보세요.

다미는 책 읽기에 ⊙몰두하는 초등학생입니다. 하루 종일 도서관에서 책을 읽을 수 있을 정도입니다. 가끔 친구들은 그런 다미를 비판적으로 바라봅니다. 왜 항상 책만 읽냐고 말하면서요. 하지만 책에 대한 다미의 호기심은 식을 줄 모릅니다.

어느 날, 교실에서 학급 도서를 고르던 다미는 교실에 비치된 책들이 부족하다고 생각했습니다. 그래서 학급 회의 시간에 학급 도서를 채울 수 있는 아이디어를 친구들에게 제안했습니다.

"우리가 각자 집에서 더 이상 안 보는 책들을 가져와서 학급에 기부하면 학급 도서가 많아질 거야."

처음에 친구들은 왜 우리가 책을 학급에 기부해야 하냐며 다미의 제안을 (ⓛ)했습니다. 하지만 다미는 포기하지 않았습니다. 학급 도서가 많아지면 다양한 도서를 접할 기회가 많아져서 친구들이 독서하는 습관을 기르는 데 도움이 될 것이라고 다시 한번 건의했습니다.

다미의 진지한 태도와 열정적인 설명에 친구들은 점점 설득되기 시작했습니다. 결국, 친구들은 다미의 말을 경청하고 집에 있는 책을 가져와서 학급 도서에 기부하기로 (ⓒ)했습니다.

이렇게 해서 학급 도서가 풍성해지고, 친구들은 교실에서 다양한 책을 읽을 수 있게 되었습니다.

241026-0068

10 윗글의 내용과 일치하지 <u>않는</u> 것은 무엇인가요?

① 다미는 학급에 비치된 책들이 부족하다고 생각했습니다.

② 다미는 책에 대한 호기심이 많아 책 읽기에 몰두하는 학생입니다.

③ 다미는 집에서 안 보는 책들을 가져와서 학급에 기부하자고 제안했습니다.

④ 다미가 자신의 책을 먼저 기부하자, 친구들도 다미를 따라서 책을 기부했습니다.

⑤ 반 친구들은 학급에 도서를 기부하기로 합의했고, 그 결과 학급 도서가 풍성해졌습니다.

241026-0069

11 ⊙과 비슷한 뜻을 지닌 낱말을 모두 고르세요.

① 몰입하는 ② 매립하는 ③ 골몰하는

④ 열중하는 ⑤ 존중하는

241026-0070

12 제시된 뜻과 주어진 초성을 참고하여 윗글의 ⓛ, ⓒ에 들어갈 말이 무엇인지 써 보세요.

> 정 없이 차갑게 대하다. – (ㄴ ㄷ)하다. – ⓛ ☐☐했습니다.
>
> 서로 의견이 일치하다. – (ㅎ ㅇ)하다. – ⓒ ☐☐했습니다.

II

역사·사회·자연

정책

정사 政 + 꾀 策

정치적인 목적을 이루기 위한 방법.

예 국회에서 정부의 **정책**에 대한 질문이 이어졌다.

친절한샘 정책을 만드는 것을 '정책을 **수립하다**.'라고 써요. '수립'은 '세우다'라는 뜻을 가지고 있어요. 정책을 수립하는 것은 나라를 잘 다스리기 위한 방법을 생각해서 정하는 중요한 일이에요.

절차

마디 節 + 버금 次

일을 해 나갈 때 거쳐야 하는 순서나 방법.

예 **절차**에 맞게 임원 선거가 진행되었다.

친절한샘 순서와 방법에 맞게 일을 해 나가는 것을 '**절차를 밟다**.'라고 해요. 계단을 오를 때 한 계단씩 밟아서 올라가는 것처럼, 어떤 일을 할 때 순서대로 하나씩 밟아 나가는 것을 표현한 말이에요.

표결

표 票 + 결정할 決

투표를 해서 결정함.

예 **표결**의 결과로 체험 학습 장소가 놀이공원으로 정해졌다.

친절한샘 **투표(投票)**는 표를 던진다는 뜻이에요. 투표용지에 내 의견을 표시해서 정해진 곳에 제출하는 일이에요. 투표를 통해 결정하는 것을 '표결'이라고 해요. 표결을 한다는 것을 '**표결에 부치다**.'라고 표현해요.

동의

같을 同 + 뜻 意

① 같은 뜻.
② 같은 의견을 가짐.

예 민지는 고개를 끄덕여 **동의**의 뜻을 나타냈다.

친절한샘 '동의'와 비슷한 말로는 '**동조(同調)**'가 있어요. '동조'는 다른 사람의 말이나 생각, 의견을 옳다고 생각하여 따르는 것을 말해요. 의견이 다를 때에는 다르다는 뜻의 한자 '다를 이(異)'를 써서 '이의'라고 해요.

행정

행정안전부

행위 行 + 정사 政

① 규정이나 규칙에 의하여 공적인 일을 처리함.
② 정부가 법률에 따라 나라나 지역을 맡아 다스림.

예 장관은 **행정** 각 부를 대표하는 사람이다.

친절한샘 세종특별자치시는 '행정'의 중심지로 새롭게 계획하여 만든 도시예요. 우리나라의 수도인 서울에 너무 많이 몰려 있는 기능을 나누고, 우리나라의 균형 있는 발전을 위해 2012년에 새롭게 생긴 도시예요.

권리

권세 權 + 이로울 利

어떤 일을 하거나 다른 사람에게 요구할 수 있는 정당한 힘이나 자격.

예 누구나 교육을 받을 **권리**가 있다.

친절한샘 '권리'와 '**의무**'는 함께 붙어 다니는 짝꿍이에요. 권리가 내가 누릴 수 있는 자격이라면, 의무는 내가 반드시 해야만 하는 일이에요.

복지

복福 + 복祉

편안하고 행복하게 사는 삶.

예 노인들이 행복하고 건강하게 살아갈 수 있도록 돕는 **복지** 제도가 마련되었다.

친절한샘 사람들의 행복한 삶을 위해 일을 하는 사람을 '**복지사**'라고 해요. 노인의 복지를 위한 일을 전문으로 하는 사람은 '**노인 복지사**', 행복한 가정생활을 할 수 있도록 도와주는 일을 하는 사람은 '**가정 복지사**'라고 불러요.

공공

공평할公 + 함께共

한 국가 또는 사회의 모든 사람에게 관계되는 것.

예 도서관 같은 **공공**장소에서는 다른 사람을 배려하는 것이 필요하다.

친절한샘 경찰서, 주민 센터와 같이 공적인 행정 업무를 맡는 곳을 '**공공 기관**'이라고 해요. 도서관, 공원처럼 여러 사람이 함께 이용하는 곳은 '**공공장소**'입니다. '**공공시설**'은 도로와 같이 나라에서 여러 사람이 편리하게 이용할 수 있도록 설치한 시설이에요.

어휘 더하기

정답과 해설 12쪽

'공(公)'이 들어간 한자어

'공평할 공(公)'에는 여러 사람과 관계되는 국가나 사회의 일이라는 뜻이 포함되어 있어요.

공지(公知)
많은 사람들에게 어떤 내용을 널리 알림.

공원(公園)
사람들이 놀고 쉴 수 있도록 풀밭, 나무, 꽃 등을 가꾸어 놓은 장소.

공휴일(公休日)
국경일이나 명절같이 국가에서 지정하여 쉬는 날.

공평할 공(公)

공개(公開)
어떤 사실이나 사물, 내용 등을 사람들에게 널리 알림.

공정(公正)
어느 한쪽으로 이익이나 손해가 치우치지 않고 올바름.

공익(公益)
사회 전체의 이익.

여러 사람에게 널리 알린다는 뜻을 가진 단어에 ○표 하세요.

공지   공원   공연

241026-0071

1 다음 낱말의 뜻으로 알맞은 것을 <보기>에서 찾아 기호를 쓰세요.

보기

> ㉠ 편안하고 행복하게 사는 삶.
>
> ㉡ 어떤 일을 하거나 다른 사람에게 요구할 수 있는 정당한 힘이나 자격.
>
> ㉢ 정치적인 목적을 이루기 위한 방법.

1 정책 (   )   **2** 복지 (   )   **3** 권리 (   )

241026-0072

2 다음 제시된 뜻과 초성을 참고하여 빈칸에 들어갈 알맞은 낱말을 써 보세요.

1 [   ] : 정부가 법률에 따라 나라나 지역을 맡아 다스림.

㉖ 우리 이모는 교육부에서 [ㅎ ㅈ] 업무를 담당하고 있다.

2 [   ] : 일을 해 나갈 때 거쳐야 하는 순서나 방법.

㉖ 인터넷 사이트에 회원으로 가입하는 [ㅈ ㅊ] 이/가 복잡했다.

241026-0073

3 다음 글의 ㉠~㉢에 들어갈 알맞은 말을 차례대로 나열한 것은 무엇인가요?

> • 현충일은 (㉠   )이라 학교에 가지 않는다.
>
> • 나쁜 범죄를 저지른 사람의 얼굴을 뉴스에 (㉡   )하기로 결정했다.
>
> • 반칙인지 아닌지 (㉢   )하게 판정하기 위해, 심판은 잠시 경기를 멈추고 영상을 확인하였다.

	㉠	㉡	㉢
①	공휴일	공연	공익
②	공휴일	공연	공정
③	공휴일	공개	공정
④	기념일	공연	공익
⑤	기념일	공개	공익

241026-0074

4 문장의 내용을 참고하여, 밑줄 친 낱말과 어울리는 낱말을 오른쪽에서 찾아 선으로 이어 보세요.

1 비행기를 타려면 먼저 표를 받고 짐을 보내야 •
해. 그리고 위험한 물건이 있는지 검사를 받는
순서를 거쳐야 해.

• ㉠ 절차

2 주민 센터에서는 공적인 일을 처리해요. 예를 •
들어 우리 동네에 입학할 어린이가 몇 명이 있
는지 조사해요. 규칙에 따라 어느 학교에 입학
할지를 결정해서 알려 줘요.

• ㉡ 행정

241026-0075

5 다음 만화의 ㉠~㉢에 들어갈 알맞은 말을 〈보기〉에서 찾아 써 보세요.

보기

| 공개 | 공원 | 복지 | 정책 | 의무 |

1~3 다음 글을 읽고 물음에 답해 보세요.

　6교시에 학급 회의를 하였다. 나는 우리 반 회장이어서 회의 진행을 맡게 되었다. 어제 국어 시간에 선생님께서 회의 절차에 대해 미리 설명해 주셨다. 처음이라 무척 떨렸지만, 실수하지 않도록 선생님께서 주신 회의 진행 순서를 보면서 회의를 진행하였다. 우리 반이 올 한 해 동안 지켜야 할 일들을 정하는 것이 회의 주제였다. 처음엔 한두 명의 친구들만 발표하더니 시간이 지날수록 용기를 내어 발표하는 친구들이 많아졌다. 친구들의 의견에 ㉠동의하는지를 확인하면서 회의를 진행하니 마치 우리가 어른이 된 것 같은 느낌이 들기도 했다. 여러 의견이 많이 발표되어 그중 몇 가지 의견은 표결로 정해야 했다.

　저녁에 부모님께 학급 회의를 진행하면서 무척 떨렸던 일에 대해 말씀드렸다. 아버지께서 얼마 전에 회의에 참석하신 일에 대해 말씀해 주셨다. 어떤 회의인지 궁금하여 여쭤보니 주민 자치회라고 하셨다. 마을 사람들이 직접 참여하여 마을의 복지나 행정에 관련된 것을 논의하는 회의라고 하셨다. 그 회의에서도 우리 반 학급 회의를 진행할 때 했던 표결, 동의 등의 절차가 있었다고 하니 정말 신기했다. 어머니께서는 회의 진행을 무사히 잘 마친 것에 대해 칭찬해 주셨다. 어른들이 진행하는 회의처럼 나도 해 봤다는 것에 대해 무척 뿌듯했다.

241026-0076

1 ㉠과 반대되는 뜻을 가진 낱말은 무엇인가요?

① 반대　　　　　② 공감　　　　　③ 정책

④ 행정　　　　　⑤ 찬성

241026-0077

2 윗글의 글쓴이에 대해 이해한 내용으로 알맞지 <u>않은</u> 것은 무엇인가요?

① 학급 회장으로서 학급 회의를 진행하였다.

② 국어 시간에 회의 절차에 대한 설명을 들었다.

③ 저녁에 부모님께 회의를 진행한 소감을 말씀드렸다.

④ 어머니께 회의 진행을 잘 마친 것에 대해 칭찬을 들었다.

⑤ 실수를 하지 않기 위해 회의 진행 순서를 직접 적어 놓았다.

241026-0078

3 주어진 초성과 뜻을 참고하여, 다음 빈칸에 들어갈 알맞은 말을 써 보세요.

> 회의에 참가하는 모든 사람들은 자신의 의견을 말할 수 있는 (ㄱ ㄹ)을/를 가지고 있다.
>
> 어떤 일을 하거나 다른 사람에게 요구할 수 있는 정당한 힘이나 자격.

옛날 사람들은 어떤 간식을 먹었을까요?

식사와 식사 사이에 간단히 먹는 음식을 '사이 간(間) + 먹을 식(食)'을 써서 '간식'이라고 합니다.

1 다음 설명에 해당하는 간식을 〈보기〉에서 찾아 그 기호를 써 보세요.

보기

① 꿀, 기름, 밀가루를 섞은 반죽을 판에 박아서 모양을 낸 뒤 기름에 지지거나 튀겨서 만든 과자. ( )

② 생강과 계피를 넣어 끓인 물에 설탕이나 꿀을 타서 식혀 마시는 한국의 전통 음료. ( )

③ 찹쌀가루를 반죽하여 진달래나 개나리, 국화 따위의 꽃잎이나 대추를 붙여서 기름에 지진 떡. ( )

④ 쌀가루로 만든 한국식 과자. 볶은 깨나 콩 등을 물엿에 섞어 뭉쳐 만든 과자. ( )

⑤ 엿기름* 우린 물에 밥을 넣어 삭힌 후 밥알이 뜨면 설탕을 넣고 끓인 다음 차게 식혀 먹는, 단맛의 한국 전통 음료. ( )

＊엿기름: 식혜나 엿을 만드는 데 쓰는, 보리에 싹이 트게 하여 말린 것.

2 다음 중 전통 음식에 관한 설명이 맞으면 ○, 틀리면 ✕표에 동그라미 하세요.

1 식혜와 수정과는 둘 다 뜨겁게 해서 먹는 우리나라의 전통 음료이다. (○ , ✕)

2 강정과 약과는 둘 다 밀가루를 기본 재료로 하여 만드는 우리나라의 전통 과자이다. (○ , ✕)

바자회

bazar + 모일 會

자선 사업이나 사회사업 등의 자금을 마련하기 위하여 벌이는 시장.

예 불우 이웃을 돕기 위한 **바자회**를 열었다.

친절한샘 'bazar(바자르)'는 '시장'을 뜻하는 페르시아 말에서 왔어요. '바자회'는 일정 기간 동안 자선을 목적으로 여는 시장을 뜻하는데, '**자선**'은 '형편이 어려운 사람을 불쌍히 여겨 도와줌.'을 뜻해요.

박람회

넓을 博 + 볼 覽 + 모일 會

일정 기간 동안 홍보나 판매 등을 목적으로 어떤 주제 아래에서 온갖 물품을 사람들에게 보이는 행사.

예 자동차 **박람회**에 가서 새 차들을 구경했다.

친절한샘 세계 여러 나라가 참가하여 각국의 주요 생산품을 전시하는 국제 박람회를 '**엑스포(Expo)**'라고 해요. 대전에 엑스포 과학 공원이 있어요. 1993년에 열린 대전 엑스포를 기념해 만든 공원이랍니다.

개막식

열 開 + 막 幕 + 행사 式

일정 기간 동안 계속되는 대회, 공연, 행사를 처음 시작할 때 행하는 의식.

예 올림픽 **개막식**이 성대하게 펼쳐졌다.

친절한샘 행사가 끝날 때 행하는 의식은 뭐라고 할까요? '닫을 폐(閉)'를 써서 '**폐막식**'이라고 해요. 회의나 모임을 시작할 때 하는 의식은 '**개회식**', 마칠 때 하는 의식은 '**폐회식**'이라고 해요.

개최

열 開 + 열 催

모임, 행사, 경기 등을 조직적으로 계획하여 엶.

예 2018년 동계 올림픽의 **개최** 도시는 어디죠?

친절한샘 우리나라는 1988년 하계 올림픽, 2002년 월드컵, 2011년 세계 육상 선수권 대회, 2018년 동계 올림픽 등 굵직한 국제 스포츠 대회를 개최하였어요.

공연

드러낼 公 + 펼 演

음악, 무용, 연극 등을 많은 사람들 앞에서 보이는 것.

예 부모님과 국악 **공연**을 보고 왔다.

친절한샘 공연을 하는 장소를 '**공연장**'이라고 해요. 요즘에는 사람들이 많이 다니는 길거리에서 여는 '거리 공연'도 많이 해요.

합주

합할 合 + 연주할 奏

두 가지 이상의 악기로 동시에 연주함. 또는 그런 연주.

예 리코더와 바이올린의 **합주**를 감상했다.

친절한샘 악기로 음악을 들려주는 것을 '**연주**'라고 해요. '합주'는 여러 사람이 두 가지 이상의 악기로 동시에 연주하는 것을 뜻해요. 그럼 혼자서 연주하는 것은 뭐라고 할까요? '**독주**'라고 해요.

학예회

배울 **學** + 재주 **藝** + 모일 **會**

주로 학생들의 작품을 전시하거나 준비한 공연 등을 발표하는 특별 교육 활동.

예 작년 **학예회**에서 무용했던 거 기억나?

친절한샘 '학예회'는 우리 친구들의 끼를 마음껏 펼칠 수 있는 활동이랍니다. '**학습 발표회**'라고도 해요. '학예회'를 준비할 때에는 다소 힘들지만, 끝나고 나면 뿌듯하죠? 다소 실수가 있더라도 부모님들은 우리 친구들이 열심히 노력한 걸 다 알고 있기에 아낌없는 박수를 보낸답니다.

자매결연

언니 **姉** + 여동생 **妹** + 맺을 **結** + 인연 **緣**

한 지역이나 단체가 다른 지역이나 단체와 서로 돕거나 교류하기 위하여 친선 관계를 맺는 일.

예 우리 학교가 해외 학교와 **자매결연**을 한대.

친절한샘 '**결연**'은 둘 이상의 사람이나 기관이 가까운 관계를 맺는 것을 뜻해요. 그러니까 '자매결연'은 마치 자매처럼 가까운 관계를 맺는 것을 뜻한다고 보면 된답니다.

어휘 더하기

정답과 해설 13쪽

높임 표현

예사말		높임말
밥	……	진지
이름	……	성함
생일	……	생신
나이	……	연세, 춘추
집	……	댁
사람	……	분

우리말은 웃어른을 높이는 표현이 발달하였어요. 이렇게 다른 사람을 높여서 이르는 말을 '높임말'이라고 합니다. '존댓말'이라고도 하죠.

왼쪽에 있는 높임말을 바르게 익혀서, 상황에 맞게 잘 사용한다면 예의 바른 어린이라는 칭찬을 받을 수 있을 거예요.

다음 문장에서 밑줄 친 말을 높임말로 고쳐 쓰세요.

(1) 준호는 지난주에 할아버지 <u>집</u>에 갔다.
(2) 할머니 <u>나이</u>는 올해로 여든이셔.

241026-0079

1 반대 관계에 있는 낱말끼리 묶인 것을 모두 고른 것은 무엇인가요?

> ㉠ 공연 – 연주 ㉡ 합주 – 독주
> ㉢ 개회식 – 폐회식 ㉣ 개막식 – 폐막식

① ㉠, ㉡ ② ㉠, ㉢ ③ ㉡, ㉢

④ ㉠, ㉡, ㉢ ⑤ ㉡, ㉢, ㉣

241026-0080

2 다음 글에서 설명하는 행사는 무엇인지 빈칸에 각각 쓰세요.

1 ☐☐☐

　　일정 기간 동안 한 나라 또는 지역의 문화나 산업 상태를 소개하기 위하여 그에 관련된 각종 사물이나 상품을 진열하여 전시하는 행사를 말해요. 국제적인 규모로 열리는 것을 '엑스포'라고 하는데, 우리나라에서는 1993년 당시 개발 도상국으로는 최초로 대전에서 엑스포를 개최했어요.

2 ☐☐☐

　　일정 기간에만 열리는 장터랍니다. 여기에서 번 돈으로 주로 형편이 어려운 사람들을 돕지요. 좋은 목적을 가지고 열리는 행사인 만큼 동네에서 이 행사가 있으면 꼭 한번 들러 보세요.

3 ☐☐☐

　　주로 유치원이나 초등학교에서 열리는 행사입니다. 학생들이 정성스럽게 만든 작품을 전시하고, 학급별로 준비한 춤이나 노래, 연극 등을 발표하는 축제 마당이라고 할 수 있어요. 부모님들의 관심과 기대가 큰 행사이기도 해요.

241026-0081

3 다음 문장을 듣는 사람에 맞는 표현으로 바꿀 때 빈칸에 들어갈 알맞은 낱말을 쓰세요.

1 영준아, 밥 먹어.

⇨ 할머니, ☐ 드세요.

2 희진아, 생일 축하해.

⇨ 선생님, ☐ 축하드려요.

3 정수야, 여기에 집 주소와 이름을 적어.

⇨ 할아버지, 여기에 ☐ 주소와 ☐ 을/를 적으세요.

241026-0082

4 다음 만화의 ㉠~㉣에 들어갈 알맞은 말을 <보기>에서 찾아 쓰세요.

보기

| 개최 | 독주 | 자선 | 주선 | 참석 | 합주 | 개회식 | 폐회식 |

1~3 다음 글을 읽고 물음에 답해 보세요.

드디어 4년마다 열리는 올림픽 (㉠)이/가 시작되었다. 각 나라를 대표하는 선수들이 각 나라를 상징하는 국기를 들고 경기장에 들어왔다. 다양한 모양과 빛깔의 국기들이 축제의 분위기를 한껏 돋우고 있었다.

이처럼 국제적인 행사가 있을 때마다 빠지지 않고 등장하는 것은 개최국을 비롯하여 참가한 나라들의 국기이다. 국기는 한 나라를 상징하는 깃발이기 때문이다. 대부분의 국기는 직사각형의 모양을 하고 있으며, 다양한 색상과 디자인을 통해 그 나라의 특징을 나타낸다.

국기 중에는 그 나라의 (㉡)이/가 담겨 있는 것도 있다. 대표적으로 캐나다의 국기를 들 수 있다. 캐나다 국기에는 빨간색 바탕에 흰색 사각형이 있고 그 가운데에 붉은색 나뭇잎이 그려져 있다. 빨간색은 영국계 캐나다인들을 상징하고 흰색은 프랑스계 캐나다인들을 상징하는 색이라고 한다. 그렇다면 나뭇잎을 그려 넣은 이유는 무엇일까? 캐나다에는 설탕단풍나무가 많이 자란다. 국기에 그려진 나뭇잎은 바로 이 설탕단풍나무의 붉은 잎인 것이다. 설탕단풍나무는 거기에서 나오는 즙으로 달콤한 메이플시럽을 만들어 먹기 때문에 캐나다인들로부터 많은 사랑을 받는 나무이다. 또한 강인한 생명력으로 아메리카 대륙의 거친 환경을 이겨 내는 나무의 특성이 캐나다인을 상징한다고 말하기도 한다.

241026-0083

1 윗글을 이해한 내용으로 알맞지 <u>않은</u> 것은 무엇인가요?

① 올림픽은 4년에 한 번씩 열린다.
② 국기는 한 나라를 상징하는 깃발이다.
③ 캐나다의 국기는 빨간색과 흰색으로 이루어져 있다.
④ 국제적인 행사가 있을 때에는 개최국의 국기만 쓰인다.
⑤ 메이플시럽은 설탕단풍나무에서 나오는 즙으로 만든다.

241026-0084

2 다음 초성을 참고하여 윗글의 ㉠에 들어가기에 알맞은 낱말을 써 보세요.

ㄱ ㅁ ㅅ : 일정 기간 동안 계속되는 대회, 공연, 행사를 처음 시작할 때 행하는 의식.

241026-0085

3 캐나다 국기의 모양을 볼 때, 윗글의 ㉡에 들어가기에 알맞은 말은 무엇인가요?

① 땅　　　　② 국민　　　　③ 역사
④ 자연　　　　⑤ 전설

다음 만화를 보고, 밑줄 친 표현의 뜻을 추측하여 말해 보세요.

'죽마고우(竹馬故友)'

'죽마고우(竹馬故友)'에서 '죽마'는 대나무로 만든 말을 뜻해요. 그 말을 타고 놀던 친구니까 무척 가까운 사이였겠죠? 그래서 '죽마고우'는 어릴 때부터 같이 놀며 자란 가까운 친구를 뜻합니다.

예 승규와 지호는 서로에 대해 모르는 게 없는 죽마고우야.

다음 한자를 따라 쓰면서 '죽마고우'의 뜻을 익혀 보세요.

竹	馬	故	友
대나무 죽	말 마	옛 고	벗 우

竹	馬	故	友
죽	마	고	우

활동 빈칸에 '친구'가 들어가는 속담을 골라 □ 안에 ✔표 하세요.

□ ㉠ (　　　) 따라 강남 간다　　　□ ㉡ (　　　) 가는 데 실 간다

□ ㉢ (　　　)는 외나무다리에서 만난다

가열

더할 加 + 더울 熱

어떤 물질에 뜨거운 열을 가함.

예 이 우유는 저온에서 **가열** 살균한 것으로, 안심하고 드실 수 있습니다.

친절한샘 '가열'은 '어떤 일이나 사건에 대하여 관심이 집중되고 분위기가 흥분됨.'이라는 또 다른 뜻도 있어요. '찬반 토론으로 인해 가열된 분위기를 진정시키기 위해 잠시 휴식 시간을 가졌다.'처럼 쓰여요.

거르다

체나 거름종이 등으로 찌꺼기나 건더기가 있는 액체에서 순수한 액체만 받아 내다.

활용 걸러, 거르니

예 거름 장치를 이용하여 빗물을 **걸러** 보는 실험을 하였다.

친절한샘 여러 물질이 혼합된 액체에서 액체에 녹지 않는 성질의 물질을 '**거름종이**'로 걸러 내는 것을 '**거름 장치**', 찌꺼기나 건더기가 있는 액체를 체에 밭쳐 찌꺼기를 걸러 내는 것을 '**거름망**'이라고 해요.

관찰

볼 觀 + 살필 察

사물이나 현상을 주의하여 자세히 살펴봄.

예 자세히 **관찰**을 해 보니 개미의 머리에 작은 더듬이가 있었다.

친절한샘 눈으로 또는 기계로 자연 현상 특히 천체나 기상의 상태를 관찰하여 측정하는 일은 '**관측**'이라고 해요. 천문학자들은 거대한 망원경으로 우주를 관측해요. 기상청에서는 기상 관측 자료를 이용하여 날씨 예보를 하지요.

자기장

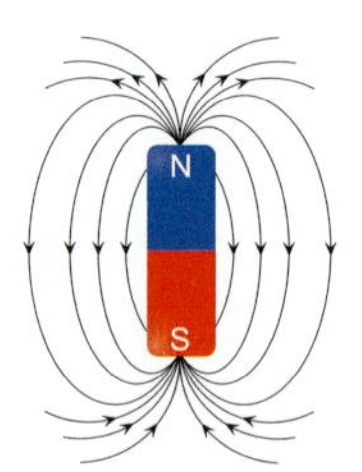

자석 磁 + 기운 氣 + 마당 場

자석의 주위, 전류의 주위, 지구의 표면과 같이 자기의 힘이 작용하는 공간.

예 친구는 자석을 쇳가루에 가까이 대며 **자기장**에 관해 설명하였다.

친절한샘 '자기'는 쇠붙이를 끌어당기거나 남북을 가리키는 등 자석이 갖는 작용이나 성질을 뜻해요. 지구 주위에도 '자기장'이 있어요. 지구의 안쪽에 있는 '외핵'이라는 물질의 회전 때문에 '자기장'이 생기는 거랍니다. 지구를 커다란 자석이라고 할 수 있겠지요.

보안경

지킬 保 + 눈 眼 + 거울 鏡

눈을 보호하기 위하여 쓰는 안경.

예 과학 실험을 할 때는 안전을 위해 **보안경**을 쓰세요.

친절한샘 '보안경'의 종류에는 자외선 또는 강렬한 가시광선으로부터 눈을 보호하기 위한 '**차광 보안경**'이 있고, 먼지로부터 눈을 보호하기 위한 '**방진 보안경**'이 있답니다.

확대경

넓힐 擴 + 큰 大 + 거울 鏡

작은 것을 크게 보이도록 하기 위해 볼록 렌즈로 만든 안경. 또는 볼록 렌즈. 돋보기를 달리 이르는 말.

예 할아버지께서는 **확대경**을 끼신 채 신문을 보셨다.

친절한샘 '요지경'이 무엇인지 아세요? 확대경을 장치하여 놓고 그 속의 여러 가지 재미있는 그림을 돌리면서 구경하는 장치나 장난감을 말해요. 또 다른 뜻으로는 알쏭달쏭하고 묘한 세상일을 가리켜 '세상은 정말 요지경이야.'라고 표현하기도 하지요.

응결

엉길 凝 + 맺을 結

액체가 한 덩어리로 엉기어 뭉침. 기체인 수증기가 액체인 물이 되는 현상.

에 냉장고에서 꺼낸 차가운 병에서 **응결** 현상을 관찰할 수 있어요.

친절한샘 '안개'는 수증기가 지표면 근처에서 응결하여 공기 중에 떠 있는 현상을 말해요. '**안개 낀 날 소 찾듯**'이라는 북한 속담이 있는데 막연하게 헤매고 다니는 모습을 이렇게 표현한대요.

증발

찔 蒸 / 김오를 烝 + 필 發

액체가 기체로 변하는 현상.

비슷한말 기화

에 공기 중에 수분이 많으면 **증발**이 잘되지 않아 빨래가 마르지 않아요.

친절한샘 사람이나 물건이 갑자기 사라져 행방을 알지 못하게 됨을 속되게 이를 때도 '증발'이라고 해요. 비슷한말로 '**행방불명**'이 있지요.

어휘 더하기

정답과 해설 14쪽

세는 단위

대

차, 비행기, 악기, 기계 등을 세는 단위.
에 비행기 한 대, 자동차 두 대, 피아노 한 대, 컴퓨터 두 대

량

전철이나 기차의 차량을 세는 단위.
에 객차 열 량을 전세 내어 경주로 수학여행을 떠나기로 했다.

채

1. 집이나 건물을 세는 단위.
   에 집 한 채, 건물 두 채, 오막살이 한 채
2. 큰 물건이나 가구 등을 세는 단위.
   에 마차 한 채, 수레 한 채, 장롱 두 채
3. 이불을 세는 단위.
   에 이불 두 채, 솜이불 한 채

움큼

한 손으로 움켜쥘 만한 분량을 세는 단위.
에 사탕을 한 움큼 집어 왔다.

땀

바느질할 때 실을 꿴 바늘이 한 번 들어갔다가 나온 자국.
에 민준이가 한 바느질은 땀이 촘촘하다.

세는 단위를 나타내는 말은 '한 대, 열 량, 두 채, 한 움큼'처럼 수를 나타내는 말(수 관형사)과 띄어 씁니다.

다음 문장에 어울리는 알맞은 단위를 써 보세요.

(1) 하늘에 비행기 두 (　　　)이/가 날아가고 있다.
(2) 마을로 들어서니 기와집 몇 (　　　)이/가 보였다.
(3) 아이가 땅콩과 호두를 한 (　　　)씩 집었다.

1 다음 초성과 뜻풀이를 보고, 빈칸에 공통으로 들어갈 알맞은 말을 쓰세요.

ㄱ ㅇ : 물질에 뜨거운 열을 가함.

> • 우리는 음식을 만들거나 차를 마실 때 물을 (　　　)합니다.
> • 겨울철 난방용으로 사용하는 온수 매트는 (　　　)된 물이 매트 안의 관을 따라 흐르면서 주변을 따뜻하게 해 줍니다.

2 다음 그림은 소금과 모래의 혼합물을 물에 녹인 뒤 다시 소금과 모래로 분리하는 실험 장면입니다. ㉠~㉢에 들어갈 낱말을 바르게 묶은 것은 어느 것인가요?

1단계: 혼합물을 거름 장치로 분리하기

2단계: 걸러진 물질을 증발 장치로 분리하기

> 　소금과 모래의 혼합물을 물에 섞어 물에 녹는 성질이 있는 소금과 물에 녹지 않는 성질이 있는 모래를 거름 장치로 분리할 수 있습니다. (㉠) 장치로 (㉡) 소금물을 (㉢) 접시에 넣고 (㉣)하면 소금을 얻을 수 있습니다.

	㉠	㉡	㉢	㉣		㉠	㉡	㉢	㉣
①	거른	가열	증발	거름	②	거름	가열	증발	거른
③	거름	거른	증발	가열	④	증발	거른	거름	가열
⑤	가열	거른	거름	증발					

3 다음은 우리 주변에서 쉽게 볼 수 있는 증발 현상을 설명한 것입니다. 증발 현상이 <u>아닌</u> 것은 무엇인가요?

① 빨래가 말랐어요.　　② 오징어가 말랐어요.　　③ 젖은 땅이 말랐어요.
④ 풀잎에 이슬이 맺혔어요.　　⑤ 어항의 물이 줄어들었어요.

241026-0089

4 오른쪽 그림처럼 실험할 때 눈을 보호하기 위해 사용하는 실험 준비물은 무엇인가요?

① 비커   ② 보안경   ③ 요지경
④ 확대경   ⑤ 거름종이

241026-0090

5 다음 글에서 설명하는 것은 '관찰'과 '관측' 중 무엇에 해당하는지 빈칸에 쓰세요.

1 땅콩은 눈사람 모양처럼 생겼다. ⇒ (　　　)

2 밤하늘에 관심이 많았던 옛날 사람들은 밤하늘을 살펴보았고, 그 결과 달력이 만들어졌다.

⇒ (　　　)

241026-0091

6 다음 대화에서 밑줄 친 '이것'은 무엇인지 초성과 뜻풀이를 참고하여 써 보세요.

ㅈ ㄱ ㅈ : 자석의 주위, 전류의 주위, 지구의 표면과 같이 자기의 힘이 작용하는 공간.

> 수희: 나침반의 바늘은 이것을 이용하여 방향을 알 수 있게 해요.
>
> 은서: 남극과 북극에서 볼 수 있는 아름다운 오로라는 지구에 있는 이것의 영향으로 생기는 거랍니다.

241026-0092

7 다음 글의 빈칸에 공통으로 들어갈 낱말은 무엇인지 써 보세요.

> • 할아버지께서는 거실에서 (　　　)을/를 끼신 채 신문을 읽고 계셨다.
> • 선생님께서 (　　　)은/는 '돋보기'를 달리 부르는 말이라고 알려 주셨다.

241026-0093

8 다음 문장과 어울리는 알맞은 단위를 바르게 선으로 이어 보세요.

1 량   •　　　　　　　• ㉠ 멋진 자동차 두 (　　　)이/가 나란히 지나갑니다.

2 움큼 •　　　　　　　• ㉡ 마을로 들어서니 기와집 몇 (　　　)이/가 보였다.

3 대   •　　　　　　　• ㉢ 아이가 사탕을 한 (　　　) 집었다.

4 채   •　　　　　　　• ㉣ 열 (　　　)짜리 기차가 지나가는 것을 보았다.

정답과 해설 15쪽

1~2 다음 글을 읽고 물음에 답해 보세요.

　사람의 몸은 약 70%가 물로 이루어져 있습니다. 그래서 물을 마시지 않으면 일주일도 살기 어렵다고 합니다. 이처럼 물은 사람뿐만 아니라 모든 생명체에게 없어서는 안 되는 소중한 자원입니다. 지구 표면의 70% 이상을 물이 덮고 있다고 하니, 태양계의 셋째 행성인 ㉠지구는 생명의 행성이라고 할 수 있습니다.

　물은 액체이지만, 기체가 되기도 하고, 고체가 되기도 하면서 세상 어디든 여행을 합니다. 햇볕이 쨍쨍 내리쬐는 날에는 바다나 호수, 땅과 식물 등에 있던 물이 수증기가 되어 공기 중에 섞입니다. 그리고 하늘 높이 올라간 수증기는 구름이 됩니다. 그리고 주변의 물방울과 엉겨 붙어 조금 무거워지면 비나 눈, 우박이 되어 다시 땅으로 내려옵니다. 그리고 땅으로 스며들거나 동식물에 흡수가 되고, 냇물을 이루어 호수나 바다로 흘러들어 가기도 합니다. 그러다가 다시 수증기가 되어 하늘로 올라가 구름이 됩니다. 그리고 다시 비나 눈, 우박이 되어 땅으로 내려오죠. 이렇게 물의 여행은 반복됩니다.

241026-0094

1 윗글의 내용을 다음과 같이 그림으로 정리할 때 ㉠과 ㉡에 들어갈 알맞은 낱말을 〈보기〉에서 골라 써 보세요.

보기

| 가열 | 응결 | 관찰 | 증발 | 관측 |

241026-0095

2 ㉠와 같이 말한 이유는 무엇인지 빈칸을 채워 완성해 보세요.

　지구에는 생명체에 꼭 필요한 □이/가 있기 때문이다.

아주 옛날에 살았던 생물이 땅속에 묻혀 화석같이 굳어져 오늘날 연료로 이용되는 물질이 있어요. 바로 '석유'와 '석탄'이지요. 화석처럼 만들어졌다고 하여 '화석 연료'라고 불린답니다. 식물과 동물이 땅속에 묻히고 수백만 년 동안 열과 압력을 받아 서서히 변하는 과정에서 만들어진 것이래요.

▲ 석탄

▲ 석유

이 둘의 차이점은 '석탄'은 식물이 쌓인 곳에서 만들어지고, '석유'는 동물과 식물이 바다에서 퇴적된 층으로부터 만들어진다는 점이랍니다. '석탄(石炭)'은 전 세계에서 발견되고 있지만 '석유'는 한정적인 장소에 밀집되어 발견된다는 것도 다릅니다. '석유'는 지각 변동에 의해 구멍이 많은 퇴적암(堆積巖)에 스며든 상태로 존재한대요. 바위에서 발견된 에너지였기 때문에 '석유(石油)'라는 이름을 갖게 되었답니다.

그럼 이 중 전기 생산의 절반을 책임지고 있다는 에너지원은 무엇일까요? 바로 '석탄'이래요. 한 사람이 1년 동안 사용하는 양이 무려 3.7톤이나 된대요. 난방이나 동력 생성에도 쓰이지만 철강이나 시멘트를 만드는 데에도 쓰이기 때문이에요.

▲ 석탄 캐는 모습

옷을 만드는 합성 섬유, 합성 고무, 비닐, 플라스틱, 게다가 세제, 화장품까지! 이들의 재료가 되는 에너지원은 무엇일까요? '석탄' 말고도 우리의 일상생활을 책임지고 있는 또 하나의 에너지원! 바로 '석유'입니다.

이렇게 쓰임새가 다양하니 '석탄'과 '석유' 없이는 일상생활이 불가능할 수도 있겠지요?

▲ 석유시추선

다음 중 석유를 재료로 해서 만든 물건이 <u>아닌</u> 것을 골라 보세요.

① 비닐　　　　② 세제　　　　③ 종이
④ 플라스틱　　⑤ 합성 섬유

동물과 식물을 사랑해요

부레

물고기의 몸속에 있는 공기 주머니로, 뜨고 가라앉는 것을 조절함. 청각, 평형 감각, 발성, 호흡 기능과도 연관이 있음.

㉠ 물고기는 **부레**에 공기를 채워 위로 올라간다.

친절한샘 물고기의 부레처럼 물에 뜬다고 하여 이름에 '부레'를 붙인 식물이 있어요. '**부레옥잠**'이라는 여러해살이풀이에요. 잎자루는 공 모양으로 부풀어 있으며, 그 안에 공기가 들어 있어서 연못 등에서 물에 뜬 채로 자란답니다.

포유동물

먹을 哺 + 젖 乳 + 움직일 動 + 만물 物

젖을 먹이는 동물이라는 뜻. 새끼를 낳아 젖을 먹여 키우는 동물로, 체온을 항상 일정하게 유지함.

㉠ 인간도 젖을 먹여 새끼를 키우는 **포유동물**이에요.

친절한샘 '포유동물(포유류)'은 등뼈가 있는 '**척추동물**'에 속해요. '척추동물'에는 포유동물 외에도 물속에 사는 '**어류**', 물과 육지에서 사는 '**양서류**', 피부가 비늘로 덮여 있는 '**파충류**', 하늘을 나는 '**조류**'가 있어요.

보호색

보전할 保 + 보호할 護 + 빛 色

적의 눈에 띄지 않아 생명을 보호할 수 있는, 주위의 색과 비슷한 몸의 색.

㉠ 메뚜기는 **보호색**을 가지고 있어서 풀밭에서는 눈에 잘 띄지 않는다.

친절한샘 '보호색'을 띤 동물과 식물은 적에게 먹히지 않고 살아남아 종족을 유지할 수 있지요. '보호색'은 동물과 식물의 '**번식**(繁殖)' 비법이기도 하답니다. '번식'은 생물체의 수나 양이 늘어서 많이 퍼지는 것을 뜻해요.

멸종

멸망할 滅 + 씨 種

생물의 한 종류가 아주 없어짐.

㉠ 환경 오염이 심각해지면서 북극곰이 **멸종** 위기에 처하고 있다.

친절한샘 우리나라에서는 백두산 호랑이, 반달가슴곰, 늑대, 수달, 두루미, 산양 등 곧 볼 수 없게 될지도 모르는 멸종 위기에 처한 동물들을 자연유산으로 지정하여 보호하고 있답니다.

탈바꿈

원래의 모양이나 형태를 바꿈. 생물이 자라는 과정에서 짧은 기간에 모습을 크게 바꾸는 것.

비슷한말 변태(變態)

㉠ 애벌레가 **탈바꿈**을 하니 나비가 되었다.

친절한샘 동물의 알이나 새끼가 자라서 어미가 되면 다시 알이나 새끼를 낳지요. 이것을 동물의 '**한살이**'라고 해요. 한살이에는 '알 → 애벌레 → 번데기 → 어른벌레'의 과정을 거치는 '**완전 탈바꿈**'이 있고, 번데기 과정이 없는 '**불완전 탈바꿈**'이 있답니다.

깍지

콩 따위의 꼬투리에서 알맹이를 까 낸 껍질.

㉠ 어머니는 완두 꼬투리를 후벼서 완두와 빈 **깍지**를 갈라 놓으셨다.

친절한샘 '깍지'와는 달리 씨가 들어 있는 껍질을 '**꼬투리**'라고 해요. 관용어로 쓰이는 '꼬투리를 잡다'는 어떤 일에 대해 괜한 시비를 걸기 위한 구실로 삼는 것을 뜻해요. 그리고 '눈에 콩깍지가 씌었다'는 앞이 가리어 사물을 정확하게 보지 못함을 뜻한답니다.

모종

모 + 씨 種

옮겨 심으려고 씨앗을 뿌려 가꾼, 벼 이외의 어린 식물. 또는 그것을 옮겨 심음.

예 농부들은 고구마 **모종**을 밭으로 옮겨 심고 있었다.

친절한샘 '모종삽'은 모종을 옮겨 심을 때 사용하는 작은 삽을 말해요. '꽃삽'이라고도 하지요. 논에 옮겨 심기 위하여 기른 벼의 싹을 '모'라고 해요. 그리고 벼의 싹을 논으로 옮겨 심는 일을 '모내기'라고 한답니다.

부식물

썩을 腐 + 좀먹을 蝕 + 만물 物

식물의 뿌리나 줄기, 죽은 곤충, 나뭇잎 조각 등이 오랫동안 썩어서 만들어진 것.

예 **부식물**이 풍부한 흙에서는 식물이 잘 자랍니다.

친절한샘 '부식'은 흙 속에서 식물이 썩으면서 여러 가지 분해 단계에 있는 유기물의 혼합물을 만드는 일을 말합니다. 부식물과 비슷하게 풀이나 짚, 가축의 똥과 오줌 등을 썩힌 거름을 뜻하는 말로 '퇴비'가 있어요. 농사를 지을 때 오늘날에는 화학 비료를 많이 사용하지만, 옛날에는 부식물이나 퇴비를 사용했답니다.

어휘 더하기

정답과 해설 16쪽

'지(地)'가 들어간 한자어

지구촌(地球村)
지구 전체를 한 마을처럼 여겨 이르는 말.

지열(地熱)
지구 안에 원래 있는 열 (밑으로 내려갈수록 점점 뜨거워짐).

땅
지(地)

지진(地震)
화산 활동이나 땅속의 큰 변화 때문에 땅이 흔들리는 현상.

지층(地層)
자갈, 모래, 진흙, 화산재 등이 오랜 시간 동안 쌓여 이루어진 층.

'지(地)'는 땅을 뜻해요. 그래서 왼쪽의 낱말들처럼 '地'가 들어간 것은 모두 땅과 관련된 말이랍니다. 이 외에도 지구의 표면을 '지표(地表)', 산간 지대, 평야 지대처럼 일정한 구역의 땅을 '지대(地帶)'라고 한답니다.

다음 문장의 빈칸에 공통으로 들어갈 '땅'을 나타내는 말을 써 보세요.

• 갑작스러운 ☐ 진으로 인해 많은 건물이 무너졌다.

• ☐ 구촌 축제인 올림픽이 드디어 시작되었다.

1 241026-0096

다음 낱말에 알맞은 뜻풀이를 찾아 선으로 이어 보세요.

1 번식 •
2 보호색 •
3 한살이 •
4 부레 •

• ㉠ 물고기의 몸속에 있는 공기 주머니로, 뜨고 가라앉는 것을 조절함.
• ㉡ 적의 눈에 띄지 않아 생명을 보호할 수 있는, 주위의 색과 비슷한 몸의 색.
• ㉢ 동물이나 식물이 태어나서 성장하여 자손을 남기고 죽을 때까지의 과정.
• ㉣ 생물체의 수나 양이 늘어서 많이 퍼짐.

2 241026-0097

생물이 자라는 과정에서 짧은 기간에 모습을 크게 바꾸는 것을 뜻하는 낱말로 알맞은 것을 모두 고르세요.

① 변태　　　② 부식　　　③ 지대　　　④ 탈바꿈　　　⑤ 한살이

3 241026-0098

다음 글의 빈칸에 공통으로 들어갈 알맞은 말을 쓰세요.

　　물고기가 내는 소리를 들어 본 적 있나요? 어떻게 소리를 낼까요? 물고기는 몸속에 있는 (　　　)로 여러 가지 소리를 낸답니다. (　　　)의 안쪽 근육을 수축하거나 얇은 막을 진동해서 소리를 내지요. 그러나 우리가 들을 수 없는 높낮이로 소리를 내기 때문에 우리는 물고기가 조용하다고 느낀답니다.

4 241026-0099

다음 뜻풀이를 보고 빈칸에 들어갈 알맞은 낱말을 써 보세요.

• ☐☐ : 생물의 한 종류가 아주 없어짐.

　　우리나라에서는 백두산 호랑이, 반달가슴곰, 늑대, 수달, 두루미, 산양 등 곧 볼 수 없게 될지도 모르는 ☐☐ 위기에 처한 동물들을 자연유산으로 지정하여 보호하고 있답니다.

241026-0100

5 다음 만화의 ㉠~㉢에 들어갈 알맞은 말을 〈보기〉에서 골라 써 보세요.

보기

| 번식 | 보호색 | 한살이 | 완전 탈바꿈 | 불완전 탈바꿈 |

241026-0101

6 다음 낱말의 뜻을 살펴보고, 빈칸의 알맞은 낱말에 ○표 하세요.

꼬투리: 콩과 같은 식물의 씨앗을 싸고 있는 껍질.

깍지: 꼬투리에서 알맹이를 까 낸 껍질.

1 강낭콩의 꽃이 지고 나면 (꼬투리 / 깍지)가 생깁니다.

2 어머니는 완두 (꼬투리 / 깍지)를 훑어서 완두와 빈 (꼬투리 / 깍지)를 갈라놓으셨다.

241026-0102

7 다음 낱말 풀이를 참고하여 빈칸에 들어갈 알맞은 낱말을 써 보세요.

1 ｜ ㅁ ㅈ ｜ : 옮겨 심으려고 씨앗을 뿌려 가꾼, 벼 이외의 어린 식물.

• 아버지께서는 식목일을 맞아 집 앞마당에 사과나무 ☐☐을/를 심으셨다.

2 ｜ ㅂ ㅅ ㅁ ｜ : 식물의 뿌리나 줄기, 죽은 곤충, 나뭇잎 조각 등이 오랫동안 썩어서 만들어진 것.

• 화단에 ☐☐☐이/가 있으면 꽃과 나무들이 잘 자란단다.

정답과 해설 16쪽 

1~2 다음 글을 읽고 물음에 답해 보세요.

포유동물에 대해 알아보다가 동물원에서 본 호랑이, 표범이 우리나라의 멸종 위기 동물이라는 사실을 알게 되어 무척 안타까웠다. 동물들에 대한 정보를 더 찾아보다가 동물들에게 오래 살아남기 위한 여러 가지 생존 전략이 있다는 흥미로운 사실을 알게 되었다.

호랑이와 표범의 생존 전략은 자연 위장술이다. 보호색으로 자신을 위장하는 것이다. 동물들은 생존을 위해 보호색을 띠어 포식자의 눈을 피하거나 먹잇감에게 자신의 존재를 숨긴다. 호랑이의 경우 주황색 털이 사람의 눈에는 잘 보이지만 그들의 먹잇감인 사슴에게는 녹색과 주황색이 구분이 안 되어, 숲속에서는 거의 보이지 않는다고 한다. 나무 위에서 쉬거나 사냥한 먹이를 나무 위로 끌고 올라가 먹는 표범의 털 색깔은 나무껍질과 비슷한 갈색과 검은색이다.

생존 전략으로 독을 사용하는 동물도 있다. 해양 생물인 복어가 대표적이다. 복어의 독은 독성이 강하여 열로 조리해도 사라지지 않는다. 적은 양만 먹어도 입과 혀에 마비 증상이 오고 심하면 죽을 수도 있다. 파란고리문어도 복어의 독과 같은 성분을 가지고 있는데, 적에게 위협을 받으면 파란 고리 모양이 나타나게 하여 독이 있음을 알린다.

생존 전략으로 전기를 뿜는 동물이 있다. 전기뱀장어는 몸에 전기를 발생시키는 발전 기관이 있어 전기를 내뿜어 천적들을 위협한다. 전기를 뿜는 생물 중 가장 격렬한 충격을 준다. 전기가오리와 전기메기도 전기뱀장어처럼 전기를 사용하여 자신을 보호한다.

241026-0103

1 윗글을 이해한 내용으로 알맞지 <u>않은</u> 것은 무엇인가요?

① 표범은 사냥한 먹이를 나무 위에서 먹는다.
② 복어의 독은 뜨거운 열로 조리하면 모두 사라진다.
③ 사슴은 사람과 달리 녹색과 주황색을 구분하지 못한다.
④ 우리나라의 멸종 위기 동물에는 호랑이와 표범도 있다.
⑤ 전기뱀장어의 몸속에는 전기를 발생시키는 기관이 있다.

241026-0104

2 윗글에 소개된 동물 중, 〈보기〉에서 설명하는 동물과 유사한 생존 전략을 지닌 동물은 무엇인가요?

보기

무당개구리 무당개구릿과의 양서류. 몸의 길이는 4~5cm이며, 등은 청색 또는 연한 갈색이고 배는 붉은 바탕에 검은색의 구름무늬가 있다. 피부에서 흰 독액이 분비되는데 인체의 점막에 닿으면 강한 자극을 준다.

① 표범　　② 사슴　　③ 호랑이　　④ 전기메기　　⑤ 파란고리문어

먹을 수 있는 꽃에는 어떤 꽃이 있을까요?

　우리 조상들은 꽃을 입으로도 즐겼다지요. 봄이 되면 마을 사람들은 경치가 좋은 곳으로 화전놀이를 갔어요. '화전(花煎)'이란 말 그대로 꽃 부침개를 말해요. 화전놀이는 꽃잎을 따서 전을 부쳐 먹으며 춤추고 노는 꽃놀이에요. 진달래 꽃잎을 따서 전을 부치는 진달래 화전을 먹었어요. 진달래뿐만 아니라 국화, 벚꽃, 배꽃, 매화로도 화전을 만들어 먹었답니다.

　참꽃은 진달래, **개꽃**은 철쭉의 다른 이름이랍니다. 진달래는 먹을 수 있는 꽃이라서 '참꽃'이라 했고, 진달래와 비슷한 철쭉은 먹을 수 없는 꽃이라서 '개꽃'이라고 했어요.

▲ 진달래

▲ 철쭉

다음 빈칸에 들어갈 알맞은 낱말을 써 보세요.

• 봄이 되자 아이들은 ☐☐을/를 따 먹으러 산으로 들로 뛰어다녔답니다.

12강 어려움을 이겨 낸 우리나라

제국

황제 帝 + 나라 國

황제가 다스리는 나라.

㉑ 1897년, 고종은 황제 즉위식을 올리고 대한 **제국**을 세웠다.

친절한샘 일본이 우리나라를 식민지로 만들고 지배하던 35년간의 시기를 '일제 강점기'라고 불러요. 여기서 '제'는 '제국'을 의미해요. '일제 강점기'는 일본 제국이 강제로 우리나라를 차지하던 시기라는 뜻이에요.

식민지

심을 植 + 백성 民 + 땅 地

힘이 센 다른 나라에게 정치적, 경제적으로 지배를 받는 나라.

㉑ 대한민국은 과거 일본의 **식민지** 지배를 경험했다.

친절한샘 '식민지'는 원래 일부 국민들이 살고 있던 나라가 아닌, 새로운 지역으로 이동해서 땅을 일구어 만든 사회를 뜻하는 말이었다고 해요. 이것이 나중에는 강한 나라에 지배를 받는 지역, 나라라는 뜻으로 바뀌었다고 해요.

독립

홀로 獨 + 설 立

한 나라가 완전한 주권을 가짐.

㉑ 나라의 **독립**을 위해 애쓴 분들을 잊어서는 안 됩니다.

친절한샘 '독립'에는 '남에게 의존하거나 매여 있지 않음.'이라는 뜻도 있어요. **주권**은 '국가의 의사나 정책을 최종적으로 결정하는 권력'을 의미해요.

보존

지킬 保 + 있을 存

중요한 것을 잘 보호하여 그대로 남김.

㉑ 자연환경을 **보존**하기 위해 힘써야 한다.

친절한샘 '보존'과 함께 알아 두면 좋은 단어로 '복원'이 있어요. '복원'은 원래의 상태나 모습으로 돌아가게 한다는 뜻이에요. 국가유산이나 유물을 원래의 모습처럼 복원하는 일은 까다롭고 어려워요. 불에 탄 숭례문을 복원하는 데 3년이 넘는 시간이 걸렸어요.

광복

빛 光 + 돌아올 復

빼앗긴 주권을 다시 찾음.

㉑ 1945년 8월 15일, 우리는 **광복**을 맞이했어요.

친절한샘 '해방'은 자유를 누리지 못하는 것으로부터 벗어나는 것을 뜻해요. 우리나라가 일본의 지배에서 해방되어 자유를 찾게 된 '광복(光復)'은 빛이 다시 돌아온 것처럼 기쁜 일이었어요.

분단

나눌 分 + 끊을 斷

본래 하나였던 것이 둘 이상으로 나누어짐.

㉑ 우리는 **분단** 후 전쟁의 위협 속에 살고 있어요.

친절한샘 광복 후 우리나라는 많이 혼란스러웠어요. 미국과 소련은 위도 38도를 기준으로 한반도를 둘로 나누어 남한에는 미군, 북한에는 소련군이 들어왔어요. 이때 한반도를 둘로 나눈 선을 '38선'이라고 불러요.

겨레

같은 조상을 섬기며 역사를 함께하는 민족.

예 지금은 남과 북으로 갈라져 있지만 우리는 같은 **겨레**입니다.

친절한샘 '민족(民族)'은 오랫동안 일정한 지역에서 함께 생활하면서 고유한 언어, 문화, 역사를 이룬 사람들의 집단을 말해요. '**동족**(同族)'은 같은 핏줄을 이어받은 민족이라는 뜻입니다. '**동포**(同胞)'는 같은 나라나 민족에 속하는 사람을 일컫는 말이에요.

이산가족

떠날 **離** + 흩을 **散** + 집 **家** + 겨레 **族**

국토의 분단이나 전쟁 등의 사정으로 이리저리 흩어져서 서로 소식을 모르는 가족.

예 오랜만에 만난 **이산가족**이 서로 부둥켜안고 눈물을 흘렸다.

친절한샘 '이산'은 '헤어지거나 이별하여 흩어짐.'을 뜻해요. 사랑하는 가족과 원치 않게 이별하여 떨어져 산다는 것은 무척 슬픈 일이에요. 이산가족이 다시 만나는 것을 '이산가족 **상봉**(相逢)'이라고 말해요. '상봉'은 서로 만난다는 뜻이에요.

어휘 **더하기**

정답과 해설 17쪽

자장면? 짜장면?

중국식 된장인 춘장, 고기, 채소 등을 넣어 볶은 양념에 면을 비벼 먹는 음식! 자장면과 짜장면 중 무엇이 표준어*일까요?

정답은 '둘 다'입니다.

* 표준어: 한 나라에서 공용어로 쓰는 규범으로서의 언어.

원래 중국어 발음인 '차오장멘'을 우리말로 옮겨 쓰면서 '자장면'이라고 썼어요. 하지만 사람들이 일상생활에서 '짜장면'이라고 말하는 경우가 훨씬 많아서, 실제로 사용하는 말과 표준어가 달라 불편했어요.

이런 불편함을 없애기 위해 2011년에 '짜장면'도 표준어로 인정하기로 했어요. 이제는 '자장면', '짜장면' 모두 맞는 말이 되었어요.

다음 글의 내용이 맞으면 ○에, 틀리면 ✕에 동그라미를 하세요.

사람들이 많이 사용하는 단어는 새롭게 표준어로 인정될 수 있다. (○ , ✕)

1 빈칸에 들어갈 낱말의 초성과 뜻을 보고, 알맞은 낱말을 써넣어 문장을 완성해 보세요.

241026-0105

1 다음 세대를 위해서는 자연의 개발보다 [ㅂ ㅈ]에 힘써야 한다.
중요한 것을 잘 보호하여 그대로 남김.

2 대한민국은 [ㅂ ㄷ] 국가이다.
본래 하나였던 것이 둘 이상으로 나누어짐.

3 고종은 나라의 이름을 대한 [ㅈ ㄱ]으로 정하고, 황제로 즉위하였다.
황제가 다스리는 나라.

241026-0106

2 다음 낱말과 뜻을 읽고, 빈칸에 공통으로 들어갈 알맞은 말을 고르세요.

독립	한 나라가 완전한 ( )을/를 가짐.
광복	빼앗긴 ( )을/를 다시 찾음.

① 국가　　　　　② 주권　　　　　③ 영토
④ 민족　　　　　⑤ 식민지

241026-0107

3 다음 밑줄 친 낱말과 바꾸어 쓸 수 있는 낱말을 오른쪽에서 찾아 선으로 이어 보세요.

1 이웃끼리 서로 돕는 것은 우리 <u>겨레</u>의 아름다운 •　　　　　• ㉠ 민족
전통이다.

2 백범 김구는 우리나라의 <u>광복</u>을 위해 독립운동 •　　　　　• ㉡ 해방
에 힘썼다.

241026-0108

4 다음 밑줄 친 낱말과 같은 상황에 있는 사람을 고르세요.

> 우리 형제는 6 · 25 전쟁으로 <u>이산가족</u>이 되었다.

① 택근: 대학생인 형은 기숙사에서 살아. 형은 방학마다 집에 와.

② 서안: 나는 어머니와 함께 미국에서 살아. 아버지께서는 한국에서 일하셔서 1년에 한 번 만나.

③ 은서: 내가 사는 나라에 전쟁이 일어났어. 피난을 가다가 언니와 헤어졌는데 소식을 알 수 없어.

④ 종범: 할아버지, 할머니께서 다른 나라로 이민을 가셨어. 만나기는 어렵지만 가끔 영상 통화를 해.

⑤ 효경: 외할머니께서 편찮으셔서 어머니가 외갓집에서 지내고 계셔. 최근에 외할머니가 많이 좋아지셨어.

241026-0109

5 다음 그림과 낱말의 뜻을 보고, 빈칸에 들어갈 알맞은 말을 써넣으세요.

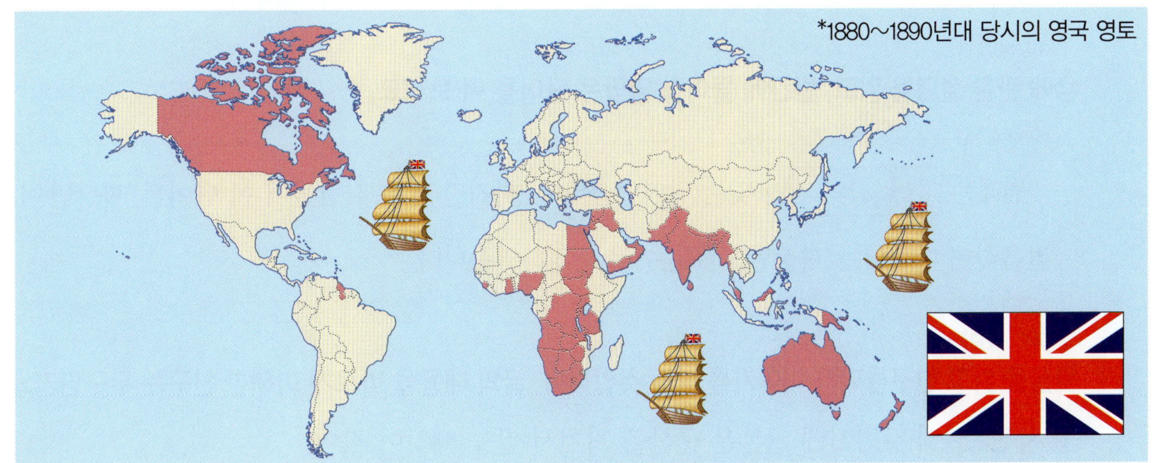

대영 ⎡ㅈㄱ⎤ (영국)은 전 세계에 ⎡ㅅㅁㅈ⎤ 을/를 많이 가지고 있었어.

황제가 다스리는 나라.   힘이 센 다른 나라에게 정치적, 경제적으로 지배를 받는 나라.

그래서 '해가 지지 않는 나라'라는 별명을 얻기도 했어.

1~3 다음 글을 읽고 물음에 답해 보세요.

지난 주말, 우리 가족은 군산으로 여행을 다녀왔다. 군산은 금강 하구와 바다가 만나는 곳에 자리 잡고 있어서 옛날부터 교통의 중심지였다고 한다. 일제 강점기에는 일본이 전라도 지역에서 생산한 쌀을 빼앗아 가기 위한 곳으로 활용하면서 군산은 더 큰 항구 도시가 되었다. 지금도 당시에 지어진 일본식 건물들이 ㉠그대로 남겨져 있었다.

우리는 가장 먼저 근대 건축관에 갔다. 근대 건축관은 원래는 일본이 은행으로 사용하기 위해 만든 건물이었다고 한다. 빨간색 벽돌이 인상적인 이 건물은 광복 이후에도 은행으로 사용되었다고 한다. 일부는 복원하거나 다시 만들었지만, 몇몇 기둥과 벽은 옛 모습을 그대로 보존하고 있다고 했다. 지금은 군산의 근대 건축물에 관한 자료를 전시하고 있었다. 평소에 보던 건물의 모습과 달라서 신기했다.

다음으로 근대 역사 박물관에 갔다. 옛 군산의 모습 등 군산의 역사와 문화를 한눈에 볼 수 있는 곳이었다. 2층에는 독립 유공자를 모신 독립 영웅관이 있었다. 3층에는 일제 강점기 시절의 모습을 재현해 놓았다. 일제 수탈의 현장과 힘들었던 서민들의 생활 모습을 살펴볼 수 있었다.

점심에는 중국 음식점에 갔다. 오래된 음식점이었는데, 국가유산으로 지정된 곳이라고 해서 깜짝 놀랐다. 처음 지은 건물의 모습이 잘 남아 있어 예전 중국 사람들의 문화를 엿볼 수 있는 곳이라고 한다. 군산은 짬뽕이 유명하다고 해서 엄마와 누나는 짬뽕을 먹었다. 나도 짬뽕을 먹어 보고 싶었지만, 매운 음식을 잘 먹지 못해서 ㉡짜장면을 먹었다. 오랜만에 먹으니 맛있었다.

241026-0110

1 ㉠과 바꾸어 쓸 수 있는 말은 무엇인가요?

① 고쳐져   ② 바뀌어   ③ 보존되어   ④ 수리되어   ⑤ 지탱하여

241026-0111

2 ㉡에 관한 설명을 읽고, 빈칸에 들어갈 알맞은 단어를 써 보세요.

원래는 ☐☐☐만 맞는 말이었습니다. 하지만 많은 사람들이 이 단어를 '짜장면'이라 쓰고 발음하여 나중에는 '짜장면'도 표준어로 인정하였습니다.

241026-0112

3 윗글을 읽고 친구들끼리 이야기를 나눈 것입니다. 글의 내용을 바르게 이해한 친구는 누구인가요?

① 서진: 일제 강점기에 일본은 군산을 거쳐서 쌀을 빼앗아 갔어.

② 준호: 근대 건축관은 일제 강점기에만 은행 건물로 사용되었어.

③ 서영: 근대 건축관은 우리나라의 전통 집인 한옥을 계승한 건물이야.

④ 지성: 글쓴이가 간 중국 음식점에서 파는 중국 음식이 국가유산으로 지정되어 있어.

⑤ 민경: 군산은 짬뽕이 유명하다고 해서 글쓴이와 엄마, 누나는 모두 짬뽕을 먹었어.

💬 다음 그림을 보고 '낙숫물이 댓돌을 뚫는다'라는 속담이 무슨 뜻일지 추측해 봅시다.

처마 끝에서 떨어지는 물을 '낙숫물'이라고 해요. '댓돌'은 한옥에서 마루 아래에 놓아 밟고 마루에 오르내리도록 만든 돌계단을 말해요. 지붕에서 떨어지는 물이 돌계단을 뚫을 수 있을까요?

✏ **'낙숫물이 댓돌을 뚫는다'**

한 방울씩 떨어지는 물이라도 오랜 시간 동안 계속 떨어지면 돌에 구멍을 내는 것처럼, 작은 노력이라도 꾸준히 한다면 큰일을 이룰 수 있다는 뜻이에요.

비슷한 속담으로는 '무쇠도 갈면 바늘 된다', '작은 도끼도 연달아 치면 큰 나무를 눕힌다'가 있어요.

㉠ 다혜가 이번 육상 대회에서 금메달을 땄대.
　　낙숫물이 댓돌을 뚫는다더니! 매일 열심히 연습하더니 결국 우승했구나!

✏ 띄어쓰기에 유의하며 위 속담을 원고지 칸에 써 보세요.

활동 다음 중에서 '낙숫물이 댓돌을 뚫는다'와 유사한 뜻을 지닌 속담을 골라 ☐ 안에 ✔표 하세요.

☐ ㉠ 하나를 듣고 열을 안다
☐ ㉡ 돌다리도 두들겨 보고 건너라
☐ ㉢ 무쇠도 갈면 바늘 된다
☐ ㉣ 공든 탑이 무너지랴

변화하는 우리 사회

고령화

높을 高 + 나이 齡 + 될 化

한 사회의 전체 인구 중 노인의 비율이 높아지는 것.

예 우리나라는 **고령화**가 빠르게 진행되고 있다.

친절한샘 '고령화'의 원인 중 하나는 '저출생'이에요. '저출생'은 일정한 기간에 태어난 사람의 수가 적은 것을 말해요. 사람들의 수명은 늘어나는데 태어나는 아이들은 적으니 나이가 많은 사람이 점점 많아지겠죠?

노후화

늙을 老 + 쇠할 朽 + 될 化

오래되거나 낡아서 쓸모가 없게 됨.

예 이 건물은 **노후화**된 시설이라 안전하지 않다.

친절한샘 건물을 짓고 오랜 시간이 지나면 썩어서 본래의 모습이 사라지는 '부식'이 나타나거나, 벽이 갈라져서 틈이 생기는 '균열'이 나타나기도 해요.

상용

항상 常 + 쓸 用

일상적으로 씀.

예 5G 기술이 **상용**화되어 인터넷 속도가 빨라졌다.

친절한샘 '상용화'라는 표현으로도 많이 써요. '화(化)'는 '되다'라는 뜻을 가진 한자예요. 그럼 '상용화'는 '일상적으로 쓰게 됨.'이라는 뜻이 되겠죠?

대중

큰 大 + 무리 衆

많은 사람들의 무리.

예 새 작품은 내일 **대중**에 공개할 예정입니다.

친절한샘 신문, 잡지, 텔레비전 등 많은 사람들이 정보를 얻는 데 이용하는 것을 '대중 매체'라고 해요. 많은 사람이 이용하는 지하철, 버스와 같은 교통수단을 '대중교통'이라고 해요.

규칙

법 規 + 법 則

여러 사람이 지키도록 정해 놓은 법칙.

예 우리는 **규칙**에 따라 경기에 참여했다.

친절한샘 '법'은 모든 국민이 반드시 지켜야 하는, 나라에서 만든 명령이나 규칙이에요. '규칙'은 법보다 적용되는 범위가 작아요. '학교 규칙, 학급 규칙'과 같이 한 집단 안에서 정한 약속이에요.

규범

법 規 + 법 範

한 사회의 구성원으로서 따르고 지켜야 할 원리나 행동 양식.

예 우리 조상들은 충성과 효도를 중요한 **규범**으로 삼았다.

친절한샘 '규범'과 '규칙', 말이 비슷하죠? 뜻은 조금 다르답니다. '규범'은 행동할 때 어떻게 해야 하는지 판단하는 바탕이 되는 이치예요. '규칙'은 여러 사람이 함께 정한 약속이라는 의미가 더 커요.

인류

사람 人 + 무리 類

전 세계의 모든 사람.

예 유리 가가린은 **인류** 최초로 우주 비행에 성공했다.

친절한 샘 세계에는 다양한 '인종'이 한데 어울려 살아가고 있어요. 모두가 같은 사람인데, 겉으로 드러나는 특징에 따라 사람들을 다르게 대하는 '**인종 차별**'이 문제가 되기도 해요.

교류

사귈 交 + 흐를 流

문화나 사상 등이 서로 오감.

예 **교류**가 활발해지면서 많은 변화가 생겼다.

친절한 샘 '**왕래**(往來)'는 '갈 왕(往)'과 '올 래(來)'가 합쳐진 말이에요. 사람들이 서로 오고 가며 친하게 지내는 것을 말해요. 서로 다른 문화나 생각을 가진 사람들끼리 왕래가 잦아지면, 자연스럽게 교류가 이루어지게 돼요.

어휘 더하기

정답과 해설 19쪽

'십 리도 못 가서 발병 난다.'

어디선가 들어 본 적 있는 말이죠? 우리나라의 대표적인 민요인 '아리랑'에 나오는 가사입니다.

> 아리랑 아리랑 아라리요
> 아리랑 고개로 넘어간다
> 나를 버리고 가시는 임은
> 십 리도 못 가서 발병 난다

여기에서 '십 리'란 얼마만큼을 이야기하는 것일까요?

'm(미터)'는 거리를 나타내는 단위예요. 미터를 사용하기 이전에는 사람들이 '리(里)'라는 단위를 사용해서 거리를 나타냈어요.

1리는 약 393미터입니다.

'아리랑' 노래 가사에 나오는 10리는 약 3,930미터가 되는 거리입니다.

빈칸에 들어갈 알맞은 단위를 〈보기〉에서 골라 써 보세요.

보기
리　　　미터

• 1(　　　)는 약 393(　　　)이다.

241026-0113

1 밑줄 친 낱말의 뜻을 오른쪽에서 찾아 선으로 바르게 이어 보세요.

1 베트남과의 <u>교류</u>가 늘어나고 있다. •

2 그 다리는 <u>노후화</u>되어 언제 무너질 지 몰라 위험하다. •

3 김만덕은 그 당시의 <u>규범</u>을 깨고 제주도를 떠나 여행을 갔다. •

4 올림픽 경기에 전 <u>인류</u>의 관심이 모아졌다. •

• ㉠ 문화나 사상 등이 서로 오감.

• ㉡ 한 사회의 구성원으로서 따르고 지켜야 할 원리나 행동 양식.

• ㉢ 오래되거나 낡아서 쓸모가 없게 됨.

• ㉣ 전 세계의 모든 사람.

241026-0114

2 다음 ㉠~㉢에 들어갈 말을 바르게 짝 지은 것은 무엇인가요?

> • 상용: (㉠) 씀.
> • 고령화: 한 사회의 전체 인구 중 (㉡)의 비율이 높아지는 것.
> • 대중: 많은 (㉢)의 무리.

	㉠	㉡	㉢		㉠	㉡	㉢
①	일상적으로	노인	동물	②	일상적으로	노인	사람
③	일상적으로	어린이	사람	④	특별한 때	노인	사람
⑤	특별한 때	어린이	사람				

241026-0115

3 다음은 '독도는 우리 땅'의 달라진 가사입니다. 초성을 참고하여 빈칸에 들어갈 알맞은 말을 써넣으세요.

바꾸기 전	바뀐 후
울릉도 동남쪽 뱃길 따라 이백 ㄹ	울릉도 동남쪽 뱃길 따라 87km
외로운 섬 하나 새들의 고향	외로운 섬 하나 새들의 고향
그 누가 아무리 자기네 땅이라고 우겨도	그 누가 아무리 자기네 땅이라고 우겨도
독도는 우리 땅	독도는 우리 땅

⇨ ' ㄹ '은/는 옛날에 사용하던 거리 단위입니다. 오늘날 많이 사용하는 거리 단위인 km(킬로 미터)로 가사를 바꾸어 내용을 쉽게 이해하도록 하였습니다.

241026-0116

4 다음 빈칸에 공통으로 들어갈 낱말로 알맞은 것은 무엇인가요?

> - (   ) 매체: 신문, 잡지, 텔레비전과 같이 많은 사람에게 정보를 전달하는 수단.
> - (   )교통: 지하철, 버스, 기차와 같이 여러 사람이 이용하는 교통수단.
> - (   )문화: 대중이 만들고 누리는 문화.

① 단체   ② 대중   ③ 대표
④ 무리   ⑤ 집단

241026-0117

5 다음 만화의 ㉠~㉣에 들어갈 알맞은 말을 〈보기〉에서 찾아 써 보세요.

보기

| 교류 | 규칙 | 인류 | 고령화 | 노후화 | 상용화 |

1~3 다음 글을 읽고 물음에 답해 보세요.

우리가 살고 있는 사회는 시간의 흐름에 따라 변화해 왔으며, 지금도 다양한 모습으로 변화하고 있습니다.

첫째, ㉠노후화 사회가 되었습니다. 의료 기술이 발달하고 생활 수준이 높아지면서 사람들의 평균 수명이 길어졌습니다. 과거에 비해 오래 사는 사람들이 많아졌다는 것입니다. 게다가 태어나는 아이의 수가 줄어들고 있어 우리 사회에서 노인 인구가 차지하는 비율이 늘어나고 있습니다. 일하는 노인들이 늘어나고, 노인 전문 병원, 노인 요양원, 노인 일자리 지원 센터 등 노인을 위한 전문 시설이 생겨나고 있습니다. 그리고 노인을 대상으로 하는 산업이 발달하고 있습니다. 그러나 아직 노인들이 행복하고 건강하게 살 수 있도록 돕는 제도가 부족합니다. 노인을 위한 제도를 늘려야 합니다.

둘째, 세계 여러 나라들의 ㉡교류가 늘어났습니다. 교통과 통신이 발달하면서 세계 여러 나라의 물건을 쉽게 살 수 있고 다른 나라에 있는 사람들과 소통도 쉽게 할 수 있습니다. 큰 도시에서는 대중교통을 이용할 때, 외국인을 쉽게 볼 수 있습니다. 그러나 서로의 문화를 이해하지 못하거나, 피부색, 언어, 종교, 출신 지역으로 차별을 하는 모습도 나타나고 있습니다. 인류가 차별 없이 모두 평등하게 살아가려면 다른 문화를 존중하는 태도가 필요합니다.

241026-0118

1 다음 초성을 참고하여 윗글의 ㉠을 알맞은 말로 고쳐 써 보세요.

ㄱ ㄹ ㅎ

241026-0119

2 ㉡과 바꾸어 쓸 수 있는 낱말은 무엇인가요?

① 규범   ② 규칙   ③ 대중
④ 상용   ⑤ 왕래

241026-0120

3 다음과 같은 뜻을 가진 낱말을 윗글에서 찾아 쓰세요.

전 세계의 모든 사람.

어휘 펼치기

1 사다리 게임을 하며, '눈'과 관련된 여러 가지 관용 표현을 살펴보아요.

눈이 높다	눈 밖에 나다	눈 깜짝할 사이	눈에 익다	눈이 밝다

시력이 좋다.	아주 잠깐	미움을 받다.	안목이 높다.	자주 보아서 익숙하다.

2 다음 만화를 보고, 밑줄 친 말의 뜻을 짐작하여 뜻과 바르게 연결해 보세요.

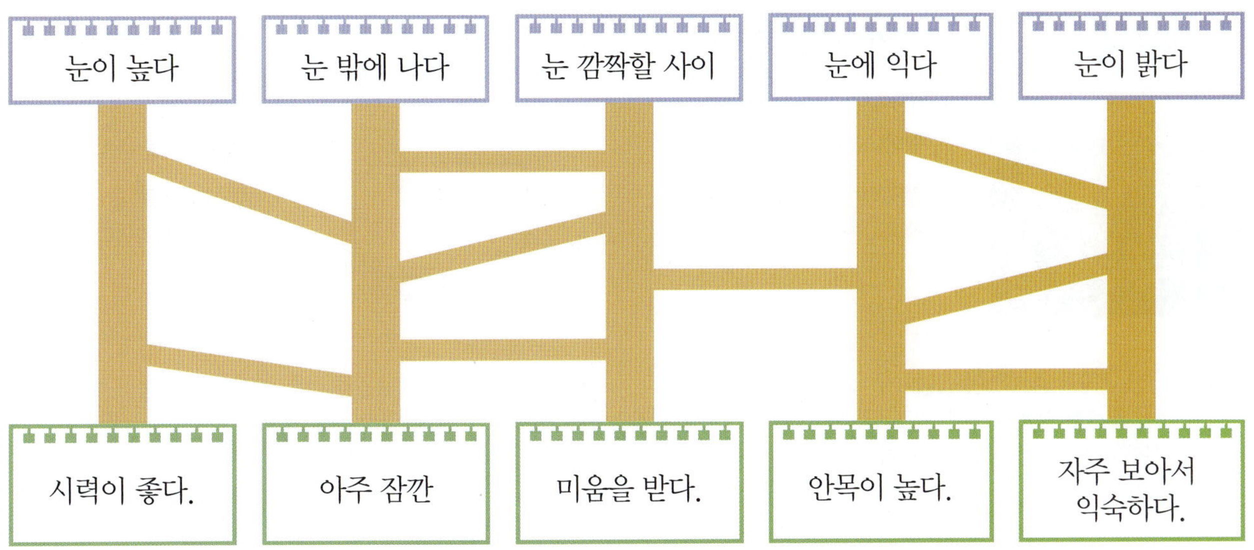

1	눈을 붙이다	•		•	㉠ 잊히지 않고 자꾸 떠오르다.
2	눈에 밟히다	•		•	㉡ 잠을 자다.
3	눈을 끌다	•		•	㉢ 호기심을 일으켜 보게 하다.

세계 속의 우리

검색

검사할 檢 + 찾을 索

책이나 컴퓨터에서 필요한 자료를 찾아내는 것.

예 컴퓨터를 이용하여 자료 **검색**을 하였다.

친절한 샘 궁금한 내용을 검색해 본 경험이 있나요? 이제는 인터넷 검색을 통해 원하는 자료를 쉽게 찾을 수 있죠. '검색'과 비슷한 낱말에는 '어떤 일이나 사물의 내용을 알기 위하여 자세히 살펴보거나 찾아봄.'이라는 뜻의 '**조사**'가 있어요.

활용

살 活 + 쓸 用

어떤 대상이 가지고 있는 쓰임이나 능력을 충분히 잘 이용함.

예 그래프를 **활용**하여 보고서를 작성하였다.

친절한 샘 쓰고 버린 물건을 다른 데에 다시 사용하거나 사용할 수 있게 하는 것을 '**재활용**'이라고 해요. '활용'과 비슷한 낱말에는 '대상을 필요에 따라 이롭거나 쓸모가 있게 씀.'이라는 뜻의 '**이용**'과 '무엇을 필요한 일이나 기능에 맞게 씀.'이라는 뜻의 '**사용**'이 있어요.

입력

들 入 + 힘 力

문자나 숫자 등의 정보를 컴퓨터가 기억하게 함.

예 학교 누리집에 글을 쓰기 위해서는 아이디와 비밀번호를 **입력**해야 한다.

친절한 샘 '입력'과 반대되는 낱말에는 '**출력**'이 있어요. '출력'은 컴퓨터 등의 기기가 입력을 받아 일을 하고 밖으로 결과를 내는 일을 말해요.

게시판

걸 揭 + 볼 示 + 널빤지 板

① 알릴 내용을 여러 사람이 볼 수 있도록 붙여 두는 판.
② 인터넷에서 사람들이 자유롭게 글을 올리고 볼 수 있도록 만들어진 곳.

예 전교 임원 선거 안내문이 **게시판**에 붙어 있다.

친절한 샘 '안내판, 알림판'도 '게시판'과 비슷한 낱말이에요. 게시판을 '계시판'으로 잘못 쓰지 않도록 주의해야 해요.

정보화

뜻 情 + 알릴 報 + 될 化

지식과 자료 등을 정보의 형태로 만들어 가치를 높임.

예 컴퓨터는 **정보화** 시대에 필수품이 되었다.

친절한 샘 우리 사회는 정보가 중요한 자원이 되어 가치를 만들어 내고 사회나 경제를 이끌어 가는 사회인 '**정보화 사회**'가 되었어요. 정보화 사회에서는 많은 정보 중에서 나한테 중요한 정보를 찾아낼 수 있는 정보 활용 능력이 중요해요.

세계화

세상 世 + 이웃 界 + 될 化

세계 여러 나라를 이해하고 세계적으로 나아감.

예 **세계화**로 여러 나라의 문화를 접할 기회가 많아졌다.

친절한 샘 세계화와 함께 자주 나오는 낱말에는 '**지구촌**'이 있어요. '**지구촌**'은 지구 전체를 한 마을처럼 여겨 이르는 말이에요.

접속

접할 接 + 이을 續

① 서로 맞대어 이음.
② 컴퓨터에서, 여러 개의 프로세서와 기억 장치 사이를 물리적으로 또는 전기 회로로 연결하는 일.
예 기차표를 예매하기 위해서 인터넷에 **접속**했다.

친절한 샘 인터넷에 접속하여 기차표를 예매해 본 경험이 있나요? 옛날에는 직접 기차역에 가서 기차표를 예매했다면 지금은 직접 가지 않고 인터넷에 접속하여 예매할 수 있어 편리해졌답니다. '접속'과 비슷한 낱말에는 '둘 이상의 사물이나 현상 등이 서로 이어지거나 관계를 맺음.'이라는 뜻의 '**연결**'이 있어요.

역량

힘 力 + 헤아릴 量

어떤 일을 해낼 수 있는 힘과 능력.

예 나는 회장으로서 **역량**이 충분하다.

친절한 샘 '역량'과 비슷한 뜻을 가진 낱말에는 어떤 일을 해 나갈 만한 능력이나 자질을 갖춘 사람을 비유적으로 나타내는 낱말인 '**그릇**'이 있어요. '그 사람은 그릇이 크다.'와 같이 써요.

어휘 더하기

정답과 해설 20쪽

헷갈리는 말

'너머'와 '넘어' 어떤 것이 맞는 말?

'너머'와 '넘어'는 발음이 같고, 뜻도 비슷하여 헷갈리기 쉬워요. '너머'와 '넘어'가 어떻게 다른지 살펴볼까요?

'너머'는 경계나 가로막은 것을 넘어선 건너편을 말해요.
예 산 <u>너머</u>로 해가 지고 있다.
　언덕 <u>너머</u>에는 무엇이 있을까?

'넘어'는 높은 부분의 위를 넘거나 지나가는 것을 말해요.
예 산을 <u>넘어</u> 마을에 도착했다.
　강을 <u>넘어</u>가야 한다.

너머

넘어

다음 문장에서 알맞은 낱말을 골라 ○표 하세요.

(1) 산 (너머 / 넘어)에는 아름다운 호수가 있다.
(2) 담을 (너머 / 넘어)가서는 안 된다.

1 241026-0121

밑줄 친 낱말의 뜻을 오른쪽에서 찾아 선으로 바르게 이어 보세요.

1 축구 경기 결과가 궁금해서 인터 •
넷에 검색해 보았다.

• ㉠ 알릴 내용을 여러 사람이 볼 수
있도록 붙여 두는 판.

2 아이디와 비밀번호를 입력해야 •
한다.

• ㉡ 문자나 숫자 등의 정보를 컴퓨터
가 기억하게 함.

3 홍보지를 게시판에 붙여 홍보하 •
기로 했다.

• ㉢ 책이나 컴퓨터에서 필요한 자료
를 찾아내는 것.

4 정보 활용 능력이 중요한 사회가 •
되었다.

• ㉣ 어떤 대상이 가지고 있는 쓰임이
나 능력을 충분히 잘 이용함.

2 241026-0122

빈칸에 들어갈 낱말의 초성과 뜻을 보고 알맞은 낱말을 써넣어 문장을 완성해 보세요.

1 김포행 항공편을 알아보기 위해 항공사 누리집에 [ㅈ ㅅ] 하였다.
컴퓨터에서, 여러 개의 프로세서와 기억 장치를 물리적으로 또는 전기 회로로 연결하는 일.

2 이번 기회에 내가 가진 모든 [ㅇ ㄹ] 을/를 발휘해 봐야겠다.
어떤 일을 해낼 수 있는 힘과 능력.

3 [ㅅ ㄱ ㅎ] (으)로 여러 나라의 문화를 접할 기회가 많아졌다.
세계 여러 나라를 이해하고 세계적으로 나아감.

3 241026-0123

비슷한 뜻을 가진 말끼리 묶인 것을 모두 고른 것은 무엇인가요?

㉠ 입력 – 출력	㉡ 게시판 – 안내판
㉢ 검색 – 접속	㉣ 활용 – 이용

① ㉠, ㉡   ② ㉠, ㉢   ③ ㉡, ㉢

④ ㉡, ㉣   ⑤ ㉢, ㉣

241026-0124

4 〈보기〉에 있는 글자 카드를 골라 다음의 뜻을 가진 낱말을 써 보세요.

보기

| 정 | 량 | 화 | 입 | 역 | 보 | 력 |

1 ☐☐☐ : 지식과 자료 등을 정보의 형태로 만들어 가치를 높임.

2 ☐☐ : 문자나 숫자 등의 정보를 컴퓨터가 기억하게 함.

241026-0125

5 밑줄 친 부분의 낱말이 맞으면 ○표, 틀리면 ✕표를 고르세요.

1 산 너머로 붉은 해가 보였다. (○ , ✕)

2 창문을 너머가면 위험하단다. (○ , ✕)

241026-0126

6 다음 만화에서 ㉠~㉢에 들어갈 알맞은 말을 〈보기〉에서 찾아 써 보세요.

보기

| 역량 | 접속 | 세계화 | 활용 | 넘어 |

1~3 다음 글을 읽고 물음에 답해 보세요.

가족과 함께 외식하고 들어오는 길에 갑자기 주변이 어두워졌다. 아버지께 여쭤보니 우리나라도 지구촌 전등 끄기 행사에 참여하고 있기 때문이라고 설명해 주셨다. 지구촌 전등 끄기 행사에 대해서 더 알아보고 싶어서 집에 돌아오자마자 인터넷에 접속해서 검색창에 지구촌 전등 끄기 행사에 대해 검색해 보았다.

지구의 날을 앞두고 지구를 보호하기 위해 전 세계에서 지구촌 전등 끄기 행사를 한다는 것을 알 수 있었다. 지구촌 전등 끄기 행사는 전등을 꺼서 전기 에너지를 절약하는 것으로, 전기를 만들 때 나오는 오염 물질을 많이 줄일 수 있다고 한다. 지구의 날에 대해서도 검색을 해 보았다. 지구의 날은 미국에서 시작되었는데, 지금은 전 세계가 참여하는 환경 기념일이 되었다고 한다. 지구의 날은 매년 4월 22일이다. (㉠) 시대라서 인터넷 검색만으로도 지구의 날과 지구촌 전등 끄기 행사에 대해 쉽고 자세하게 알 수 있었다. 지구를 보호하는 전등 끄기 행사에 대해 알고 나니 더 많은 사람이 함께 참여하면 좋겠다는 생각이 들었다. 그래서 지구의 날 지구촌 전등 끄기 행사에 대해서 잘 알지 못하는 친구들을 위해 학급 ㉡게시판을 활용하여 친구들에게 알려 주어야겠다고 생각했다.

241026-0127

1 윗글을 통해 알 수 있는 내용이 <u>아닌</u> 것은 무엇인가요?

① 4월 22일은 지구의 날이다.
② 지구의 날은 미국에서 시작되었다.
③ 인터넷 검색을 통해 지구의 날에 대해 알 수 있다.
④ 환경을 보호하기 위해서 전 세계 사람들이 노력한다.
⑤ 우리나라는 아직 지구촌 전등 끄기 행사에 참여하고 있지 않다.

241026-0128

2 <보기>의 설명과 초성을 참고하여 ㉠에 들어갈 알맞은 낱말은 무엇인지 써 보세요.

지식과 자료 등을 정보의 형태로 만들어 가치를 높임.

ㅈ ㅂ ㅎ

241026-0129

3 ㉡과 의미가 비슷하여 바꾸어 쓸 수 있는 낱말은 무엇인가요?

① 신문   ② 역량   ③ 안내판
④ 토론회   ⑤ 회의록

다음 만화를 보고, 밑줄 친 속담의 뜻을 추측하여 말해 보세요.

✎ **'구르는 돌은 이끼가 안 낀다'**

'부지런하게 노력하는 사람은 계속 발전한다.'라는 뜻을 지닌 속담입니다.

✎ **'돌'이 들어간 속담을 더 살펴볼까요?**

- 굴러 온 돌이 박힌 돌 뺀다: 들어온 지 얼마 안 되는 사람이 오래전부터 있던 사람을 내쫓거나 해치려고 한다.
- 돌다리도 두들겨 보고 건너라: 잘 알거나 확실해 보이는 일이라도 한 번 더 점검하고 주의해야 한다.

활동   빈칸에 '돌'이 들어가는 속담을 골라 □ 안에 ✔표 하세요.

□ ㉠ 사공이 많으면 배가 (　　　)(으)로 간다

□ ㉡ (　　　) 한마디에 천 냥 빚도 갚는다

□ ㉢ 모난 (　　　)이/가 정 맞는다

241026-0130

1 반대되는 뜻을 지닌 말끼리 묶인 것을 모두 고른 것은 무엇인가요?

> ㉠ 동의 – 이의   ㉡ 교류 – 왕래
>
> ㉢ 개막식 – 폐막식   ㉣ 보안경 – 확대경

① ㉠, ㉡   ② ㉠, ㉢   ③ ㉡, ㉢   ④ ㉡, ㉣   ⑤ ㉢, ㉣

241026-0131

2 비슷한 뜻을 지닌 말끼리 묶인 것을 모두 고른 것은 무엇인가요?

> ㉠ 권리 – 의무   ㉡ 동의 – 동조
>
> ㉢ 학예회 – 학습 발표회   ㉣ 입력 – 출력

① ㉠, ㉡   ② ㉠, ㉢   ③ ㉠, ㉣   ④ ㉡, ㉢   ⑤ ㉢, ㉣

241026-0132

3 빈칸에 들어갈 알맞은 낱말을 오른쪽에서 찾아 선으로 바르게 이어 보세요.

1 국가는 국민의 (   ) 향상에 힘써야 한다.   •   • ㉠ 절차

2 (   )을/를 하고 나서 곤충의 몸집이 더 커졌다.   •   • ㉡ 복지

3 우리 학교는 농촌의 초등학교와 (   )을/를 했다.   •   • ㉢ 탈바꿈

4 할아버지께서 제사를 지내는 (   )을/를 알려 주셨다.   •   • ㉣ 박람회

5 어제 간 꽃 (   )(에)는 전 세계의 오백여 종이 넘는   •   • ㉤ 자매결연
꽃이 전시되어 있었다.

241026-0133

4 다음 빈칸에 공통으로 들어갈 알맞은 낱말을 주어진 초성을 참고하여 써 보세요.

> • (   )의 결과 우리의 건의가 통과되었다.
>
> • 토론이 너무 길어져서 (   )의 결과로 찬반을 결정하기로 했다.
>
> • 두 의견이 팽팽하니 (   )을/를 통해 다수의 의견을 따르기로 하였다.

> ㅍ ㄱ

241026-0134

5 주어진 힌트와 관련 있는 낱말을 <보기>에서 각각 골라 쓰세요.

보기

| 광복 | 제국 | 이산가족 | 대중 |

첫 번째 힌트	두 번째 힌트	정답은?
1 황제	나라	
2 해방	주권	
3 전쟁	분단	
4 무리	사람들	

241026-0135

6 다음 뜻에 알맞은 낱말을 <보기>에서 찾아 사다리를 타고 내려간 곳에 쓰세요.

보기

| 대중 | 독립 | 편견 | 무자비하다 |

1 많은 사람들의 무리.　**2** 한 나라가 완전한 주권을 가짐.　**3** 동정심이나 인정이 없어 마음씨가 몹시 쌀쌀하고 모질다.　**4** 공평하고 올바르지 못하고 한쪽으로 치우친 생각.

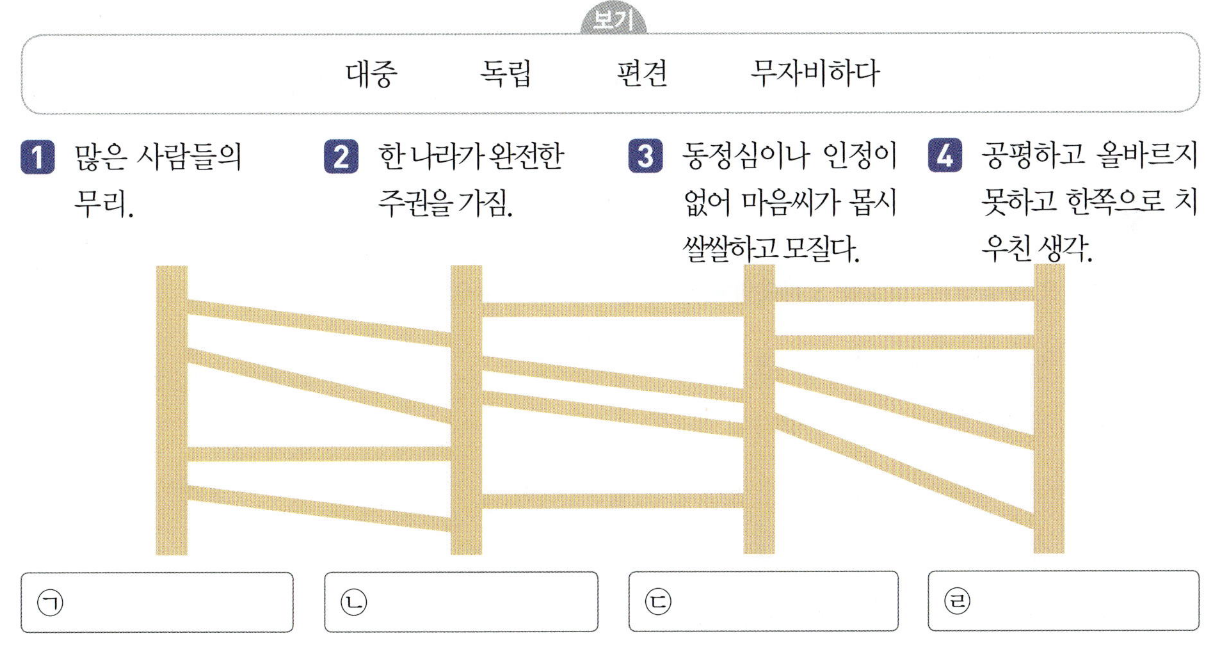

| ㉠ | ㉡ | ㉢ | ㉣ |

241026-0136

7 다음 문장에 들어갈 알맞은 낱말을 주어진 초성과 뜻을 참고하여 써 보세요.

1 개구리는 ⟨ ㅂ ㅎ ㅅ ⟩ 을/를 가지고 있어서 적의 눈에 잘 띄지 않는다.
적의 눈에 띄지 않아 생명을 보호할 수 있는, 주위의 빛깔과 비슷한 동물의 몸의 빛깔.

2 환경 오염이 심해지면서 ⟨ ㅁ ㅈ ⟩ 위기에 놓인 동물들이 늘고 있다.
생물의 한 종류가 지구에서 완전히 없어짐.

241026-0137

8 가로 열쇠와 세로 열쇠를 바탕으로, 십자말풀이를 해 보세요.

[가로 열쇠]
② 자석의 주위, 전류의 주위, 지구의 표면과 같이 자기의 힘이 작용하는 공간.
④ 힘이 센 다른 나라에게 정치적, 경제적으로 지배를 받는 나라.
⑥ 규정이나 규칙에 의하여 공적인 일들을 처리함.
⑨ 오래되거나 낡아서 쓸모가 없게 됨.

[세로 열쇠]
① 자선 사업이나 사회사업 등의 자금을 마련하기 위하여 벌이는 시장.
③ 편안하고 행복하게 사는 삶.
⑤ 오랫동안 일정한 지역에서 함께 생활하면서 고유한 언어, 문화, 역사를 이룬 사람들의 집단.
⑦ 정치적인 목적을 이루기 위한 방법.
⑧ 세계 여러 나라를 이해하고 세계적으로 나아감. 또는 그렇게 되게 함.

241026-0138

9 왼쪽의 뜻을 가진 낱말을 오른쪽에서 찾아 선으로 바르게 이어 보세요.

1 액체가 기체로 변하는 현상.　　　　　　　　　　　ㄱ 공공

2 액체가 한 덩어리로 엉기어 뭉침.　　　　　　　　　ㄴ 행정

3 규정이나 규칙에 의하여 공적인 일을 처리함.　　　　ㄷ 응결

4 한 국가 또는 사회의 모든 사람에게 관계되는 것.　　ㄹ 증발

241026-0139

10 왼쪽에 있는 예사말의 높임 표현을 주어진 초성을 참고하여 오른쪽에 써 보세요.

1 집 – ㄷ　　　　**2** 생일 – ㅅ ㅅ　　　　**3** 이름 – ㅅ ㅎ

4 나이 – ㅇ ㅅ　　　　**5** 밥 – ㅈ ㅈ

11~13 다음 글을 읽고 물음에 답해 보세요.

주말에 지환이와 시현이는 공공 도서관에 갔어요. 도서관에서는 '[ㅊ][ㅊ] 관찰 전시회'가 열리고 있었어요. 신나는 마음으로 전시회장에 들어간 지환이가 소리쳤어요.

"우와! 저기 [ㅊ][ㅊ] 망원경이 있어!"

시현이와 지환이는 망원경 옆에 붙어 있는 안내문을 읽었어요. [ㅊ][ㅊ] 관찰에 대해 더 알고 싶어진 두 사람은 관련된 책을 찾아 읽기 시작했어요. 지환이는 책 속의 <u>은하</u> 사진을 보고 나서, 밤하늘에서 직접 은하를 찾아보고 싶다는 생각이 들었어요.

전시회를 둘러보던 중, 시현이는 [ㅊ][ㅊ] 관찰 <u>통계</u>가 적힌 큰 판넬을 발견했어요.

"여기 봐, 지환아. 이 통계를 보면, 어느 계절에 어떤 별자리가 잘 보이는지 알 수 있대."

지환이는 통계를 흥미롭게 바라보며 말했어요.

"통계 덕분에 우리가 언제 별자리를 쉽게 찾을 수 있는지 알게 됐네!"

전시회 한쪽에는 <u>확대경</u>도 있었어요. 지환이는 확대경을 들고 작은 글씨를 자세히 들여다봤어요.

"확대경으로 보니까, 작은 글씨도 크게 보여서 읽기 쉬워!"

시현이도 확대경을 사용해 보며 말했어요.

"정말 신기해! 우리 집에도 하나 있었으면 좋겠다."

도서관에서 특별한 체험을 한 지환이와 시현이는 다음 주말에도 도서관에 가기로 약속했어요.

241026-0140

11 윗글을 읽고 알 수 있는 내용이 <u>아닌</u> 것은 무엇인가요?

① 지환이와 시현이는 공공 도서관에 갔어요.

② 지환이와 시현이는 망원경으로 밤하늘을 관찰했어요.

③ 지환이와 시현이는 다음 주말에도 도서관에 가기로 약속했어요.

④ 지환이와 시현이가 찾아본 책에는 다양한 별자리들이 설명되어 있었어요.

⑤ 지환이가 확대경으로 작은 글씨를 들여다보니 글씨가 크게 보여서 읽기 쉬웠어요.

241026-0141

12 윗글의 빈칸에 공통으로 들어갈 낱말을 주어진 초성과 뜻을 보고 완성해 보세요.

[ㅊ][ㅊ] – 우주에 있는 모든 물체를 통틀어 이르는 말.

241026-0142

13 〈보기〉는 윗글의 밑줄 친 낱말들입니다. 빈칸에 들어갈 알맞은 낱말을 〈보기〉에서 각각 찾아 써 보세요.

보기: 관찰 / 은하 / 통계 / 확대경

1 [ ]: 사물이나 현상을 주의하여 자세히 살펴봄.

2 [ ]: 흰 구름 모양으로 길게 보이는 수많은 천체의 무리.

3 [ ]: 작은 것을 크게 보이도록 하기 위해 만든 안경. 또는 볼록 렌즈.

4 [ ]: 어떤 현상을 종합적으로 한눈에 알아보기 쉽게 일정한 체계에 따라 숫자로 나타냄.

Ⅲ

과학 · 수학 · 국어

15강 글은 어떻게 이루어질까요?

어절

말씀 語 + 마디 節

문장을 구성하고 있는 각각의 마디.

예 '꽃이 활짝 피었다.'라는 문장은 세 **어절**로 이루어져 있어.

친절한샘 글을 쓸 때, 띄어쓰기를 하지 않으면 무슨 뜻인지 알기 어려울 수 있어요. 그래서 낱말을 기준으로 띄어쓰기를 하는데, 띄어 쓴 각각의 마디를 '어절'이라고 해요.

구절

구절 句 + 마디 節

한 토막의 말이나 글.

예 중요한 **구절**에 밑줄을 그어 가며 읽었다.

친절한샘 두 개 이상의 낱말이 묶인 것을 '구절'이라고 해요. '낱말'이 모여 '어절'이 되고, '어절'이 모여 '구절'이 되고, '구절'이 모여 '문장'이 된답니다.

문장

글월 文 + 글월 章

하나의 완결된 뜻을 나타내는, 말과 글을 이루는 기본 단위.

예 **문장**을 짧게 써.

친절한샘 '문장'은 '누가/무엇이 어찌하다.', '누가/무엇이 어떠하다.', '누가/무엇이 무엇이다.'와 같은 짜임으로 이루어져요. 그림에 있는 문장에서 '꽃이'는 '무엇이', '활짝 피었다'는 '어찌하다'에 해당해요.

문단

글월 文 + 구분 段

글에서 여러 문장들이 모여 하나의 완결된 생각을 나타내는 단위.

예 이 글은 다섯 **문단**으로 이루어져 있어.

친절한샘 하나의 '문단'은 하나의 주제를 담고 있어요. '문단'의 주제에 해당하는 문장을 **중심 문장**, 구체적인 예를 들거나 까닭을 들어 중심 문장을 자세히 설명하는 문장을 **뒷받침 문장**'이라고 해요.

사례

일 事 + 본보기 例

이전에 실제로 일어난 예.

예 주장을 뒷받침해 줄 만한 좋은 **사례**구나.

친절한샘 설명이나 주장을 할 때에 그와 관련된 구체적인 '사례'를 제시하면 설명하는 내용에 대한 이해를 도울 수 있고, 주장하는 내용에 대한 설득력을 높일 수 있답니다.

메모

memo

잊지 않거나 다른 사람에게 전하기 위해 어떤 내용을 간단하게 글로 적음. 또는 그렇게 적은 글.

예 그는 나에게 **메모**를 남겼다.

친절한샘 선생님께서 숙제를 내 주시면 그것을 공책이나 수첩에 적죠? 그게 바로 '메모'랍니다. 메모하는 습관을 들이면 중요한 내용을 기억하는 데 도움이 되고 글쓰기 능력도 키울 수 있어요.

서문

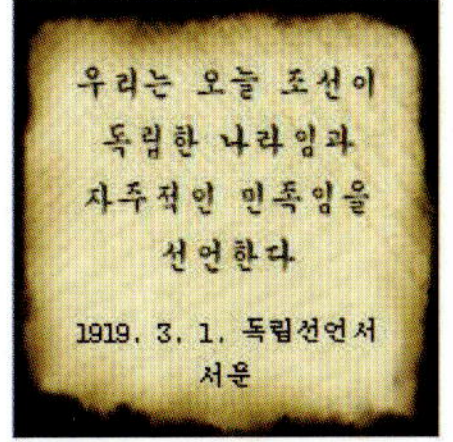

차례 序 + 글월 文

책이나 글의 첫 부분에 내용이나 목적 등을 간단하게 적은 글.

예 글을 쓴 이유는 **서문**에 드러나 있어.

친절한샘 책이나 글의 '서문'을 읽어 보면, 글을 쓴 이유나 목적, 주요 내용을 한눈에 파악할 수 있어요. 글쓴이가 독자들에게 하고 싶은 말도 담겨 있답니다. 그러니까 어떤 책을 읽을 때에 '서문'을 건너뛰지 말고 꼭 읽어 보세요. '서문'과 같은 말에는 '**머리말**'이 있어요.

서약서

맹세할 誓 + 맺을 約 + 글 書

맹세하고 약속하는 내용을 적은 글.

예 **서약서**에 있는 내용은 꼭 지켜야 해.

친절한샘 상대방에게 약속을 꼭 지키겠다는 내용을 적은 글을 '**각서**'라고 해요. 그리고 여러 사람 앞에서 공식적으로 무엇을 인정하거나 지키겠다고 다짐하는 내용을 적은 글을 '**선서문**'이라고 해요. 약속은 그것을 지킬 때에 가치가 있답니다.

어휘 더하기

정답과 해설 23쪽

맞춤법에 맞게 정확하게 써요

– 줄여서 쓸 수 없는 낱말 알기 –

바른 표기		틀린 표기
사귀었다	……	사겼다
바뀌었다	……	바꼈다
할퀴었다	……	할켰다
쉬었다가	……	셨다가

우리말에는 줄여서 쓸 수 있는 낱말들이 많아요. 가령, '보았다'를 '봤다', '주었다'를 '줬다', '아니하다'를 '않다'와 같이 줄여 쓸 수 있어요.

그렇다고 아무렇게나 줄여서 쓰면 안 됩니다. 낱말의 기본형(사귀다, 바뀌다, 할퀴다, 쉬다)에서 형태가 바뀌지 않는 부분까지 마음대로 형태를 바꿔 쓰면 안 돼요.

줄여 쓰면 안 되는 대표적인 낱말들을 잘 기억해 두고 바르게 쓰는 습관을 들이세요.

다음 문장에서 알맞은 낱말을 골라 ○표 하세요.

(1) 새 친구를 많이 (사귀었다 , 사겼다).
(2) 고양이가 손등을 (할퀴었다 , 할켰다).

241026-0143

1 아래에 있는 뜻풀이를 참고하여 왼쪽에 있는 표의 빈칸을 채워 보세요.

[가로 열쇠]
1. 하나의 완결된 뜻을 나타내는, 말과 글을 이루는 기본 단위.
2. 문장을 구성하고 있는 각각의 마디.

[세로 열쇠]
① 여러 문장들이 모여 하나의 완결된 생각을 나타내는 단위.
② 한 토막의 말이나 글.

241026-0144

2 다음 선생님의 설명을 참고하여 **1**~**3**의 문장의 짜임을 오른쪽에서 찾아 바르게 연결하세요.

1 누나는 중학생이다.   •

2 누나는 아침마다 일찍 일어난다.   •

3 누나는 나보다 더 부지런하다.   •

• ㉠ 누가 무엇이다.

• ㉡ 누가 어떠하다.

• ㉢ 누가 어찌하다.

241026-0145

3 다음 설명에서 밑줄 친 '이 글'이 가리키는 것은 무엇인가요?

이 글은 주로 책의 앞부분에 실리기 때문에 '머리말'이라고도 하죠. 이 글은 글쓴이가 독자에게 보내는 편지라고 할 수 있어요. 이 글에는 책을 쓰게 된 배경이나 책을 쓴 목적, 책의 주요 내용이 간략하게 소개되어 있어요.

① 각서
② 서문
③ 서약서
④ 선서문
⑤ 계약서

241026-0146

4 다음 대화에서 밑줄 친 낱말을 바르게 고쳐 쓰세요.

틀린 표기		바른 표기
1 사겼던	⇨	
2 바꼈는데	⇨	

241026-0147

5 다음 만화의 ㉠~㉢에 들어갈 알맞은 말을 〈보기〉에서 찾아 써 보세요.

보기

메모	문장	사례	어절	서약서

1~3 다음 글을 읽고 물음에 답해 보세요.

가 비가 오면 사람들은 자연스럽게 우산을 꺼내 쓴다. 그런데 우산이 없던 옛날 사람들은 무엇을 사용했을까? 옛날 사람들은 비가 올 때면 삿갓이나 도롱이를 사용했다. ㉠삿갓은 대나 갈대를 엮어서 만든 모자이다. 비뿐만 아니라 햇볕을 막기 위해서도 머리에 썼다. 도롱이는 짚이나 띠 같은 풀을 엮어서 허리나 어깨에 걸쳐 두르는 비옷이다. 예전에 주로 농촌에서 일할 때 비가 오면 사용했다. 삿갓과 도롱이를 함께 쓰면 비를 맞지 않고 양손을 자유롭게 사용할 수 있다. 그래서 주로 농촌에서 비가 오는 날 농사일을 할 때 삿갓과 도롱이를 사용하였다.

나 오늘날 사람들은 비가 올 때면 비옷을 입거나 우산을 쓴다. 비옷이나 우산은 주로 물이 흡수되지 않는 천이나 비닐로 만든다. 처음에 우산은 갈색이나 검은색 비단을 이용하여 만들었다. 그런데 비단으로 만든 우산은 비에 젖으면 무거워져 들고 다니기가 힘들었다. (㉡) 비에 잘 젖지 않는 천과 가벼운 소재로 우산을 만들게 되었다. 요즘에는 가지고 다니기 편하고, 펴기 쉽도록 접이식과 자동식 우산도 많이 사용한다.

241026-0148

1 **가** 문단과 **나** 문단의 중심 문장을 다음과 같이 정리할 때, 빈칸에 들어갈 알맞은 말을 찾아 쓰세요.

문단	중심 문장
가	옛날 사람들은 비가 올 때면 ㅅ ㄱ 이나 도롱이를 사용했다.
나	오늘날 사람들은 천이나 ㅂ ㄴ 로 만든 비옷을 입거나 우산을 쓴다.

241026-0149

2 ㉠의 짜임에 해당하는 것은 무엇인가요?

① 무엇이 무엇이다.　　② 무엇이 어떠하다.　　③ 무엇이 어찌하다.

241026-0150

3 앞뒤 문장이 자연스럽게 이어지도록 하기 위해 ㉡에 들어갈 가장 알맞은 말은 무엇인가요?

① 또한　　② 그러나　　③ 그래서
④ 그리고　　⑤ 왜냐하면

사람은 사회적 동물이기 때문에 홀로 살아가기 힘들어요. 그래서 함께 모여서 사회를 이루며 살아가는데, 이때 필요한 것이 의사소통이랍니다. '**의사소통**'은 가지고 있는 생각이나 느낌을 서로 나누는 것을 뜻해요.

의사소통은 직접 만나서 얼굴을 마주한 상태에서도 할 수 있지만, 전화나 편지, 인터넷 등을 통해서도 할 수 있어요. 이렇게 어떤 사실을 널리 전달하는 물체나 수단을 '**매체**'라고 합니다.

매체를 이용하면 멀리 떨어져 있는 사람과도 의사소통을 할 수 있어요. 우리가 원격(遠隔) 수업을 들을 수 있는 것도 텔레비전이나 인터넷 같은 매체가 있기 때문이죠.

▲ 원격 수업

▲ 무선 호출기

한때 널리 쓰였다가 지금은 거의 사라진 매체 중에 무선 호출기가 있어요. '**삐삐**'라는 이름으로 더 친숙하지요. 무선 호출기는 기계에 부여된 번호를 전화기에서 누르면 신호가 전달되어 '삐삐' 하고 소리를 내거나 숫자를 보여 주는 휴대용 통신 기기입니다. 문자는 전달하지 못하고 숫자만 전달할 수 있었죠. 그래서 '8282(빨리빨리)', '7142(친한 사이)', '8578(바로 출발)'과 같이 간단하고 알기 쉽게 만든 부호를 사용하기도 했습니다.

우리가 지금 읽고 있는 글도 우리의 생각이나 느낌을 전달하기 위한 수단이 됩니다. 그럼 시각 장애인들은 글을 통한 의사소통이 불가능한 걸까요? 아닙니다. 손가락으로 더듬어 읽도록 만든 시각 장애인용 문자인 '점자(點字)'를 이용해 글을 읽을 수 있답니다.

▲ 점자판

이처럼 우리는 다양한 매체와 기호를 사용하여 다른 사람들과 적극적으로 의사소통을 하며 살고 있답니다. 기왕이면 다른 사람을 즐겁게 하고, 도움이 되는 의사소통을 하도록 노력해야겠죠?

다음 낱말의 뜻을 오른쪽에서 찾아 바르게 선으로 이어 보세요.

1 원격 •

2 무선 •

3 점자 •

• ㉠ 손가락으로 더듬어 읽도록 만든 문자.

• ㉡ 전선을 연결하지 않고 전파를 통해 통신이나 방송을 보내거나 받음.

• ㉢ 멀리 떨어져 있음.

연대기

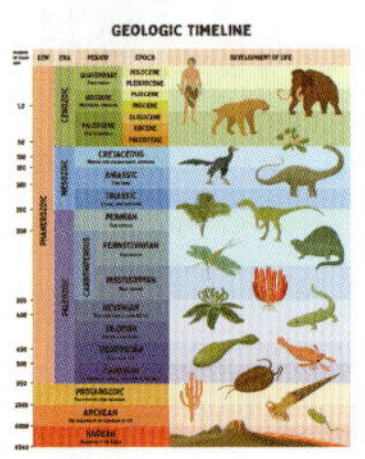

해 **年** + 대신할 **代** + 기록할 **記**

역사상의 사건을 연대순으로 적은 기록.

예 조선 왕들의 업적이 기록된 **연대기**를 읽어 보았다.

👆 친절한샘 '**연대표**'는 역사상의 사건을 지나온 시대의 순서대로 기록한 표에요. 연대기를 연대표로 나타내면 사건의 순서를 한눈에 알아보기 쉬워요.

화석

될 **化** + 돌 **石**

아주 옛날에 살았던 생물의 뼈, 활동 흔적 등이 땅속에 묻혀 굳어져 지금까지 남아 있는 것.

예 박물관에는 고대 생물들의 **화석**이 전시되어 있다.

👆 친절한샘 아주 옛날에 살았던 생물이 땅속에 묻혀 화석같이 굳어져 오늘날 연료로 이용되는 물질을 '**화석 연료**'라고 한답니다. 석탄, 석유, 천연가스 등이 여기에 속해요.

지질

땅 **地** + 바탕 **質**

지구 표면을 이루고 있는 암석이나 땅의 성질이나 상태.

예 우리는 이곳의 특이한 **지질**을 조사하고 있다.

👆 친절한샘 어떤 지역의 암석 및 지층을 관찰하고 조사하는 것을 '**지질 답사**'라고 해요. 지질 답사를 하러 갈 때는 카메라, 지도, 돋보기, 암석 표본 주머니, 지질 조사용 망치, 관찰 기록장, 필기도구, 자, 구급약, 여벌 옷 등을 준비해요.

진화

나아갈 **進** + 될 **化**

① 일이나 사물 등이 점점 발달해 감.
② 생물이 생명이 생긴 후부터 조금씩 발전해 가는 현상.

예 생물들은 살아가는 유리한 방향으로 **진화**하였다.

👆 친절한샘 지구상에 생물이 나타난 이후 진화하여 오늘날까지 살아남은 생물도 있고, 멸종하여 더 이상 찾아볼 수 없는 생물도 있습니다. '**멸종**'은 생물의 한 종류가 지구에서 완전히 없어짐을 뜻해요.

추정

옮길 **推** + 정할 **定**

미루어 생각하여 판단하고 정함.

예 이 화석은 고대 파충류의 것으로 **추정**되었다.

👆 친절한샘 '**추정**'과 뜻이 비슷한 낱말로는 '**예상**'이나 '**예측**'이 있어요. '**예상**'은 '앞으로 있을 일이나 상황을 짐작함. 또는 그런 내용.'이라는 뜻이고, '**예측**'은 '앞으로의 일을 미리 추측함.'을 뜻하는 낱말이에요.

지층

땅 **地** + 층 **層**

자갈, 모래, 진흙, 화산재 등이 오랜 시간 동안 쌓여 이루어진 층.

예 지질학자들이 돋보기로 **지층**을 살펴보고 있다.

👆 친절한샘 '**퇴적물**'은 흙이나 죽은 생물의 유해 등이 물이나 바람, 빙하 등에 의해 운반되어 땅의 표면에 쌓인 물질이에요. 이런 퇴적물이 쌓여서 층을 이루고 있는 것을 지층이라고 해요.

신종

새 新 + 씨 種

① 새로 발견하였거나 새롭게 개량한 품종.
② 새로운 종류.
㉠ 우리 연구소에서는 **신종** 버섯을 개발하고 있다.

친절한샘 '신종 사기, 신종 사업, 신종 수법, 신종 직업, 신종 바이러스, 신종 인플루엔자, 신종 보리' 등 '신종'이란 단어가 포함된 말이 많이 있어요.

번성

우거질 蕃 / 많을 繁 + 담을 盛

① 세력이 커져서 널리 퍼짐.
② 나무나 풀이 자라서 우거져 있음.
㉠ 지질 시대별로 **번성**한 식물이 다르다.

친절한샘 '**번식**'과 '**번영**'은 '번성'과 말이 비슷하지요? 그러나 뜻이 조금 다르답니다. '번식'은 생물체의 수나 양이 늘어서 많이 퍼짐을 뜻하는 말이고, '번영'은 어떤 사회나 조직이 번성하여 물질적으로 넉넉해짐을 의미해요.

어휘 더하기

정답과 해설 24쪽

지질 시대의 구분

지구는 약 46억 년 전에 탄생한 행성입니다. 지구가 탄생한 순간부터 현재까지의 역사를 '지질 시대'라고 합니다. 지질 시대는 선캄브리아대, 고생대, 중생대, 신생대로 구분할 수 있습니다.

선캄브리아대	약 46억 년 전부터 약 5억 7000만 년 전까지의 시기. (단단한 뼈나 껍질을 가진 생물이 없었고, 생물의 수가 적어서 화석이 거의 없음.)
고생대 (古生代)	약 5억 7000만 년 전부터 약 2억 5000만 년 전까지의 시기. (대표 화석: 삼엽충)
중생대 (中生代)	약 2억 5000만 년 전부터 약 6,600만 년 전까지의 시기. (대표 화석: 공룡, 암모나이트)
신생대 (新生代)	지질 시대 가운데 가장 최근의 시대. 약 6,600만 년 전부터 현재까지의 시기. (대표 화석: 매머드)

지질 시대별 대표적인 화석 그림(사진)을 보고, 알맞은 지질 시대를 써 보세요.

(㉠)	(㉡)	(㉢)
	암모나이트	
삼엽충	공룡	매머드

241026-0151

1 빈칸에 들어갈 말의 초성과 뜻을 보고, 알맞은 낱말을 써넣어 문장을 완성해 보세요.

1 선생님께서는 생물 하나를 정해서 [ㅈ ㅎ] 과정을 조사하는 과학 숙제를 내주셨다.
생물이 생명이 생긴 후부터 조금씩 발전해 가는 현상.

2 그 역사학자는 조선 시대 왕들의 업적을 [ㅇ ㄷ ㄱ] 형식으로 기록하였다.
역사상의 사건을 연대순으로 적은 기록.

3 이 지역에서 출토된 유물은 신라 시대의 것으로 [ㅊ ㅈ]된다.
미루어 생각하여 판단하고 정함.

241026-0152

2 다음 두 낱말의 뜻을 참고하여, 아래 문장에 들어가기에 알맞은 낱말을 찾아 써 보세요.

지질	지구 표면을 이루고 있는 암석이나 땅의 성질이나 상태.
지층	자갈, 모래, 진흙, 화산재 등이 오랜 시간 동안 쌓여 이루어진 층.

1 제주도는 화산 활동으로 형성된 화산섬이다. 용암이 굳으며 만들어진 현무암이 제주도의 주요 [ ][ ]을 형성하고 있다.

2 [ ][ ]의 모양을 살펴보면 퇴적물이 쌓인 순서와 쌓일 당시의 환경을 알 수 있다.

241026-0153

3 다음 낱말의 뜻을 보고, ㉠~㉢에 들어갈 낱말끼리 알맞게 짝 지어진 것을 고르세요.

번성	① 세력이 커져서 널리 퍼짐. ② 나무나 풀이 자라서 우거져 있음.
번식	생물체의 수나 양이 늘어서 많이 퍼짐.
번영	어떤 사회나 조직이 번성하여 물질적으로 넉넉해짐.

• 동물원에서는 호랑이의 (㉠)에 성공하여 건강한 새끼 호랑이가 태어났다.

• 우리 회사는 직원들이 열심히 일해서 빠른 속도로 (㉡)했다.

• 거대한 밀림이 (㉢)한 이 지역에는 다양한 종류의 생물들이 모여 산다.

	㉠	㉡	㉢			㉠	㉡	㉢
①	번성	번식	번영		②	번성	번영	번식
③	번식	번성	번영		④	번식	번영	번성
⑤	번영	번식	번성					

241026-0154

4 다음 빈칸에 공통으로 들어갈 알맞은 낱말을 써 보세요.

1 이곳에서 조개 (   )이/가 무더기로 발견되었다. 따라서 이 지역이 과거에 갯벌이나 바다
였음을 추정할 수 있다.

2 학자들은 (   )을/를 통해 공룡의 모습을 복원했다.

241026-0155

5 다음 빈칸에 공통으로 들어갈 낱말을 주어진 초성을 참고하여 써 보세요.

1 책을 읽을 때 앞으로 나올 내용을 (   )하면서 읽으면 더 재미있게 읽을 수 있다.

2 이 영화의 결말은 (   )했던 것과는 반대였다.

> ㅇ ㅅ

241026-0156

6 다음 만화에서 ㉠~㉢에 들어갈 알맞은 말을 〈보기〉에서 찾아 써 보세요.

보기

| 지질 | 화석 | 진화 | 추정 | 지층 | 연대기 |

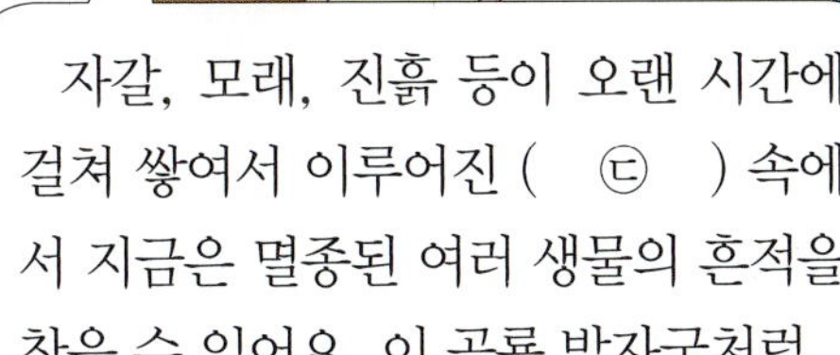

1~3 다음 글을 읽고 물음에 답해 보세요.

생물이 죽으면 생물의 몸체가 호수나 바다에 가라앉아서 바닥에 묻히게 되고, 그 위로 <u>퇴적물</u>이 쌓입니다. 오랜 시간에 걸쳐서 퇴적물이 쌓여서 <u>지층</u>이 만들어지고, 지층 속에서 죽은 생물의 몸은 단단하게 굳어져서 <u>화석</u>이 됩니다. 물 밑에 있던 지층이 지구 내부의 힘으로 물 위로 솟아오르고, 솟아오른 지층이 점점 깎이면서 지층 속에 묻혀 있던 화석이 드러나게 됩니다.

이처럼 화석은 옛날에 살았던 동식물이 퇴적물 속에 묻혀서 만들어지는 것입니다. 동물의 경우에는 뼈나 껍데기처럼 단단한 부분, 식물의 경우에는 잎이나 줄기와 같이 질긴 부분이 있으면 화석으로 만들어지기 쉽습니다. 동물이 지나간 발자국이나 배설물 등도 화석이 될 수 있습니다.

고생물학자들은 화석을 <u>연구</u>하면서 옛날에 살았던 생물은 어떤 모습을 하고 있었는지, 언제 살았던 생물인지, 어떤 환경에서 살았는지 등을 예측할 수 있습니다. 또한, 지층에 묻혀 있는 화석의 나이를 확인하면 그 지층이 만들어진 연대도 알 수 있습니다. 이렇듯 화석은 과거 생물의 흔적이 담긴 귀중한 <u>유물</u>입니다.

241026-0157

1 윗글을 읽고 알 수 있는 내용이 <u>아닌</u> 것은 무엇인가요?

① 화석이 만들어지는 과정
② 화석을 연구하면서 알 수 있는 것들
③ 묻혀 있던 화석이 드러나게 되는 과정
④ 화석으로 만들어지기 쉬운 동식물의 부분
⑤ 고생물학자들이 화석을 연구할 때 사용하는 도구

241026-0158

2 화석이 만들어지는 과정을 정리하였습니다. 윗글의 밑줄 친 낱말 중에서 ㉠~㉢에 들어갈 알맞은 낱말을 찾아 써넣으세요.

죽은 생물이 호수나 바다의 밑바닥에 묻힌다. → 바닥에 묻힌 죽은 생물의 몸체 위로 빠르게 (㉠)이/가 쌓인다. → 오랜 시간에 걸쳐 쌓인 퇴적물로 (㉡)이/가 만들어진다. → 그 속에서 죽은 생물의 몸은 단단하게 굳어져서 (㉢)이/가 된다.

241026-0159

3 다음 중 '번성'의 두 의미 중 나머지 넷과 <u>다른</u> 의미로 쓰인 문장은 무엇인가요?

번성 1. 세력이 커져서 널리 퍼짐. 2. 나무나 풀이 자라서 우거져 있음.

① 고대 문명은 강가에서 번성하였다.
② 나무들이 번성하여서 산 전체가 푸르르다.
③ 시대가 변하면서 번성하는 산업도 달라진다.
④ 옛날에 번성했던 도시에는 많은 유적이 남아 있다.
⑤ 고려 시대에는 왕실의 후원을 받아 불교가 크게 번성하였다.

다음 만화를 보고, 밑줄 친 속담의 뜻을 추측하여 말해 보세요.

✒️ **'꿩 먹고 알 먹기(먹는다)'**

꿩을 잡았더니 배 속에 알까지 들어 있어서 꿩을 잡아 고기도 먹고 알도 먹는다는 뜻으로, 한 가지 일을 하여 두 가지의 이익을 얻는다는 의미를 지닌 속담입니다. 비슷한 속담으로는 '도랑 치고 가재 잡기(잡는다)'가 있습니다. 이 속담은 논에 도랑을 내려고 돌을 들어내다가, 가재도 잡았다는 말로 한 가지 일을 하여 두 가지 이익을 얻는다는 뜻입니다.

✏️ **'꿩 먹고 알 먹기(먹는다)'와 비슷한 의미를 지닌 고사성어를 알아보아요.**

- 일거양득(一擧兩得): 한 가지 일을 해서 두 가지 이익을 얻음.
  예 나는 좋아하는 팝송을 들으며 영어 공부를 하는 일거양득의 방법을 선택했어.
- 일석이조(一石二鳥): 돌 한 개를 던져 새 두 마리를 잡는다는 뜻으로, 동시에 두 가지 이익을 얻음.
  예 운동을 하면 몸도 건강해지고, 살도 빠지니까 일석이조야.

활동　다음 대화에서 빈칸에 들어갈 알맞은 속담을 쓰세요.

진행자: 어서 오세요. 이번 행사는 스타들의 애장품을 싸게 판매하고, 그 수익금으로 어려운
　　　　이웃을 돕는 자선 행사입니다.

지민: 어, 내가 좋아하는 가수의 물건도 있잖아!

소정: ＿＿＿＿＿＿＿＿＿＿＿＿＿＿＿＿＿구나. 원하는 물건을 싸게 살 수도 있고, 어려운
　　　　이웃을 위해 기부도 하게 되니까 말이야.

소수

작을 小 + 셀 數

일의 자리보다 작은 자리의 값을 가진 수. 예를 들면, 0.1, 4.2, 35.67 등이 있다.

㉠ 다음 **소수**를 계산해 보시오.

친절한샘 소수점 기호는 나라마다 다르다고 해요. 우리나라와 일본, 미국에서는 0.123과 같이 아래에 점을 찍어서 표시하고, 영국에서는 0·123과 같이 가운데에 점을 찍어 나타내요. 프랑스와 독일에서는 0,123과 같이 쉼표로 나타낸답니다.

어림

대강 짐작으로 헤아림. 또는 그런 셈이나 짐작.

㉠ **어림**으로 계산해 보아도 큰 돈이 남았다.

친절한샘 '**어림없다**'는 도저히 이루어질 가능성이 없거나 자신의 처지에 넘쳐 감당할 수 없을 때 쓰는 말이에요. '**어림잡다**'는 규모나 양 등을 짐작하여 대강 헤아리는 것을 말하지요.

예각

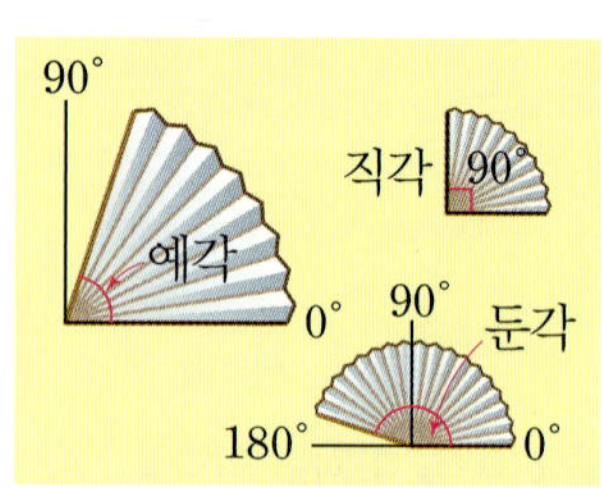

날카로울 銳 + 뿔 角

직각(90도)보다 작은 각.

㉠ **예각** 삼각형은 삼각형의 모든 각이 90도를 넘지 않는 삼각형이다.

친절한샘 색종이의 각진 부분이 바로 '**직각**'을 이루는 곳이에요. 직각은 90도를 이루는 각이지요. 합죽선과 같은 부채를 90도보다는 크고 180도보다는 작게 활짝 편 상태는 '**둔각**'이랍니다.

이등변 삼각형

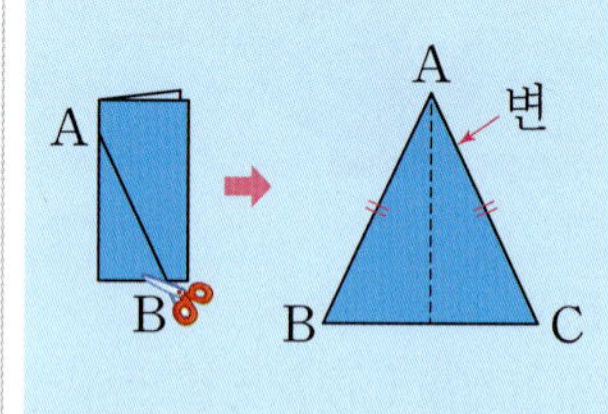

두 二 + 같을 等 + 가 邊 + 석 三 + 뿔 角 + 형상 形

두 변의 길이가 같은 삼각형.

㉠ 색종이를 세로로 반절 접어서 대각선으로 자르면 **이등변 삼각형**이 나온다.

친절한샘 '**정삼각형**'은 세 변의 길이와 세 각의 크기가 모두 같은 삼각형이에요. '**바른세모꼴**'이라고도 하지요. 리듬 악기 중에 트라이앵글이 정삼각형 모양이에요.

평면

평평할 平 + 낯 面

평평한 표면.

㉠ **평면** 도형의 넓이를 구해 봅시다.

친절한샘 평면에 그려진 '평면 도형'은 상하, 좌우의 두 방향으로 이루어진 '**이차원**'에서의 도형이라 하고, 상하, 좌우, 전후의 세 방향으로 이루어진 '**삼차원**'의 공간에서의 도형은 '**입체 도형**'이라고 해요.

평행

평평할 平 + 다닐 行

서로 줄지어 나란히 감. 나란한 두 개의 직선을 아무리 늘려도 서로 만나지 않음.

㉠ 아버지께서는 주차선에 **평행**으로 차를 대셨다.

친절한샘 기차가 다니는 길은 두 개의 평행한 선으로 되어 있어요. 만약 기차의 선로가 평행하지 않으면 어떻게 될까요? 두 개의 선이 조금씩 가까워지거나 멀어진다면 기차는 더 이상 달릴 수 없을 거예요.

통계

거느릴 統 + 셀 計

어떤 현상을 종합적으로 한눈에 알아보기 쉽게 일정한 체계에 따라 숫자로 나타냄.

예 **통계** 조사에 따르면 학생들 대부분이 수면 부족을 겪고 있는 것으로 나타났다.

🖐️**친절한샘** 통계 자료를 그래프로 나타내면 한눈에 내용을 쉽게 알 수 있어요. 수량의 크기를 비교할 때는 '**막대그래프**'를, 시간의 흐름에 따른 통계 자료를 나타낼 때는 '**꺾은선 그래프**'를, 전체에 대해 어느 정도 차지하는지 비율을 볼 때는 '**원그래프**'나 '**띠그래프**'를 이용한답니다.

-들이

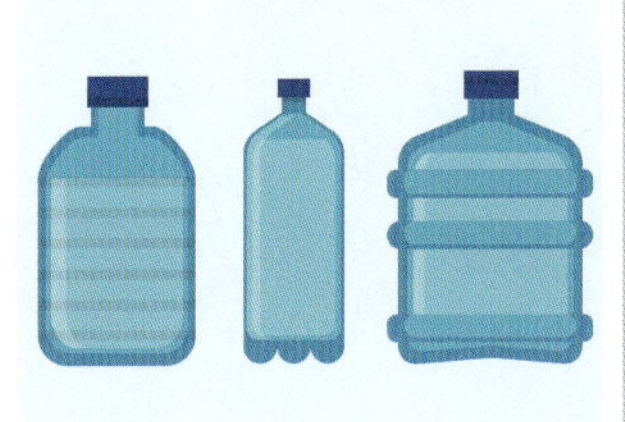

'그만큼 담을 수 있는 용량'의 뜻을 더하는 접미사(어떤 말의 뒤에 붙는 말).

예 3리터**들이** 물통에 약수를 담아 왔다.

🖐️**친절한샘** '물 한 컵만 부으세요.'에서 '물 한 컵'은 어떤 크기의 컵으로 '한 컵'인 걸까요? 컵의 크기가 다양하니 일정한 기준이 필요하겠지요? 이때 '-들이'를 활용한답니다. '200mL(밀리리터)들이 한 컵만 부으세요.'라고 정확하게 말해 주면 헷갈리지 않겠지요?

🌱 어휘 **더하기**

정답과 해설 25쪽

하지와 동지

하지(夏至)

이십사절기의 하나. 망종과 소서 사이에 들며, 양력 6월 21일경으로, 일 년 중 낮이 가장 길고 밤이 가장 짧습니다.

속담 **하지를 지나면 발을 물꼬에 담그고 잔다**
벼농사를 잘 짓기 위해서는 하지 후에 논에 물을 잘 대는 것이 중요하기 때문에 논에 붙어살다시피 하여야 함을 표현한 말.

동지(冬至)

이십사절기의 하나. 대설과 소한 사이에 들며, 12월 22일이나 23일경으로, 일 년 중 낮이 가장 짧고 밤이 가장 깁니다.

속담 **동지 때 개딸기**
철이 지나 도저히 얻을 수 없는 것을 바란다는 말.

하지 | 저녁 8시

동지 | 저녁 8시

다음 빈칸에 들어갈 알맞은 낱말을 써 보세요.

계절	24절기(節氣)					
봄	입춘	우수	경칩	춘분	청명	곡우
여름	입하	소만	망종	( )	소서	대서
가을	입추	처서	백로	추분	한로	상강
겨울	입동	소설	대설	( )	소한	대한

241026-0160

1 다음 낱말 풀이를 보고 문장의 빈칸에 들어갈 알맞은 낱말이 무엇인지 써 보세요.

정삼각형
세 변의 길이와 세 각의 크기가 모두 같은 삼각형.

이등변 삼각형
두 변의 길이가 같은 삼각형.

1 트라이앵글은 (   ) 모양입니다. 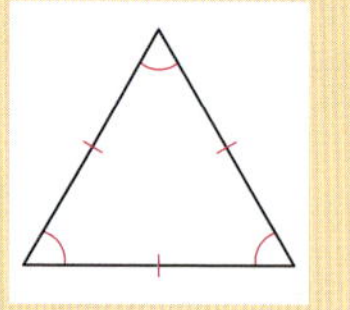

2 길이가 같은 두 개의 연필과 길이가 다른 한 개의 연필로 삼각형을 만들면 (   ) 이/가 됩니다. 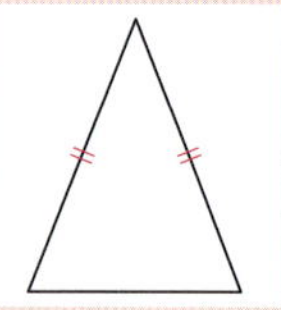

241026-0161

2 다음 낱말 풀이를 보고 빈칸에 들어갈 알맞은 낱말을 골라 써 보세요.

- 통계: 어떤 현상을 종합적으로 한눈에 알아보기 쉽게 일정한 체계에 따라 숫자로 나타낸 것.
- 소수: 일의 자리보다 작은 자리의 값을 가진 수. 예를 들면, 0.1, 0.23, 4.2, 35.67 따위이다.
- −들이: '그만큼 담을 수 있는 용량.'의 뜻을 더하는 접미사.

1 (   )   **2** (   )   **3** (   )

241026-0162

3 다음 초성을 참고하여 문장의 빈칸에 공통으로 들어갈 알맞은 낱말을 쓰세요.

- 시온이가 가지고 있는 장난감은 너무 많아서 ㅇㄹ 조차 할 수 없었다.
- 내가 ㅇㄹ (으)로 짐작해도 그 아이의 키는 너보다 조금 작았어.

241026-0163

4 다음 시곗바늘이 벌어진 각도와 관계있는 낱말을 <보기>에서 찾아 쓰세요.

<보기>

- 예각: 90도보다 작은 각.
- 둔각: 90도보다는 크고 180도보다는 작은 각.
- 직각: 두 직선이 만나서 이루는 90도의 각.

1 

2 

3 

241026-0164

5 다음 만화의 빈칸에 들어갈 알맞은 낱말을 써 보세요.

241026-0165

6 다음 낱말들에 공통적으로 쓰인 한자 '평(平)'의 뜻으로 알맞은 것은 무엇인가요?

평면(平面)　　평행(平行)　　평지(平地)　　평균(平均)

① 둥글다　　　② 경사지다　　　③ 반듯하다　　　④ 평평하다　　　⑤ 구불구불하다

1~2 다음 글을 읽고 물음에 답해 보세요.

혜미야, 잘 지내고 있니? 요즘은 아침저녁에는 쌀쌀하고 낮에는 무척 덥구나.

혜미가 수학에 어려움을 느껴 수학 공부를 포기하려 한다는 이야기를 어머니에게 들었어. 수학은 혜미가 생각하는 것만큼 어려운 게 아냐. 우리 주변에서 쉽게 만날 수 있는 친근한 학문이라고 할 수 있어.

우리가 야외 나들이 나갈 때 꼭 확인해야 하는 일기 예보 들어 봤지? 일기 예보에는 '확률과 통계'라는 수학 개념이 많이 쓰인단다. '오늘 비가 올 확률은'이라고 말하잖아. 일기 예보의 정보는 대체로 통계를 바탕으로 만들어진단다.

우리가 어딘가로 가려고 할 때 시간을 아끼려고 지름길로 가기도 하잖아. '지름길'의 '지름'도 수학 용어란다. 컴퍼스로 원을 그려 보렴. 컴퍼스의 뾰족한 부분이 구멍을 뚫은 자리를 지나는 선분을 원의 지름이라고 해. 한쪽에서 다른 한쪽으로 이동할 때 원의 둘레를 따라가는 것보다 원의 지름으로 가는 것이 가장 가깝단다. 그래서 가까운 거리를 지름길이라고 표현해.

또 우리 주변의 주차장을 살펴보렴. 주차장의 주차선을 보면 직선들이 서로 (㉠)하게 그어져 있는 것을 볼 수 있어.

이렇게 생활 속에 수학 용어가 많이 사용된단다. 혜미의 주변에 있는 이러한 용어들과 자주 만나면서 수학 공부에 재미를 느꼈으면 좋겠구나. 다음에 또 수학과 관련된 재미있는 이야기를 해 줄게. 잘 지내렴.

20○○년 ○월 ○일
대전에서 삼촌이

241026-0166

1 삼촌이 혜미에게 윗글을 쓴 목적으로 가장 알맞은 것은 무엇인가요?

① 혜미가 어떤 어려움을 겪고 있는지 확인하기 위해

② 혜미에게 수학 문제를 잘 푸는 방법을 알려 주기 위해

③ 혜미가 가장 싫어하는 과목이 무엇인지 알아보기 위해

④ 혜미가 수학에 관심을 갖고 재미를 느끼도록 하기 위해

⑤ 혜미가 수학 용어를 얼마나 알고 있는지 확인하기 위해

241026-0167

2 주어진 초성과 뜻을 참고하여, ㉠에 들어갈 알맞은 말을 써 보세요.

ㅍ ㅎ : 두 개의 직선이 나란히 있어 아무리 길게 늘려도 서로 만나지 않음. 또는 그런 상태.

💬 다음 만화를 보고, 밑줄 친 말의 뜻을 추측하여 말해 보세요.

'**어림 반 푼어치도 없다**'는 몹시 부당하거나 터무니없는 말을 함을 이르는 말이에요.
'어림'이란 짐작하여 대강 헤아리는 것을 말하고, '푼'은 옛날에 엽전을 세던 단위예요. '반 푼'은 아주 적은 액수의 돈을 뜻하지요. 따라서 짐작으로 헤아려 봐도 조금도 안 된다는 말이지요.
또 이런 속담도 있답니다. '**어림 반 닷곱 없는 소리 한다**'
어림잡아 반에 다섯 홉이 모자라는 소리를 한다는 뜻으로, 조금도 이치에 맞지 아니하는 소리를 한다는 말이랍니다.

✏️ 띄어쓰기에 유의하며 위 속담을 원고지 칸에 써 보세요.

활동 다음 관용 표현의 뜻풀이를 보고, 빈칸에 공통으로 들어갈 알맞은 말을 쓰세요.

- [　] 반 푼어치도 없다　　🟣뜻 몹시 부당하거나 터무니없는 말을 할 때

- [　] 반 닷곱 없는 소리 한다　　🟣뜻 이치에 맞지 않는 소리를 할 때

기준

터 基 + 법도 準

구별하거나 정도를 판단하기 위하여 그것과 비교하도록 정한 대상이나 잣대.

예 선생님께서 실험을 어떤 **기준**으로 평가하실지 알려 주셨다.

🖐️**친절한쌤** '**기준점**'은 '측정하거나 수량을 셀 때 기준이 되는 점. 무엇을 평가하거나 결정할 때 기준이 되는 생각이나 사실.'을 뜻해요. '**기준량**'은 '무엇의 알맞은 양을 정할 때 기준이 되는 양.'이에요.

조직

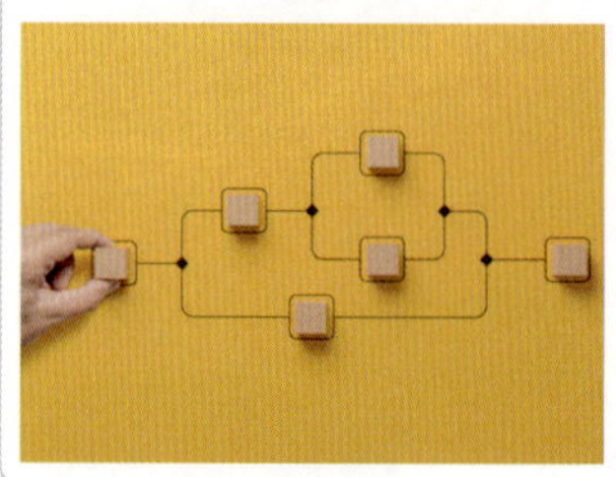

짤 組 + 짤 織

① 어떤 목표를 이루기 위해 여럿이 모여 체계 있는 집단을 이룸. 또는 그 집단.
② 천의 짜임새.
③ 짜서 이루거나 얽어서 만듦.

예 이 옷감은 **조직**이 잘 짜여 있어 튼튼하다.

🖐️**친절한쌤** '**조직화**'는 '낱낱이 일정한 체계를 가지고 협력을 해서 활동을 하도록 통일이 이루어짐. 또는 그렇게 함.'을 뜻해요. 이와 비슷한 말로는 '**구조화, 체계화**'가 있어요.

점검

점 點 + 검사할 檢

낱낱이 검사함. 또는 그런 검사.

예 선생님께서는 체육 대회를 시작하기 전에 인원 **점검**을 하셨다.

🖐️**친절한쌤** '**점검**'과 비슷한 말에는 '내용을 자세히 따져 봄.'이라는 뜻의 '**검토**'와 '어떤 일의 상태를 검사함.', '언론, 출판, 예술 등에 대해 미리 검사하여 내용을 조정함.'을 뜻하는 '**검열**'이라는 말이 있어요.

짜임

조직이나 구성.

예 엄마가 떠 주신 장갑은 **짜임**이 촘촘해서 따뜻하다.

🖐️**친절한쌤** '**짜임새**'는 짜인 모양을 뜻하거나 글, 이론 등의 내용이 체계를 잘 갖춘 상태를 뜻해요. '지수의 스웨터는 짜임새가 견고하다.', '이 영화는 짜임새 있는 구성이 돋보인다.'처럼 자주 사용하는 표현이에요.

요점

중요할 要 + 점 點

가장 중요하고 중심이 되는 사항.

예 민정이는 글을 읽고 **요점**을 정리해 두었다.

🖐️**친절한쌤** '**요점**'과 비슷한 말에는 '말이나 글에서 핵심이 되는 중요한 내용.'을 뜻하는 '**요지**'와 '가장 중심이 되거나 중요한 부분.'이라는 뜻의 '**핵심**'이 있어요.

쓰임새

쓰임의 정도.

예 이 물건은 **쓰임새**가 매우 다양하다.

🖐️**친절한쌤** '**쓰임새**'와 비슷한 말로는 '쓰이는 곳이나 목적.'을 뜻하는 '**용도**'가 있어요. '**용도**' 앞에 '많을 다(多)'를 붙인 '**다용도**'는 '여러 가지 용도.'라는 뜻을 지닌 낱말이에요.

제시

끌 提 + 보일 示

① 무엇을 하고자 하는 생각을 말이나 글로 나타내어 보임.
② 검사나 조사를 위하여 물품을 내어 보임.
예 환경 오염을 해결할 방법을 **제시**하였다.

친절한 샘 '제시'와 비슷한 말로는 '의견이나 안건으로 내놓음.'이라는 뜻의 '**제안**'이 있어요. '**건의**'는 '어떤 문제에 대하여 의견이나 바라는 사항을 정식으로 제시함.'이라는 뜻이에요.

뜻풀이

어려운 낱말이나 글의 뜻을 알기 쉽게 밝혀 말함.

예 나는 모르는 단어의 **뜻풀이**를 사전에서 찾아보았다.

친절한 샘 '**뜻**'은 '① 마음에 있는 생각이나 의견, ② 말이나 글, 행동이 나타내는 내용, ③ 일이나 행동이 갖는 가치나 중요성'을 의미해요. '뜻풀이'의 '뜻'은 이 중 ②의 뜻으로 쓰였어요.

어휘 더하기

정답과 해설 26쪽

극본

극본은 영화(연극, 드라마)를 촬영하기 위해 쓴 대본이에요. 잘 짜인 극본은 좋은 영화(연극, 드라마)에 꼭 필요한 요소에요.
극본은 대사와 지문, 해설로 이루어져요.
대사 – 영화(연극, 드라마)에서 배우가 하는 말.
지문 – 해설과 대사를 제외한, 인물의 동작이나 표정, 심리 등을 서술한 글.
해설 – 극본의 앞부분에 배경, 인물, 무대 장치 등을 설명하는 글.

아래의 극본을 보고 ①~③은 각각 대사, 지문, 해설 중 무엇에 해당하는지 써 보세요.

#3. 4학년 3반 교실 – 점심시간

희아가 친구들과 보드게임을 하며 놀고 있다. 이를 지켜보는 민영이는 함께 놀고 싶지만, 어떻게 말을 해야 할지 고민이 되어서 주저하며 서성인다. → (①)

민영: (주저하며 작은 목소리로) → (②) 희아야, 나도 같이 보드게임 해도 될까? → (③)
희아: (밝게 웃으며 큰 목소리로) → (②) 당연하지. 이번 판만 끝내고 다음 판부터 같이 하자. 금방 끝나니까 조금만 기다려 줘. → (③)

241026-0168

1 비슷한 뜻을 지닌 말끼리 묶인 것을 모두 고른 것은 무엇인가요?

> ㉠ 점검 – 검토 　　　　　　㉡ 쓰임새 – 쓸모
>
> ㉢ 조직 – 기준 　　　　　　㉣ 요점 – 핵심

① ㉠, ㉡　　　　　　② ㉡, ㉢　　　　　　③ ㉠, ㉡, ㉢
④ ㉠, ㉡, ㉣　　　　　　⑤ ㉡, ㉢, ㉣

241026-0169

2 ㉠~㉢에 들어갈 알맞은 말을 차례대로 나열한 것은 무엇인가요?

> 　우리 학교는 소방 안전 (　㉠　)을 실시하였다. 그 결과 안전 관리 (　㉡　)에 못 미치는 부분이 발견되었다. 학교에서는 이런 부분들을 개선하여 해결할 방안을 마련하고, 이에 대한 (　㉢　)을/를 정리하여 학생들과 학부모님께 자세히 안내하였다.

　　　㉠　　　㉡　　　㉢　　　　　　　　㉠　　　㉡　　　㉢
① 기준　　점검　　뜻풀이　　　　② 점검　　기준　　요점
③ 점검　　조직　　요점　　　　　④ 요점　　기준　　점검
⑤ 짜임　　기준　　조직

241026-0170

3 왼쪽의 뜻을 가진 낱말을 오른쪽에서 찾아 선으로 바르게 이어 보세요.

1 쓰임의 정도.　　　　　　　　　•　　　　　• ㉠ 요점

2 가장 중요하고 중심이 되는 사항.　　•　　　　　• ㉡ 뜻풀이

3 어려운 낱말이나 글의 뜻을 알기 쉽게 밝혀 말함.　•　　　• ㉢ 쓰임새

4 무엇을 하고자 하는 생각을 말이나 글로 나타내어 보임.　•　　　• ㉣ 제시

241026-0171

4 다음 빈칸에 공통으로 들어갈 알맞은 낱말을 써 보세요.

1 이 옷은 (　　　)이/가 촘촘하게 짜여 있어서 오래 입을 수 있다.

2 우리 학교 학생들은 스스로 동아리를 (　　　)하여 참여한다.

241026-0172

5 제시된 초성을 보고, 빈칸에 들어갈 알맞은 낱말을 써 보세요.

1 지아가 쓴 글은 내용이 흥미롭지만, 문장 간의 [ㅉ ㅇ]이/가 논리적이지 않다.

2 우리는 여행 가기 전에 준비물과 여행 일정을 꼼꼼하게 [ㅈ ㄱ]하였다.

3 이 물건은 [ㅆ ㅇ ㅅ]이/가 다양해서 여기저기 많이 사용된다.

241026-0173

6 다음 만화에서 ㉠~㉢에 들어갈 알맞은 말을 〈보기〉에서 찾아 써 보세요.

보기

| 제시 | 조직 | 점검 | 짜임새 | 요점 |

1~4 다음 글을 읽고 물음에 답해 보세요.

자기의 생각이나 경험을 다른 사람에게 전하는 방법에는 여러 가지가 있습니다. 이 중에 글쓰기는 글로 생각이나 경험을 표현하는 활동입니다. 글쓰기를 통해 다른 사람에게 전하려는 생각을 보다 자세하고 체계적으로 (㉠)할 수 있습니다.

글쓰기 과정은 다섯 가지로 나눌 수 있습니다.

1. 계획하기: 글을 쓰기 전에 글을 쓰는 목적과 주제, 글을 읽을 대상 등을 정한다.
2. 내용 선정하기: 글 쓸 내용과 알맞은 자료를 선정한다.
3. 내용 (㉡)하기: 글의 ㉢짜임에 따라 쓸 내용을 짜서 엮는다.
4. 표현하기: 본격적으로 글을 쓰는 단계로, 자신이 구상한 내용을 글로 쓴다.
5. 고쳐쓰기: 자신이 쓴 글을 다시 읽고 (㉣)해서 잘못되었거나 어색한 부분을 고쳐 쓴다.

241026-0174

1 주어진 초성과 뜻을 참고하여 ㉠에 들어갈 말을 써 보세요.

- ㅈ ㅅ : 무엇을 하고자 하는 생각을 말이나 글로 나타내어 보임.

241026-0175

2 ㉡에 들어갈 알맞은 낱말은 무엇인가요?

① 기준　　　② 조직　　　③ 제시　　　④ 점검　　　⑤ 뜻풀이

241026-0176

3 ㉢의 뜻으로 알맞은 것은 무엇인가요?

① 쓰임의 정도.　　　　　　　② 조직이나 구성.
③ 낱낱이 검사함. 또는 그런 검사.　　④ 가장 중요하고 중심이 되는 사항.
⑤ 어려운 낱말이나 글의 뜻을 알기 쉽게 밝혀 말함.

241026-0177

4 ㉣에 들어갈 말과 그 뜻을 알맞게 나열한 것은 무엇인가요?

① 제시 – 낱낱이 검사함. 또는 그런 검사.
② 점검 – 낱낱이 검사함. 또는 그런 검사.
③ 제시 – 무엇을 하고자 하는 생각을 말이나 글로 나타내어 보임.
④ 조직 – 어떤 목표를 이루기 위해 여럿이 모여 체계 있는 집단을 이룸. 또는 그 집단.
⑤ 점검 – 구별하거나 정도를 판단하기 위하여 그것과 비교하도록 정한 대상이나 잣대.

💬 다음 만화를 보고, 만화 내용과 어울리는 속담을 알아봅시다.

✏️ **'꿈보다 해몽*이 좋다'**

1. 언짢은 일을 좋게 풀이하는 것을 비유하는 말.
2. 하찮고 사소한 일을 좋게 풀이할 때 쓰는 말.

* 해몽(解夢): 꿈에서 일어난 일에 대해 좋고 나쁨을 풀이함.

✏️ **'꿈'의 여러 뜻**

1. 잠자는 동안에 깨어 있을 때처럼 보고 듣고 느끼는 정신 현상.
   예 지완이는 무서운 꿈을 꾸면 부모님 방에 가서 같이 잔다.
2. 앞으로 이루고 싶은 희망이나 목표.
   예 소정이는 피아노를 잘 치고 좋아해서 피아니스트가 되는 꿈을 가지게 되었다.
3. 이루어질 가능성이 아주 적거나 없는 헛된 기대나 생각.
   예 복권에 당첨되어서 큰 부자가 되려는 것은 헛된 꿈이다.

활 동 다음 중 '꿈보다 해몽이 좋다'라는 속담과 어울리는 상황은 무엇인가요?

① 시험을 잘 봐서 기분이 좋은데 부모님께서 용돈까지 주셔서 더 좋다.
② 친구가 나에게 칭찬을 해 주자, 나도 친구의 좋은 점을 칭찬해 주었다.
③ 짜장면을 먹고 싶었지만, 중국집이 문을 닫아서 짜장 라면을 끓여 먹었다.
④ 비가 와서 여행을 못 갔으나, 집에서 맛있는 음식을 배달시켜 먹어서 더 좋다.
⑤ 하루에 한 장씩 영어 단어를 외웠더니 어느새 영어 단어집에 있는 단어를 다 외웠다.

우주여행을 떠나요

궤도

바큇자국 軌 + 길 道

행성, 혜성, 인공위성 등이 중력의 영향을 받아 다른 천체의 둘레를 돌면서 그리는 곡선의 길.

예 인공위성을 지구의 **궤도** 위로 쏘아 올렸다.

🔎 **친절한 샘** '궤도'는 '일이 정상적으로 진행되어 가는 과정'을 뜻하기도 해요. '오늘부터 사업이 정상 궤도에 오르기 시작했다.'처럼 쓰여요.

천체

하늘 天 + 몸 體

우주에 있는 모든 물체를 통틀어 이르는 말.

예 옛날에는 **천체**를 관측해서 바닷길을 찾았답니다.

🔎 **친절한 샘** 천체를 관측할 수 있는 장치를 갖춘 시설이나 기관을 '천문대'라고 합니다. 그리고 천체를 관측할 때 쓰는 망원경을 '천체 망원경'이라고 하죠.

중력

무거울 重 + 힘 力

지구가 지구 위의 물체를 끌어당기는 힘.

예 지구의 **중력**이 작용하고 있기 때문에 무엇이든지 아래로 떨어진다.

🔎 **친절한 샘** 둥근 지구 위에서 우리가 떨어지지 않고 살아갈 수 있는 것은 지구가 끌어당기는 힘인 '중력' 때문이랍니다. 중력이 없는 상태를 '무중력'이라고 합니다. 우주선 안의 우주인들은 무중력 때문에 항상 둥둥 떠서 생활한다고 해요.

은하

은 銀 + 강물 河

흰 구름 모양으로 길게 보이는 수많은 천체의 무리.

예 우주에는 다양한 형태와 크기를 가진 **은하**가 있다.

🔎 **친절한 샘** '은하'에는 보통 10억~1,000억 개의 별이 있어요. '나선형 은하'와 '타원형 은하'가 있답니다. 우리 은하는 '나선형 은하'에 속해요. 동요 '반달'에 나오는 '은하수'는 '은하'를 강에 비유하여 이르는 말입니다.

항성

항상 恒 + 별 星

보이는 위치를 바꾸지 않고 별자리를 구성하며, 스스로 빛을 내는 별.

예 태양은 스스로 빛을 내는 **항성**이지.

🔎 **친절한 샘** 맨눈으로 볼 수 있는 별 가운데 '행성, 위성, 혜성'을 제외한 별 모두가 '항성'이에요. '항성'은 '붙박이별'이라고 하는데 우리가 잘 아는 붙박이별에는 '북극성, 직녀성, 삼태성, 북두칠성'이 있어요. 모두 늘 그 자리에서 빛나고 있지요.

행성

다닐 行 + 별 星

중심 별이 강하게 끌어당기는 힘 때문에 타원형의 궤도를 그리며 중심 별의 주위를 도는 천체.

예 외계인이 사는 **행성**이 정말 있을까?

🔎 **친절한 샘** '행성'은 스스로 빛을 내지 못하고 중심 별의 빛을 받아 반사한답니다. '떠돌이별'이라고도 하는데 태양계에는 '수성, 금성, 지구, 화성, 목성, 토성, 천왕성, 해왕성'의 여덟 개 행성이 있지요.

위성

지킬 衛 + 별 星

행성의 주위를 도는 우주의 천체.

㉠ 지구 주위를 도는 달은 지구의 **위성**이다.

친절한샘 지구와 같은 행성 둘레를 돌면서 관찰할 수 있도록 로켓을 이용하여 쏘아 올린 물체도 '위성'이라고 해요. 사람이 만들었다고 해서 '**인공위성**'이라고도 하지요. 위성에는 과학 위성, 통신 위성, 군사 위성, 기상 위성 등이 있답니다.

혜성

살별 彗 + 별 星

태양을 중심으로 타원이나 포물선을 그리며 도는, 꼬리가 달린 천체.

㉠ 어젯밤에 본 **혜성**은 빛이 밝고 꼬리가 길어서 아름다웠다.

친절한샘 '혜성'은 '**꼬리별**'이라고도 합니다. 어떤 분야에서 갑자기 나타난 매우 뛰어난 존재를 '혜성 같은 존재, 혜성 같은 신인, 혜성같이 나타나다, 혜성처럼 등장하다' 등과 같이 표현한답니다.

어휘 더하기

정답과 해설 28쪽

비슷하면서도 다른 말

탐사(探査)

알려지지 않은 사물이나 사실을 빠짐없이 조사함.

㉠ 우주 탐사, 화성 탐사, 환경 탐사

• A: 이 식물은 처음 보는 거네요?

• B: 이번 정글 탐사에서 새롭게 발견한 식물입니다.

탐색(探索)

드러나지 않은 사물이나 현상을 찾아내거나 밝히기 위해 살피어 찾음.

㉠ 경로 탐색, 우주 탐색, 정보 탐색, 진로 탐색

• 학교는 학생들의 진로 탐색에 도움이 될 수 있도록 상담실을 운영했다.

탐구(探究)

학문 등을 깊이 파고들어 연구함.

㉠ 진리 탐구, 언어 탐구, 철학적 탐구

• 최 교수는 언어 탐구의 즐거움에 빠져 평생을 살았다.

다음 빈칸에 들어갈 알맞은 말을 써 보세요.

(1) 공항에서는 불법 반입 물건을 찾기 위해 수화물 (　　　)을/를 시작했다.

(2) 정부는 달 (　　　)을/를 위해 인공위성을 쏘아 올리기로 결정했다.

(3) 이 책은 인간의 진리 (　　　)에 대한 내용을 담고 있어 이해하기 어려웠다.

241026-0178

1 다음 문장의 빈칸에 들어갈 알맞은 낱말을 찾아 바르게 선으로 이어 보세요.

1 탐구 •

2 탐색 •

3 탐사 •

• ㉠ 전문가들은 새롭게 발견된 동굴 ☐☐에 나섰습니다.
빠짐없이 조사함.

• ㉡ 과학 기술의 발전으로 정교한 우주 ☐☐이/가 가능해지고 있지요.
살피어 찾음.

• ㉢ ☐☐을/를 즐기는 지수는 학자가 꿈이랍니다.
깊이 파고들어 연구함.

241026-0179

2 다음 글을 읽고 빈칸에 들어갈 알맞은 말을 써 보세요.

지구와 아주 멀리 떨어진 우주 공간에 있는 우주선 안에서는 똑바로 설 수도 없고, 걸을 수도 없으며, 물체를 들어도 무게를 느낄 수 없습니다. 그 까닭은 지구가 물체를 잡아당기는 힘인 (　　　)이/가 없기 때문입니다.

241026-0180

3 다음 빈칸에 공통으로 들어갈 알맞은 낱말을 써 보세요.

(　　　)에는 보통 10억~1,000억 개의 별이 있어요. 나선형 (　　　)와/과 타원형 (　　　)이/가 있는데, 우리 (　　　)은/는 나선형 (　　　)에 속해요. 나선형 (　　　)에는 별들로 이루어진 커다란 원반이 있는데, 그 지름은 5만~15만 광년이고, 두께는 지름의 10분의 1 정도 된답니다.

241026-0181

4 **다음 낱말들 중 나머지 낱말을 모두 포함하는 낱말은 무엇인가요?**

① 위성   ② 천체   ③ 항성   ④ 행성   ⑤ 혜성

241026-0182

5 **다음에서 설명하는 밑줄 친 이것은 무엇인지 초성을 참고하여 써 보세요.**

ㅇ ㄱ ㅇ ㅅ

우리나라 최초의 이것은 '우리별 1호'입니다. 1992년 8월 11일, 유럽 우주 기구가 만든 아리안 로켓에 실려 남아메리카 프랑스령 기아나의 기아나 우주 센터에서 발사되었습니다. 이를 시작으로 우주 개발 프로젝트에 의해 2013년 1월 30일 전라남도 고흥군 나로 우주 센터에서 '나로호'가 성공적으로 발사되어 자국 기술로 우주 발사체를 보유한 세계 11번째 나라가 되었답니다.

241026-0183

6 **다음 낱말과 뜻풀이를 바르게 선으로 이어 보세요.**

1 항성 •

　　　　• ㉠ 태양을 중심으로 타원이나 포물선을 그리며 도는, 꼬리가 달린 천체.

2 행성 •

　　　　• ㉡ 중심 별이 강하게 끌어당기는 힘 때문에 타원형의 궤도를 그리며 중심 별의 주위를 도는 천체.

3 혜성 •

　　　　• ㉢ 보이는 위치를 바꾸지 않고 별자리를 구성하며, 스스로 빛을 내는 별.

정답과 해설 28쪽

1~3 다음 글을 읽고 물음에 답해 보세요.

우리가 살고 있는 지구는 태양계에 속한 (㉠)입니다. 태양계에는 지구 말고도 수성과 금성, 화성, 목성, 토성, 천왕성, 해왕성 등도 있습니다. 태양계에서 지구 이외에 사람이 살 수 있는 곳으로 기대되는 곳은 화성입니다. 지구와 가까이 있는 데다 태양계에선 지구와 환경이 가장 비슷하기 때문입니다. 그래서인지 과학 영화 중에는 화성 탐사를 다룬 영화가 꽤 많습니다.

화성 탐사는 1960년대 미국과 구 소련에 의해 시작되었습니다. 1964년 미국이 처음으로 화성 궤도에 탐사선을 진입시켰고, 1971년 구 소련이 뒤를 이었습니다. 1997년 미국의 화성 탐사선은 화성의 궤도에 진입하여 화성 표면의 모습을 상세하게 사진으로 찍어 지구로 보내 주었습니다. 이 사진에는 높이 솟은 고원 지대도 있고, 길게 뻗은 좁은 협곡과 거대한 화산 지형도 있었습니다. 같은 해에 다른 탐사선은 화성 표면에 착륙해 강줄기처럼 보이는 부분에서 화성 암석을 조사했습니다. 그 결과, 화성에서 강물의 침식과 퇴적 작용이 있었음을 확인했습니다. ㉡아주 오래전에 화성 표면에 물이 흘렀다는 증거를 찾은 셈입니다. 화성에 물이 있다는 사실이 확인된다면 과학 영화에서처럼 사람이 정착하여 사는 상상이 현실로 이루어질 수도 있을 것입니다.

241026-0184

1 다음과 같은 뜻을 가진 낱말을 윗글에서 찾아 써 보세요.

> 행성, 혜성, 인공위성이 중력의 영향을 받아 다른 천체의 둘레를 돌면서 그리는 곡선의 길을 말해요.

241026-0185

2 ㉠에 들어갈 알맞은 말은 무엇인가요?

① 항성　　　　　② 행성　　　　　③ 위성
④ 혜성　　　　　⑤ 은하

241026-0186

3 윗글에서 ㉡에 해당하는 것은 무엇인가요?

① 높이 솟은 고원 지대
② 지구와 가까운 위치
③ 태양계에서 지구와 비슷한 환경
④ 태양계 행성 가운데 가장 거대한 화산 지형
⑤ 화성에서 강물의 침식과 퇴적 작용이 있었음을 보여 주는 화성 암석

달의 모양을 관찰해 본 적이 있나요?

다음 〈보기〉의 낱말은 달의 이름들입니다. 들어 본 낱말에 ○표 하세요.

> 보기
>
> 초승달　　　상현달　　　보름달　　　하현달　　　그믐달

여러 날 동안 달의 모양을 살펴보세요. 달은 모습이 변한답니다.

음력은 이렇게 달의 모양이 주기적으로 변하는 것을 보고 만든 달력이에요.

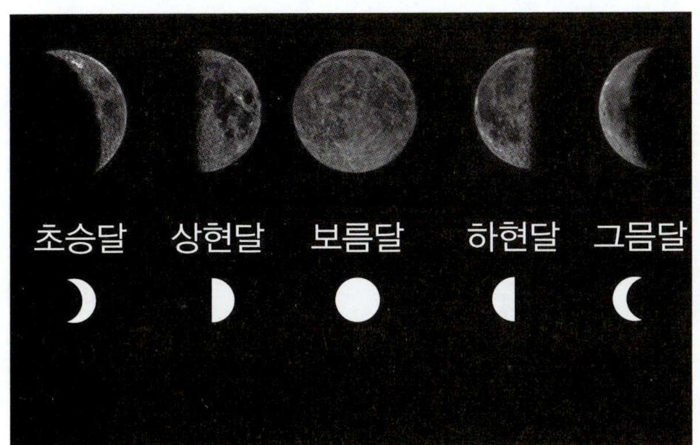

　달은 오른쪽 부분이 보이기 시작하면서 점점 왼쪽으로 커지다가 보름달이 되고, 다시 오른쪽 부분이 점점 보이지 않게 되면서 하현달, 그믐달 모양이 됩니다. 한 달 동안 이렇게 모양이 변하고 그다음 달에는 또다시 초승달부터 시작하여 달의 모양 변화가 계속 반복된답니다. 그리고 달은 보이는 위치도 서쪽에서 동쪽으로 날마다 조금씩 옮겨 간답니다.

빈칸에 들어갈 알맞은 말을 위의 〈보기〉에서 찾아 써 보세요.

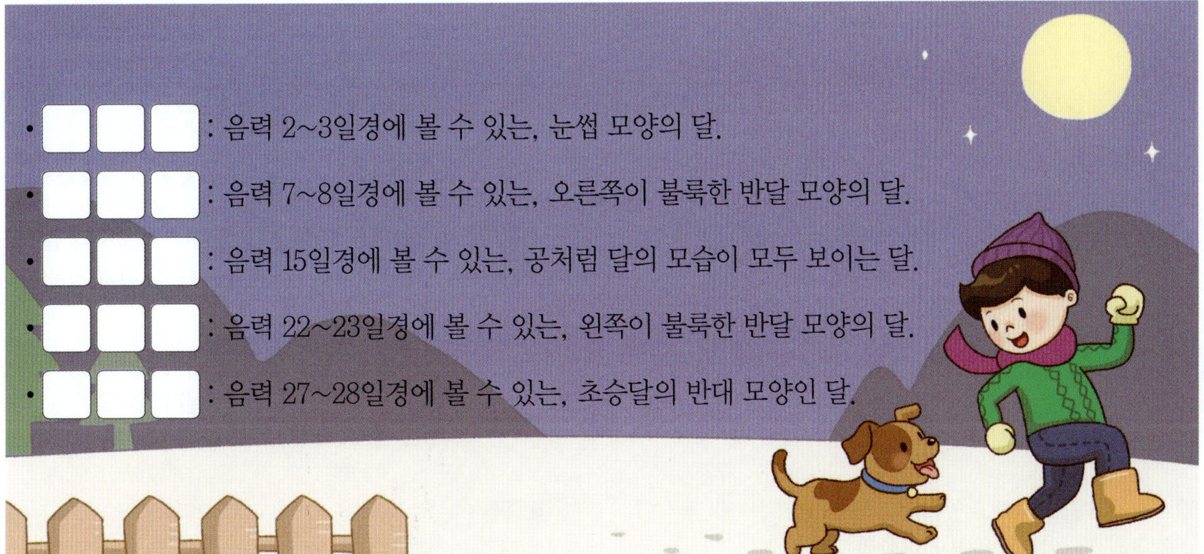

- □□□ : 음력 2~3일경에 볼 수 있는, 눈썹 모양의 달.
- □□□ : 음력 7~8일경에 볼 수 있는, 오른쪽이 불룩한 반달 모양의 달.
- □□□ : 음력 15일경에 볼 수 있는, 공처럼 달의 모습이 모두 보이는 달.
- □□□ : 음력 22~23일경에 볼 수 있는, 왼쪽이 불룩한 반달 모양의 달.
- □□□ : 음력 27~28일경에 볼 수 있는, 초승달의 반대 모양인 달.

음소

소리 音 + 바탕 素

말의 뜻을 구별 짓는 소리의 최소 단위.

예 한글은 **음소**를 조합하여 낱말을 쉽게 만들 수 있다.

친절한샘 '감'과 '밤'을 보면 'ㄱ'과 'ㅂ'의 차이로 말의 뜻이 달라지죠? '감'과 '곰'은 'ㅏ'와 'ㅗ'의 차이로 말의 뜻이 달라져요. 이처럼 '**자음**'과 '**모음**'이 음소에 해당해요.

거센소리

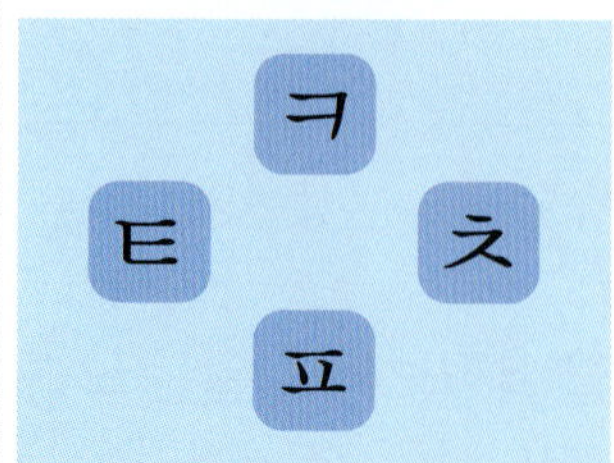

허파에서 나오는 공기를 막았다가 그 막은 자리를 터뜨리면서 거세게 내는 소리.

예 외국인들은 우리말의 **거센소리** 발음을 어려워해.

친절한샘 숨이 거세게 나오는 '거센소리'는 '예사소리'와 자음 'ㅎ'이 결합하여 만들어져요. 'ㄱ+ㅎ'은 'ㅋ', 'ㄷ+ㅎ'은 'ㅌ', 'ㅂ+ㅎ'은 'ㅍ', 'ㅈ+ㅎ'은 'ㅊ'이 되는 거죠.

된소리

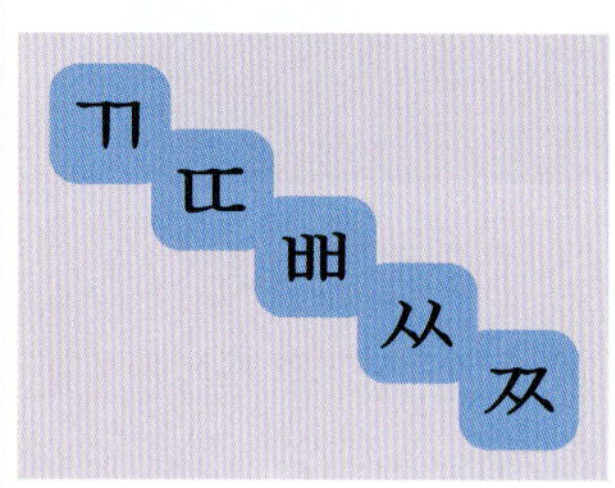

목구멍의 근육을 긴장하여 내는 소리.

예 '꿈'과 '끼'의 첫소리는 모두 **된소리** 'ㄲ'이다.

친절한샘 '된소리'는 '예사소리'보다 더 강하고 단단한 느낌을 줍니다. '된소리'는 똑같은 자음 두 개가 만나 만들어지는 것이 아니라 그 자체가 하나의 자음이랍니다. 그러니까 '꿈'에는 'ㄲ'과 'ㅁ' 두 개의 자음이 쓰인 거죠.

음절

소리 音 + 마디 節

자음과 모음이 어울려 한 덩어리로 내는 말소리의 단위.

예 '강아지'는 세 개의 **음절**로 이루어졌다.

친절한샘 위 그림을 보면 알 수 있듯이 모든 음절에는 **반드시 하나의 모음이 들어가야** 해요. '강'은 '자음+모음+자음', '아'는 모음 단독, '지'는 '자음+모음'으로 이루어진 음절입니다.

낱말

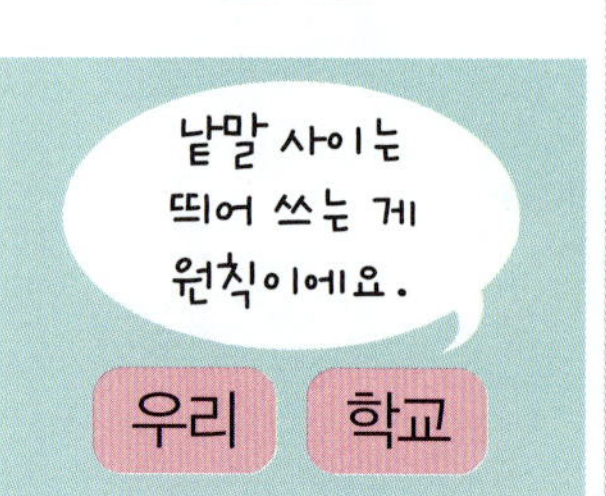

의미와 소리, 기능을 가져 홀로 사용될 수 있는 가장 작은 말의 단위.

예 **낱말**의 뜻을 모를 때는 사전을 찾아보세요.

친절한샘 우리가 지금 공부하고 있는 것이 낱말이죠? 한자어로는 '**단어**'라고 해요. 그리고 낱말들을 묶어서 '**어휘**'라고 해요.

기본형

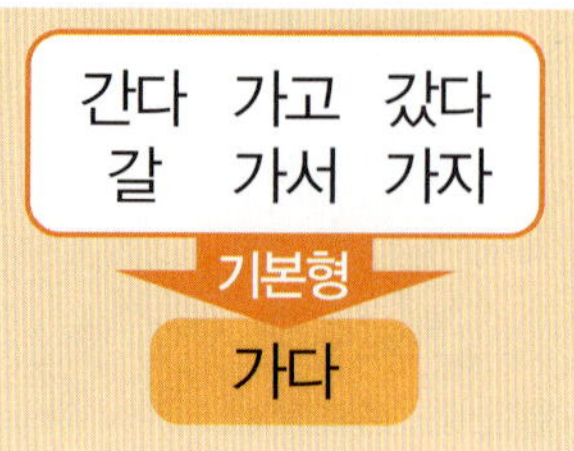

터 基 + 근본 本 + 모양 形

동사나 형용사와 같이 모양이 바뀌는 단어의 기본이 되는 형태.

예 사전에는 낱말의 **기본형**이 실려 있어요.

친절한샘 연습해 볼까요? '먹고, 먹지, 먹는다, 먹어'의 기본형은 뭘까요? 형태가 바뀌지 않는 부분인 '먹-'에 '-다'를 붙인 '먹다'가 기본형이 됩니다.

사투리

일부 지방에서만 쓰는, 표준어가 아닌 말.＝방언

⑩ 큰아버지께서는 **사투리**를 너무 많이 쓰셔서 말씀을 알아듣기가 힘들었어요.

표준어

옥수수 옥시기
옥수꾸 강냉이 ⎫
강낭구 … ⎭ 옥수수

한 나라에서 공식적으로 쓰는 언어.

⑩ 아나운서는 정확한 **표준어**로 방송을 진행했다.

친절한샘 지역마다 그 지역에서만 오랫동안 사용한 말들이 있어요. '사투리'만 사용하면 다른 지역 사람과의 의사소통이 어렵다는 불편함이 있어요. 하지만 '사투리'는 그 지역 사람들의 정서와 문화를 담고 있고, 우리말의 어휘를 풍부하게 해 주는 소중한 말이랍니다.

친절한샘 같은 사물을 가리키는 말들이 서로 다르면 의사소통이 어렵겠죠? 국민들의 원활한 의사소통을 위해서 나라에서는 표준어를 정해서 이를 가르친답니다. 우리나라는 **'교양 있는 사람들이 두루 쓰는 현대 서울말'**을 표준어로 정해 놓았어요.

어휘 더하기

정답과 해설 29쪽

새로운 낱말을 만들어요

한–

'큰'의 뜻을 더함.
⑩ 한길, 한시름, …
'정확한', '한창인'의 뜻을 더함.
⑩ 한가운데, 한겨울, …

맨–

'다른 것이 없는'의 뜻을 더함.
⑩ 맨발, 맨눈, 맨땅, …

'한–'과 '맨–'은 다른 낱말 앞에 붙어서 특별한 의미를 더해 주고, 새로운 낱말을 만든답니다.

이제 하나의 낱말이 되었기 때문에 글을 쓸 때에는 '한 겨울'처럼 띄어 쓰지 않고 '한겨울'처럼 붙여 써야 해요.

다음 밑줄 친 낱말에 쓰인 '한–'의 의미가 '큰'의 뜻으로 쓰인 것에 ○표 하세요.

① <u>한낮</u>인데도 전혀 덥지 않다.
② 광장 <u>한가운데</u>에 분수가 있다.
③ 노새는 도로 <u>한복판</u>을 가로질러 갔다.
④ 숙제를 생각하니 벌써부터 <u>한걱정</u>이다.

241026-0187

1 다음 낱말들을 보고 물음에 답하세요.

1 모음 하나로 이루어진 음절은 무엇인가요?

2 '자음＋모음＋자음'으로 이루어진 음절은 무엇인가요?

① 애   ② 양   ③ 파

④ 옥   ⑤ 강

241026-0188

2 건이는 친구들과 식당에 갔어요. 메뉴판을 보고 아래 물음에 답하세요.

1 '거센소리'가 쓰인 메뉴의 기호를 모두 쓰세요.

⇨ ___________________________________

2 '된소리'가 쓰인 메뉴의 기호를 모두 쓰세요.

⇨ ___________________________________

241026-0189

3 지연이는 서재에서 오래된 국어사전을 발견했어요. 호기심에 열어 보니 일부 내용은 얼룩이 심해서 알아 보기 어려웠어요. 하지만 낱말 공부를 열심히 한 지연이는 얼룩진 부분에 들어갈 글자를 정확히 알 수 있었 답니다. ㉠과 ㉡에 들어갈 글자를 각각 쓰세요.

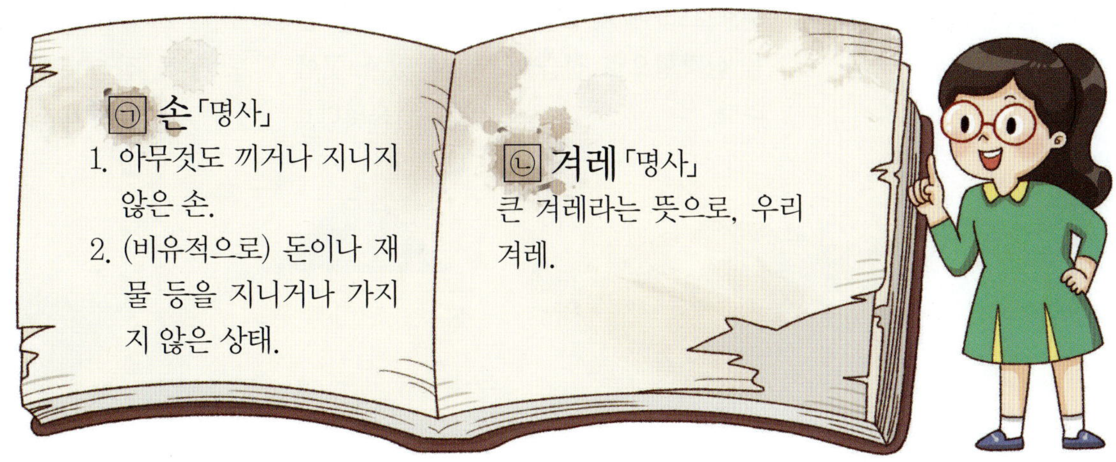

241026-0190

4 다음 만화의 ㉠~㉢에 들어갈 알맞은 말을 <보기>에서 찾아 써 보세요.

보기

| 낱말 | 음소 | 음절 | 사투리 | 표준어 |

정답과 해설 29쪽 

1~2 다음 글을 읽고 물음에 답해 보세요.

종이비행기 접는 방법

1 먼저 ㉠종이를 반으로 접은 후, 다시 펼칩니다.

2 ㉡접힌 중앙선을 기준으로 하여 윗부분을 삼각형으로 접습니다.

3 ㉢삼각형으로 접힌 부분의 끝이 ○ 표시 있는 곳에 닿도록 접습니다.

4 이 상태에서 윗부분을 다시 삼각형으로 접습니다. 좌우가 대칭이 되도록 해야 합니다.

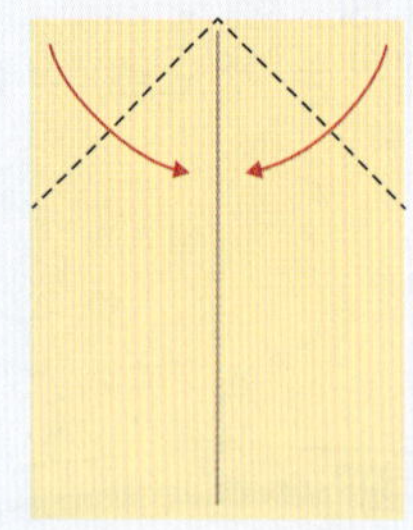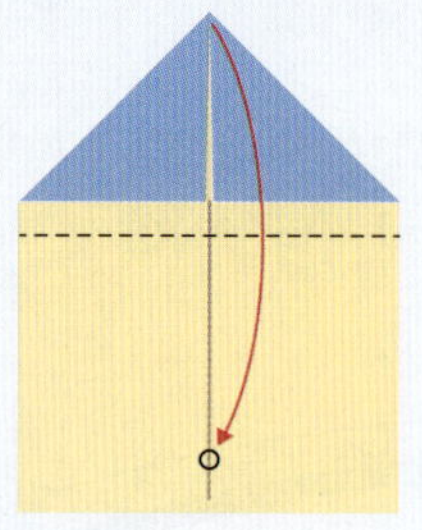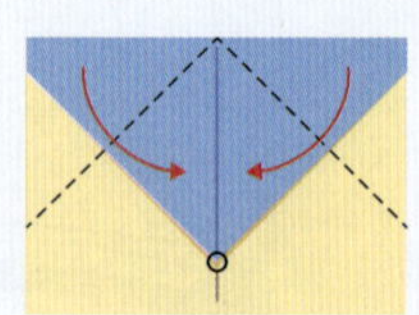

5 삼각형 아래에 있는 부분을 위로 접어 올립니다.

6 접힌 중앙선에 맞추어 ㉣바깥쪽 방향으로 반으로 접습니다.

7 점선과 같이 한쪽 날개를 접습니다. 그런 다음 뒤집어서 반대쪽 날개도 ㉤똑같은 방법으로 접습니다.

8 완성. 이제 운동장에 나가 날려 볼까요?

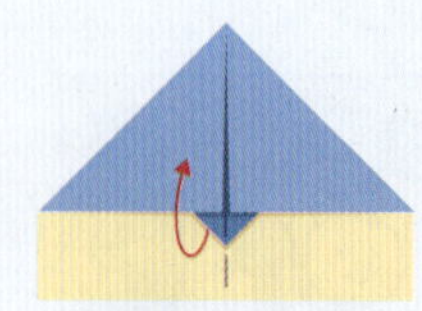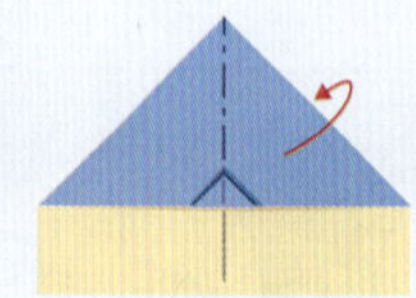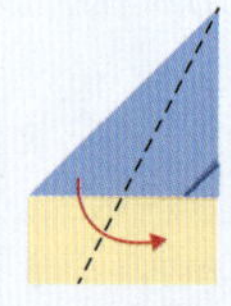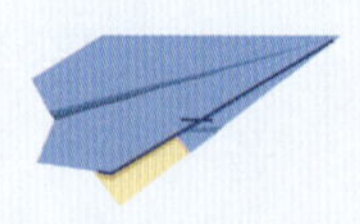

241026-0191

1 ㉠~㉤ 중 발음할 때, 된소리와 거센소리가 모두 나타나는 것은 무엇인가요?

① ㉠　　　　② ㉡　　　　③ ㉢

④ ㉣　　　　⑤ ㉤

241026-0192

2 윗글에 쓰인 낱말의 기본형을 쓴 것으로 바르지 <u>않은</u> 것은 무엇인가요?

① 펼칩니다 ⇨ 펼치다　　② 접힌 ⇨ 접히다　　③ 닿도록 ⇨ 닿다

④ 올립니다 ⇨ 오르다　　⑤ 날려 ⇨ 날리다

다음 만화를 보고, 밑줄 친 속담의 뜻을 추측하여 말해 보세요.

'낮말은 새가 듣고 밤말은 쥐가 듣는다'

❶ 아무도 안 듣는 데서라도 말조심해야 한다는 말.　　❷ 아무리 비밀히 한 말이라도 반드시 남의 귀에 들어가게 된다는 말.

띄어쓰기에 유의하며 위 속담을 원고지 칸에 써 보세요.

활동　다음 속담의 뜻을 참고할 때, 빈칸에 '말'이 들어가지 <u>않는</u> 속담을 찾아 □ 안에 ✔표 하세요.

□ ㉠ [　] 한 마디에 천 냥 빚도 갚는다
　뜻 말만 잘하면 어려운 일이나 불가능해 보이는 일도 해결할 수 있다.

□ ㉡ 가는 [　]이 고와야 오는 [　]이 곱다
　뜻 자기가 남에게 말이나 행동을 좋게 하여야 남도 자기에게 좋게 한다.

□ ㉢ 공든 [　]이 무너지랴
　뜻 힘을 다하고 정성을 다하여 한 일은 그 결과가 반드시 헛되지 아니하다.

□ ㉣ 발 없는 [　]이 천 리 간다
　뜻 말은 비록 발이 없지만 천 리 밖까지도 순식간에 퍼진다는 뜻으로, 말을 삼가야 함을 이른다.

견학

볼 見 + 배울 學

어떤 일과 관련된 곳을 직접 찾아가서 보고 배움.

예 나는 어제 미술관으로 **견학**을 갔다.

🧑‍🏫 **친절한 샘** 견학을 다녀온 후 보고 듣고 느낀 것을 기록한 글을 '**견학 기록문**'이라고 해요. 견학 기록문에는 견학한 날짜, 장소, 견학 목적, 본 것, 들은 것, 느낀 점이나 감상 등이 기록되어 있어요.

답사

밟을 踏 + 조사할 查

실제 현장에 가서 직접 보고 조사함.

예 친구들과 함께 중심지를 **답사**했다.

🧑‍🏫 **친절한 샘** '**중심지**'는 활동의 중심이 되는 곳을 말해요. 중심지를 답사하면 중심지의 위치, 모습, 역할 등을 알 수 있어요.

안내

책상 案 + 안 內

어떤 내용을 소개하여 알려 줌.

예 여행을 가기 전에 여행지를 소개하는 **안내** 자료를 미리 살펴보는 것이 좋다.

🧑‍🏫 **친절한 샘** 어떤 내용을 소개하여 알려 주는 글을 '**안내문**'이라고 해요. 안내문을 쓸 때는 정확한 정보를 알아보기 쉽게 써야 해요.

약도

간략할 略 + 그림 圖

간략하게 중요한 것만 그린 지도.

예 친구의 생일 초대장에 그려진 **약도**를 보고 친구 집을 쉽게 찾았다.

🧑‍🏫 **친절한 샘** 일반 지도와는 다르게 '약도'는 주요 지점의 위치를 강조하여 원하는 곳에 쉽게 찾아갈 수 있게 그렸어요. 하지만 '약도'에는 일부 정보만 나타나 있어서 헷갈리지 않게 잘 살펴봐야 해요.

소감

바 所 + 느낄 感

어떤 일에 대하여 느끼고 생각한 것.

예 나는 졸업생을 대표하여 졸업 **소감**을 밝혔다.

🧑‍🏫 **친절한 샘** 다른 사람 앞에서 소감을 말해 본 적이 있나요? '소감'과 비슷한 말로는 '**생각, 느낌, 감상**'이 있습니다. '감상'은 '마음속에서 일어나는 느낌이나 생각.'을 뜻합니다.

전문가

오로지 專 + 문 門 + 집 家

어떤 한 분야에 많은 지식과 경험, 기술을 가지고 있는 사람.

예 경제 문제를 해결하기 위해 **전문가**의 의견을 들어 보기로 했다.

🧑‍🏫 **친절한 샘** '전문가'와 비슷한 말로는 '**권위자**'가 있어요. '권위자'는 일정한 분야에 정통하고 탁월한 전문가를 말해요.

보고서

알릴 報 + 아뢸 告 + 글 書

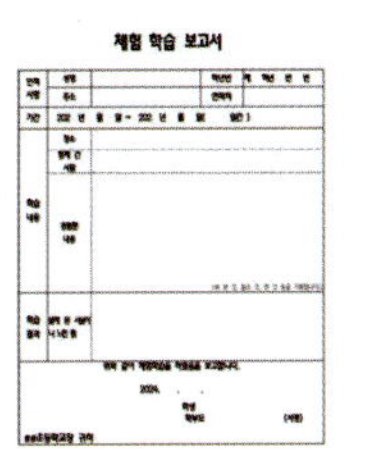

연구하거나 조사한 것의 내용이나 결과를 알리는 문서나 글.

예 그래프를 넣어 **보고서**를 작성했다.

친절한샘 보고서를 써 본 적이 있나요? 체험 학습을 다녀와서 본 것, 들은 것, 경험한 것, 느낀 점 등을 적는 체험 학습 보고서도 '보고서'예요. 조사를 하고 난 뒤에는 조사 보고서를 쓸 수 있어요. 조사 보고서에는 조사의 목적, 내용, 조사 대상, 조사 방법 등을 정확하게 적어야 해요.

요약하다

중요할 要 + 맺을 約

말이나 글에서 중요한 것을 골라 짧게 만들다.

예 책을 읽고 내용을 **요약하였다**.

친절한샘 '요약하다'와 비슷한 말로는 **'간추리다'**가 있어요. '간추리다'는 글에서 중요한 점만을 골라 간략하게 정리하는 것을 말해요.

어휘 더하기

정답과 해설 30쪽

헷갈리는 말

'-로서'와 '-로써' 중 무엇을 써야 할까?

'-로서'는 지위나 신분, 자격 등을 나타내는 뜻으로 쓰는 말이에요.
예 학생으로서 최선을 다한다.
　친구로서 가만히 있을 수 없었다.

'-로써'는 재료나 수단, 도구 등을 나타내는 뜻으로 쓰는 말이에요.
예 쌀로써 떡을 만든다.
　배로써 단맛을 낸다.

다음 문장에서 알맞은 낱말을 골라 ◯표 하세요.

(1) 톱(으로서 / 으로써) 나무를 자른다.
(2) 친구(로서 / 로써) 조언을 한다.

241026-0193

1 왼쪽의 뜻을 가진 낱말을 오른쪽에서 찾아 선으로 바르게 이어 보세요.

1 실제 현장에 가서 직접 보고 조사함. •

2 어떤 내용을 소개하여 알려 줌. •

3 간략하게 중요한 것만 그린 지도. •

4 어떤 일에 대하여 느끼고 생각한 것. •

• ㉠ 약도

• ㉡ 답사

• ㉢ 소감

• ㉣ 안내

241026-0194

2 다음 제시된 뜻과 초성을 참고하여 빈칸에 들어갈 알맞은 낱말을 써 보세요.

1 [   ] : 어떤 한 분야에 많은 지식과 경험, 기술을 가지고 있는 사람.

예 이 문제를 해결하기 위해서 [ㅈ ㅁ ㄱ]의 조언을 듣기로 했다.

2 [   ] : 연구하거나 조사한 것의 내용이나 결과를 알리는 문서나 글.

예 답사를 다녀온 뒤 답사 [ㅂ ㄱ ㅅ]을/를 작성했다.

241026-0195

3 다음 대화의 ㉠~㉢에 들어갈 알맞은 말을 차례대로 나열한 것은 무엇인가요?

> 시윤: 할머니, 이번에 졸업식에서 제가 대표로 졸업 (㉠)을/를 발표해요.
>
> 제 졸업식에 꼭 오실 거죠?
>
> 할머니: 우리 시윤이의 졸업식에는 꼭 가야지.
>
> 시윤: 여기 졸업식 초대장이에요. 초대장에 졸업식에 대해서 자세하게 (㉡)되어 있어요.
>
> 초대장에 있는 (㉢)을/를 보시고 학교에 찾아오시면 쉽게 오실 수 있을 거예요.

	㉠	㉡	㉢		㉠	㉡	㉢
①	소감	안내	약도	②	약도	소감	안내
③	약도	안내	소감	④	안내	소감	약도
⑤	소감	약도	안내				

241026-0196

4 비슷한 뜻을 지닌 말끼리 묶인 것만을 모두 고른 것은 무엇인가요?

㉠ 보고서 – 그래프	㉡ 요약하다 – 간추리다
㉢ 전문가 – 권위자	㉣ 약도 – 소감

① ㉠, ㉡　　　　　② ㉠, ㉢　　　　　③ ㉡, ㉢
④ ㉡, ㉣　　　　　⑤ ㉢, ㉣

241026-0197

5 다음 만화에서 ㉠~㉢에 들어갈 알맞은 말을 <보기>에서 찾아 써 보세요.

보기

견학　　　안내　　　약도　　　소감　　　전문가

1~3 다음 글을 읽고 물음에 답해 보세요.

2020○년 ○월 ○일 ○요일 날씨: 맑음

제목: 화폐 박물관으로 견학을 간 날

우리 학교 4학년은 화폐 박물관으로 견학을 갔다. 견학 갈 곳을 미리 답사해 보신 담임 선생님께서 우리가 보고 배울 것이 많을 거라고 말씀해 주셔서 견학을 가기 전부터 무척이나 설렜다. 화폐 박물관에 가는 버스의 내 옆자리에는 승재가 앉았다. 승재는 미리 화폐 박물관 누리집에서 박물관에 대한 소개를 살펴보고 왔다고 한다. 나도 다음에 견학을 갈 때는 가는 곳을 미리 조사해서 가면 좋겠다고 생각했다.

화폐 박물관에 도착해서 전시장을 둘러보며 화폐에 대한 설명도 들었다. 화폐가 만들어지는 과정, 위조 화폐와 진짜 화폐를 구분하는 방법, 세계 각국의 화폐 등을 알 수 있었다. 책에서만 보던 내용을 박물관에서 직접 보면서 배우니 쉽게 이해가 되었다.

집으로 돌아오는 길에 선생님께서 화폐 박물관을 견학하고 난 소감을 물어보셔서 동생과 함께 화폐 박물관에 다시 한번 가고 싶다고 말씀드렸다. 선생님께서 박물관에 올 때는 휴관일, 관람 시간 등 안내 자료를 미리 살펴보고 오면 좋다고 알려 주셨다. 집에 도착해서 동생에게 화폐에 대해서 배운 내용을 설명해 주니, 마치 내가 화폐 전문가가 된 것 같아 ㉠뿌듯했다.

241026-0198

1 윗글의 글쓴이가 경험한 내용에 해당하지 <u>않는</u> 것은 무엇인가요?

① 화폐 박물관으로 견학을 갔다.

② 화폐 박물관에 미리 답사를 다녀왔다.

③ 화폐가 만들어지는 과정을 알게 되었다.

④ 위조 화폐와 진짜 화폐를 구분하는 방법을 알 수 있었다.

⑤ 화폐 박물관에 다녀와서 동생에게 화폐에 관해 설명해 주었다.

241026-0199

2 다음과 같은 뜻을 가진 낱말을 윗글에서 찾아 쓰세요.

> 어떤 일과 관련된 곳을 직접 찾아가서 보고 배움.

241026-0200

3 제시된 초성의 낱말을 넣어 글쓴이가 ㉠과 같이 느낀 이유는 무엇인지 써 보세요.

• ㅈㅁㄱ : 어떤 한 분야에 많은 지식과 경험, 기술을 가지고 있는 사람.

다음 만화를 보고, '우물 안 개구리'라는 속담의 뜻을 추측하여 말해 보세요.

✏️ '우물 안 개구리'

수도 시설이 발달하기 전에는 땅을 파서 지하수가 고이게 한 '우물'에서 물을 얻었어요. 깊고 좁은 우물 안에서 태어나고 자란 개구리는 우물 안이 자신의 세상 전부라고 믿겠죠? '우물 안 개구리'는 우물 안을 자신의 세상 전부라고 믿는 개구리처럼 넓은 세상이 있다는 것을 알지 못하고 자기만 잘난 줄 아는 사람을 비유하는 속담입니다.

✏️ 그럼 '우물'과 관련된 속담을 몇 가지 더 알아볼까요?

• 우물을 파도 한 우물을 파라: 하던 일을 자주 바꾸지 않고 한 가지 일을 끝까지 하여야 성공할 수 있다.
• 목마른 사람이 우물 판다: 어떤 일이든 급한 사람이 그 일을 서둘러 하게 되어 있다.

활 동 다음 속담의 뜻을 참고하여, 빈칸에 '우물'이 들어가는 속담을 찾아 ☐ 안에 ✔표 하세요.

☐ ㉠ 목마른 사람이 (　　　) 판다
🔴뜻 어떤 일이든 급한 사람이 그 일을 서둘러 하게 되어 있다.

☐ ㉡ (　　　) 가는 데 실 간다
🔴뜻 서로 떨어질 수 없는 아주 가까운 사이.

☐ ㉢ (　　　) 올챙이 적 생각 못 한다
🔴뜻 형편이 나아졌다고 해서 예전 어렵던 때의 일을 생각하지 않고 잘난 듯이 뽐낸다.

241026-0201

1 밑줄 친 낱말의 쓰임이 알맞지 <u>않은</u> 것은 무엇인가요?

① 모서리의 각도가 80도로 <u>둔각</u>이었다.

② 그는 정확한 <u>표준어</u>로 방송을 진행했다.

③ 나는 책을 읽을 때 <u>서문</u>부터 읽는다.

④ 동생이 모르는 단어의 <u>뜻풀이</u>를 찾아 주었다.

⑤ 나만의 <u>기준</u>을 가지고 행동하는 것은 중요하다.

241026-0202

2 낱말과 그 뜻이 바르게 짝 지어지지 <u>않은</u> 것은 무엇인가요?

① 구절 – 한 토막의 말이나 글.

② 답사 – 어떤 내용을 소개하여 알려 줌.

③ 점검 – 낱낱이 검사함. 또는 그런 검사.

④ 신종 – 새로 발견하였거나 새롭게 개량한 품종.

⑤ 사투리 – 일부 지방에서만 쓰는, 표준어가 아닌 말.

241026-0203

3 다음 글의 ㉠~㉣에 들어갈 알맞은 말을 <보기>에서 각각 찾아 써 보세요.

보기

| 탐사 | 검색 | 기본형 | 표준어 | 어림 | 통계 |

• 사전에서 단어를 찾을 때는 (㉠   )(으)로 찾아야 한다.

• 공식적인 자리에서 발표를 할 때에는 (㉡   )을/를 사용해야 한다.

• 정부는 달 (㉢   )을/를 위해 인공위성을 쏘아 올리기로 결정했다.

• 정확한 비용은 얼마가 될지 모르겠지만 (㉣   )(으)로 짐작하여 계획을 세웠다.

241026-0204

4 다음 국어사전에서 밑줄 친 부분과 가장 관련 있는 낱말은 무엇인가요?

중력(重力) [중ː녁] <u>지구가 지구 위의 물체를 끌어당기는 힘.</u>

예 중력의 법칙

① 발음　　　② 활용　　　③ 예시　　　④ 뜻풀이　　　⑤ 기본형

5 다음 대화의 빈칸에 들어가기에 가장 알맞은 말은 무엇인가요?

241026-0205

① 꿈   ② 빵   ③ 손   ④ 발   ⑤ 돌

241026-0206

6 다음 낱말의 뜻을 읽고, 빈칸에 들어갈 알맞은 말을 <보기>에서 찾아 써 보세요.

보기

| 문단 | 서문 | 어절 | 진화 | 화석 | 보고서 | 서약서 | 어림 |

[가로 열쇠]

1 연구하거나 조사한 것의 내용이나 결과를 알리는 문서나 글.

2 문장을 구성하고 있는 각각의 마디.

3 책이나 글의 첫 부분에 내용이나 목적 등을 간단하게 적은 글.

4 아주 옛날에 살았던 생물의 뼈, 활동 흔적 등이 땅속에 묻혀 굳어져 지금까지 남아 있는 것.

[세로 열쇠]

① 맹세하고 약속하는 내용을 적은 글.

② 짐작하여 대강 헤아림. 또는 그런 셈이나 짐작.

③ 글에서 여러 문장들이 모여 하나의 완결된 생각을 나타내는 단위.

④ 일이나 사물 등이 점점 발달해 감.

241026-0207

7 뜻이 비슷한 말끼리 짝 지어지지 <u>않은</u> 것은 무엇인가요?

① 추정 – 예상   ② 신종 – 번성   ③ 서문 – 머리말

④ 용도 – 쓰임새   ⑤ 항성 – 붙박이별

241026-0208

8 다음 대화에서 밑줄 친 말과 바꾸어 쓸 수 있는 말로 가장 알맞은 것은 무엇인가요?

> 수지: 오늘 선생님께서 설명해 주신 화석에 대해서 기억하고 있어?
>
> 보검: 응. 설명을 요점만 <u>요약해서</u> 메모해 뒀어.
>
> 수지: 바람직하구나. 나도 메모하는 습관을 지녀야겠어.

① 번성해서   ② 간추려서   ③ 비난해서

④ 공손해서   ⑤ 곤란해서

241026-0209

9 문장에서 밑줄 친 낱말의 뜻과 어울리는 그림에 맞게 길을 따라간 후, 도착한 곳의 글자를 ①번부터 ⑤번까지 순서대로 썼을 때 완성된 글자는 무엇인가요?

①	②	③	④	⑤

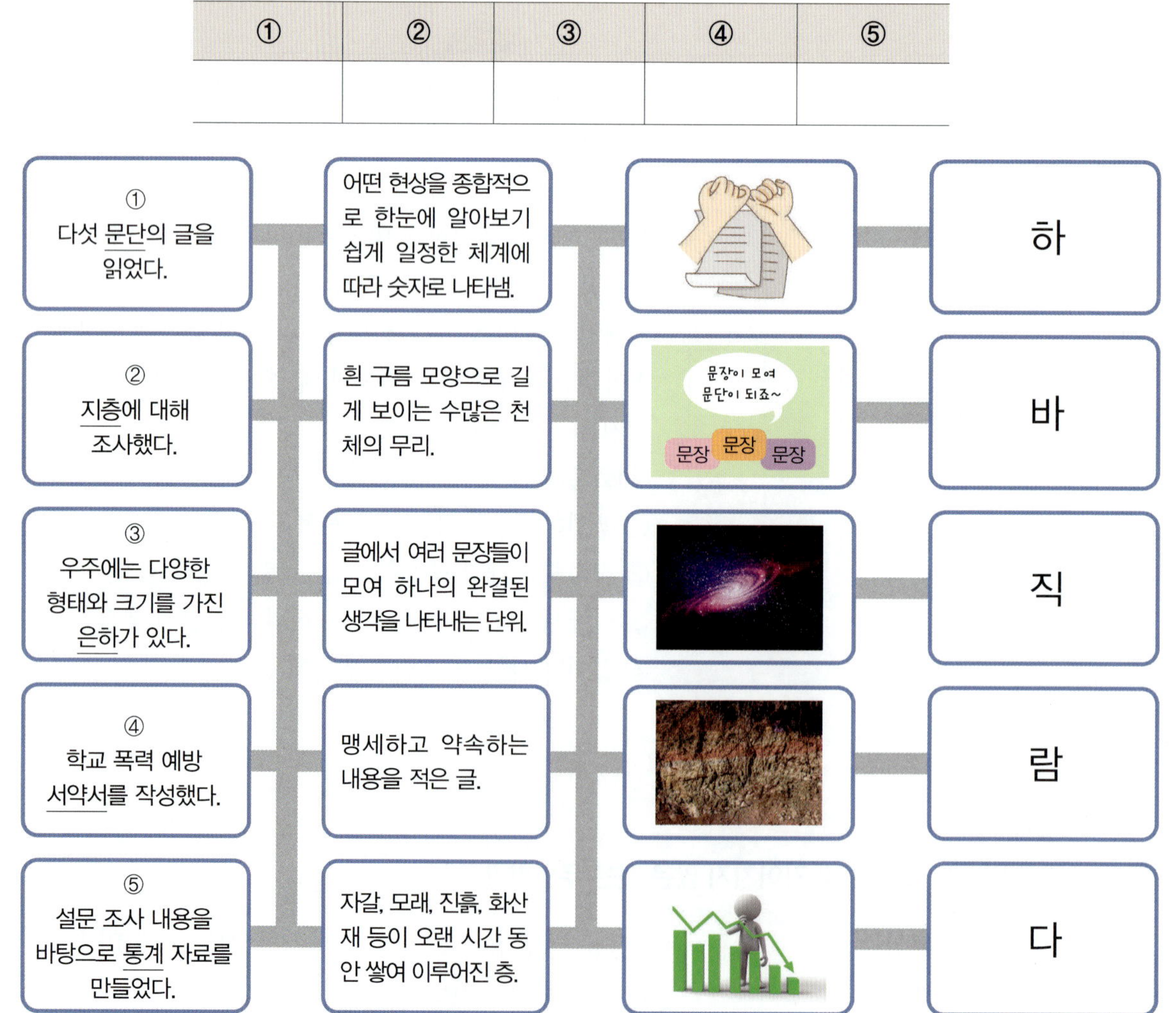

10~12 다음 글을 읽고 물음에 답해 보세요.

> 드디어 야영장에 가기로 한 토요일이다. 동생은 아침 일찍 일어나는 게 힘들다며 투덜댔지만, 나는 야영장에 가면 재미있을 거라고 동생을 다독였다. 아빠께서는 캠핑을 위해 아침 일찍부터 별 모양 안에 동그란 구멍이 있는 '㉠별난 주먹밥'도 준비하셨다고 했다.
>
> 야영장에 도착해서 먼저 ㉡안내소로 갔다. 안내소에서 야영장 이용 ㉢서약서를 쓰고 야영장 ㉣약도도 받았다. 우리가 예약한 소나무 1번은 잘 가꾸어진 나무들이 있는 곳이라서 마음에 들었다.
>
> 짐을 정리하고 동생과 나는 물총 놀이를 했다. 물총 놀이를 하니 옷이 많이 젖었다. 여벌로 가져온 옷이 없어 젖은 옷을 그대로 입어야 했지만, 오히려 시원해서 좋다고 하니 부모님께서는 ㉮ 보다 해몽이 좋다며 웃으셨다.
>
> 한참을 놀고 나니 힘들어서 텐트에서 쉬고 있는데 동생이 큰 소리로 어리광을 부려서 난처했다. 그런데 주변에서는 "㉤관심이 필요할 나이지. 괜찮아."라며 이해해 주셨다.
>
> 고기도 구워 먹고, 좋아하는 놀이도 하고, 힘들면 쉬었다가 또 놀 수 있어서 정말 행복한 첫 야영이었다.

241026-0210

10 윗글의 '나'가 토요일에 한 일이 <u>아닌</u> 것은 무엇인가요?

① 첫 야영을 했다.

② 물총 놀이를 했다.

③ 고기를 구워 먹었다.

④ 아침 일찍 별난 주먹밥을 만들었다.

⑤ 일어나기 힘들다며 불평하는 동생을 다독였다.

241026-0211

11 ㉮에 들어갈 말로 가장 알맞은 것은 무엇인가요?

① 꿈　　　　② 집　　　　③ 잠　　　　④ 간식　　　　⑤ 바다

241026-0212

12 ㉠~㉤의 뜻이 바르게 짝 지어지지 <u>않은</u> 것은 무엇인가요?

① ㉠: 남을 기쁘게 하거나 남에게 귀여움을 받으려고 어린아이처럼 행동하는.

② ㉡: 어떤 장소나 사물 등을 소개하여 알려 주는 일을 하는 곳.

③ ㉢: 맹세하고 약속하는 내용을 적은 글.

④ ㉣: 간략하게 중요한 것만 그린 지도.

⑤ ㉤: 어떤 것을 향하여 끌리는 감정과 생각.

인용 사진 출처

'정책', 국회 본 회의장 전경, 대한민국 국회　56쪽

'행정', 행정안전부　56쪽

'공공', 국립세종도서관　57쪽

'개막식', 평창동계올림픽 개막식, 청와대 효자동 사진관

62쪽

'공연', 국립국악원　62쪽

'광복', 국사편찬위원회　80쪽

'분단', 판문점, 파주시청　80쪽

전국 시·도교육청 영어듣기능력평가 시행 방송사 EBS가 만든
초등 영어듣기평가 완벽대비

'듣기 - 받아쓰기 - 문장 완성'을 통한 반복 듣기	듣기 집중력 향상 + 영어 어순 습득
다양한 유형의 **실전 모의고사 10회** 수록	각종 영어 듣기 시험 대비 가능
딕토글로스* 활동 등 **수행평가 대비 워크시트** 제공	중학 수업 미리 적응

* Dictogloss, 듣고 문장으로 재구성하기

EBS

EBS 초등 인터넷·모바일·TV 무료 강의 제공

초 | 등 | 부 | 터 EBS

새 교육과정 반영

국어 어휘 베스트셀러 시리즈

어휘가 독해다!

초등 국어 어휘

4단계

초등 3~4학년 권장

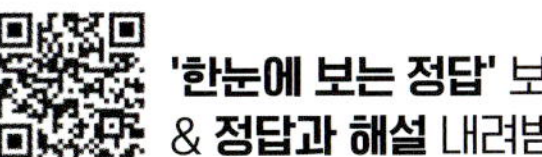

정답과 해설

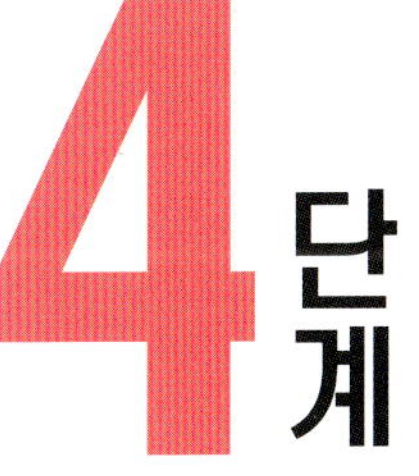

'한눈에 보는 정답' 보기
& 정답과 해설 내려받기

어휘가 독해다!

정답과 해설

4단계

초등 3~4학년 권장

느낌·생각·동작

01강 미래를 밝히는 사고력

어휘 더하기 (1) 심란 (2) 심성

어휘 다지기

1 ①

2 ③

3 1 비판적 2 자부심 3 책임감

4 1 ㉡ 2 ㉠ 3 ㉢ 4 ㉣

5 ㉠ 호기심, ㉡ 자부심, ㉢ 독창적

어휘 활용하기

1 ②　　　　**2** ④　　　　**3** 비판적

어휘 펼치기

입	에		침	이		마	르	다
입	을		모	으	다			

, ㉠

어휘 더하기

(1) '심란'은 마음이 어수선하다는 뜻으로, 홍수로 피해를 입은 이웃들을 보고 난 후의 감정을 이야기하고 있으므로 '심란'이 적절합니다.

(2) '심성'은 본디부터 타고난 마음씨를 뜻하는 말로, 콩쥐의 본래 성품에 관해 이야기하고 있으므로 '심성'이라는 말이 적절합니다.

어휘 다지기

1

㉠ '책임감'은 맡아서 해야 할 일이나 의무를 중요하게 여기는 마음으로, 비슷한말에는 '임무감, 의무감, 사명감'이 있습니다.

㉡ '합리적'은 논리나 이치에 알맞은 것이라는 말로, 비슷한말에는 '이성적'이 있습니다.

(오답풀이)

㉢ '자부심'은 스스로 자신의 가치와 능력을 믿고 떳떳이

여기는 마음입니다. '호기심'은 새롭고 신기한 것을 좋아하거나 모르는 것을 알고 싶어 하는 마음이란 뜻입니다. 그러므로 두 낱말은 비슷한 뜻이 아닙니다.

㉣ '창의성'은 지금까지 없던 새로운 것을 생각해 내는 특성이란 말이고, '인내심'은 괴로움이나 어려움을 참고 견디는 마음이므로 두 낱말은 비슷한 뜻이 아닙니다.

2

㉠ '창의성'은 기존의 지식과 경험을 바탕으로 새롭고 가치 있는 결과물을 내는 특성이 있다는 말이에요. 틀에 박힌 생각은 이런 창의성을 잃게 만들기 때문에 ㉠에는 '창의성'이란 낱말이 적절합니다.

㉡ '인내심'은 괴로움이나 어려움을 참고 견디는 마음을 이야기합니다. 캠프에서 역경과 고난을 이겨 낼 수 있는 '인내심'을 길렀다는 의미이므로 ㉡에는 '인내심'이란 낱말이 적절합니다.

㉢ '합리적'은 정당한 이치나 도리에 맞는다는 뜻이에요. 소비할 때에는 '합리적 소비'를 해야 하므로 ㉢에는 '합리적'이란 낱말이 적절합니다.

3

1 책을 읽을 때 자세히 따지며 읽는 것을 '비판적 읽기'라고 합니다.

2 그는 할아버지께서 독립운동가였다는 사실을 자랑스러워하고 있으므로 '자부심'이라는 낱말이 알맞습니다.

3 자기가 맡은 일을 중요하게 여기는 것을 '책임감'이라고 하므로 끝까지 해내려는 태도는 '책임감이 강하다.'라고 할 수 있습니다.

4

1 '새로운 것을 생각해 내는 특성.'을 '창의성'이라고 합니다.

2 '괴로움을 참고 견디는 마음.'을 '인내심'이라고 합니다.

3 '논리나 이치에 알맞은 것.'을 '합리적'이라고 합니다.

4 '모르는 것을 알고 싶어 하는 마음.'을 '호기심'이라고 합니다.

5

㉠ 에디슨은 어렸을 때 달걀을 품으면 병아리가 된다는 말을 믿고 스스로 달걀을 품는 행동을 했다고 알려져 있어요. 이처럼 '모르는 것을 알고 싶어 하는 마음.'을 '호기심'이라고 합니다.

㉡ 다른 사람의 비난에도 스스로의 가치를 믿도록 해 주신 어머니의 행동은 에디슨으로 하여금 '자부심'을 갖도록 해 주었습니다.

㉢ 에디슨의 발명품은 다른 것을 모방하지 않은 새로운 아이디어였으므로 '독창적'이란 낱말이 적절합니다.

1

  권 판서는 오성의 기이한 행동에 화가 났지만 호기심도 느꼈습니다. 오성은 방문 안으로 자신의 팔을 집어넣은 행동을 무례한 행동이라고 생각하며 용서를 구했습니다.

2

  오성은 자기 집 감나무에 열린 감을 옆집 하인들이 따 간 사실을 알게 되어, 이를 바로잡기 위하여 권 판서를 찾아갔습니다.

3

  무엇에 대해 자세히 따져 옳고 그름을 밝히거나 잘못된 점을 지적하는 태도를 '비판적 태도'라고 합니다.

㉠ '입이 가볍다'는 '말과 언행이 진지하거나 침착하지 않고 경망스럽다.'라는 뜻입니다.

㉡ '코'는 얼굴의 중심에 있기에 '자존심'이나 '오만'을 나타내기도 합니다. 또한 얼굴을 때리면 가장 크게 상처를 입는 것이 코입니다. 따라서 말 그대로 '코가 납작해지다'는 '몹시 무안을 당하거나 위신이 떨어지고 기가 꺾이다.'라는 뜻입니다.

㉢ '발 벗고 나서다'는 '적극적으로 나서거나 적극적인 태도를 취하다.'라는 뜻입니다.

㉣ '목이 빠지게 기다리다'는 '몹시 간절하게 기다리다.'라는 뜻입니다.

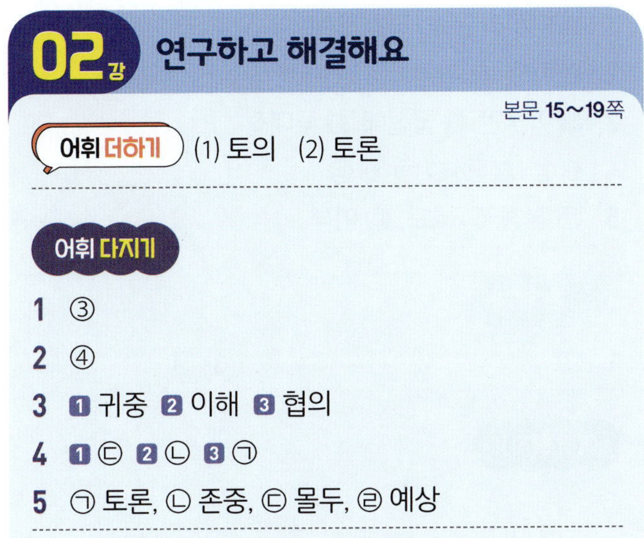

1 ③   **2** 몰두   **3** ②

| 구 | 슬 | 이 | | 서 | | 말 | 이 | 라 | 도 | | 꿰 | 어 | 야 | | 보 |
| 배 | | | , ㉠, ㉡ | | | | | | | | | | | | |

(1) '토의'는 '어떤 문제에 대하여 검토하고 협의하는 것.'입니다. 환경 오염 문제를 어떻게 해결하면 좋을지 여러 가지 의견을 통해 협의하는 것이므로 '토의'가 적절합니다.

(2) '토론'은 '어떤 문제에 대하여 여러 사람이 각각 의견을 말하며 논의하는 것.'이란 뜻입니다. 쓰레기장 시설 건립을 앞두고 다른 주장을 가지고 있는 사람들이 자기의 주장을 펼쳐 상대방을 설득하는 것이 목적이므로 '토론'이 알맞습니다.

1

㉡ '몰두하다'는 '다른 일에 관심을 가지지 않고 한 가지 일에만 집중하다.'라는 뜻으로, 비슷한 의미의 말에는 '몰입하다, 골몰하다, 열중하다'가 있습니다.

㉢ '인식'은 '무엇을 분명히 알고 이해함.'이라는 뜻으로, 비슷한 의미의 말에는 '의식, 인지, 감지'가 있습니다.

㉠ '예상'은 '앞으로 있을 일이나 상황을 짐작함.'이란 뜻으로, 비슷한 의미의 말에는 '예견, 예측'이 있습니다.

㉣ '추리'는 '알고 있는 것을 바탕으로 알지 못하는 것을 미루어 생각함.'이란 뜻으로, 비슷한 의미의 말에는 '유추, 예측, 짐작'이 있습니다.

2

㉠ '예상'은 '앞으로 있을 일이나 상황을 짐작함.'이란 뜻으로, 나는 박사님이 오늘도 밤을 새는 상황을 미리 짐작하고 있으므로 '예상'이라는 낱말이 적절합니다.

㉡ '몰두'는 '다른 일에 관심을 가지지 않고 한 가지 일에만 집중함.'이라는 뜻으로, 박사님이 매일 밤이 새도록 연구를 하고 있으므로 '몰두'라는 낱말이 적절합니다.

㉢ '의문'은 '어떤 것에 대해 의심스럽게 생각함.'이란 뜻으로, 박사님이 언제 식사하고 잠을 자는지 알 수 없다는 의미가 있으므로 '의문'이라는 낱말이 적절합니다.

3

1 '존중하다'는 '의견이나 사람을 높이어 귀중하게 여기다.'라는 뜻입니다.

2 '해석하다'는 '사물이나 행위 등의 내용을 판단하고 이해하다.'라는 뜻입니다.

3 '토의'는 '어떤 문제에 대하여 검토하고 협의하는 것.'이라는 뜻입니다.

4

1 '예상'은 '앞으로 있을 일이나 상황을 짐작함.'이라는 뜻으로, 비슷한 의미의 말에는 '예견, 예측'이 있습니다.

2 '의문'은 '어떤 것에 대해 의심스럽게 생각함. 또는 의심스러운 문제나 사실.'이라는 뜻으로, 비슷한 의미의 말에는 '의심, 의혹'이 있습니다.

3 '인식'은 '무엇을 분명히 알고 이해함.'이라는 뜻으로, 비슷한 의미의 말에는 '인지, 감지, 의식'이 있습니다.

5

㉠ '토론'은 '어떤 문제에 대하여 여러 사람이 옳고 그름을 따지며 논의하는 것.'이라는 뜻으로, 찬성과 반대에 관해 의견을 듣고 상대방을 설득하는 것이 목적이므로 '토론'이 적절합니다.

㉡ '존중'은 '의견이나 사람을 높이어 귀중하게 여김.'이라는 뜻으로, 상대방의 의견을 존중하는 것은 토론할 때의 기본 태도입니다.

㉢ '몰두'는 '다른 일에 관심을 가지지 않고 한 가지 일에만 집중함.'이라는 뜻으로, 운동을 하면 수업에 집중할 수 있다는 의견을 내고 있으므로 '몰두'라는 낱말이 알맞습니다.

㉣ '예상'은 '앞으로 있을 일이나 상황을 짐작함.'이라는 뜻으로, 운동하고 난 후에 일어날 수 있는 일을 미리 짐작하고 있으므로 '예상'이라는 낱말이 적절합니다.

어휘 활용하기

1

'연구'는 '어떤 사물이나 일에 관련된 사실을 밝히기 위해 그에 대해 자세히 조사하고 분석하는 일.'이라는 뜻으로, 주어진 글에는 석주명 박사가 나비에 관해 자세히 조사하고 분석하게 된 과정이 잘 설명되어 있습니다.

2

'몰두하다'는 '다른 일에 관심을 가지지 않고 한 가지 일에만 집중하다.'라는 뜻입니다.

3

석주명은 고등학생 때에는 덴마크의 낙농업에 흥미를 느껴 축산 방면으로 진로를 결정하였다고 하였습니다. 나비를 연구하기로 마음먹은 것은 일본 유학 시절 그곳에서 일본인 교사의 영향을 받았기 때문입니다.

어휘 펼치기

㉠ '가마솥의 콩도 삶아야 먹는다'는 '아무리 손쉬운 일이라도 하지 않으면 소용없다.'라는 뜻의 속담입니다.

㉡ '부뚜막의 소금도 집어넣어야 짜다'는 '손쉬운 일이라도 실제로 힘을 들여 행동하지 않으면 소용없다.'라는 뜻의 속담입니다.

오답풀이

㉢ '콩 심은 데 콩 나고 팥 심은 데 팥 난다'라는 속담은 모든 일은 원인에 따라서 결과가 생긴다는 뜻입니다.

㉣ '지렁이도 밟으면 꿈틀한다'라는 속담은 아무리 보잘것없는 사람이나 순하고 좋은 사람이라도 너무 업신여기면 가만있지 않는다는 말입니다.

03강 오늘 한 일을 말해요

본문 21~25쪽

어휘 더하기 (1) 효녀 (2) 효행

어휘 다지기

1 **1** 나무라는 **2** 경청하는

2 **1** 차별 **2** 기부

3 **1** 어루만 **2** 굽신대 **3** 푸대접

4 **1** ㉢ **2** ㉣ **3** ㉠ **4** ㉡

5 ㉠ 경청, ㉡ 효도, ㉢ 기부

어휘 활용하기

1 ③　　　**2** ④　　　**3** ④

어휘 펼치기

㉠, ㉡

(1) 효도를 하는 딸을 '효녀'라고 부릅니다.
(2) 부모님의 어깨를 주물러 드리는 것처럼 효도를 하는 행동을 '효행'이라고 합니다.

어휘 다지기

1

1 '잘못을 꾸짖어 잘 알아듣게 말하다.'라는 뜻의 낱말은 '나무라다'입니다.
2 '다른 사람이 말하는 것을 귀를 기울여 듣다.'라는 뜻의 낱말은 '경청하다'입니다.

2

1 '차별'은 '둘 이상을 차이를 두어 구별함.'이라는 뜻의 낱말입니다. 힘이 강한 친구와 힘이 약한 친구 사이에, 남자와 여자 사이에 차이를 두어 구별하는 것을 차별한다고 말할 수 있습니다.
2 대가 없이 다른 사람이나 기관 등에 돈, 물건 등을 내놓는 것을 '기부'라고 합니다. 장난감이나 성금을 내놓는 것도 '기부'라고 할 수 있습니다.

3

1 '다독이다'의 비슷한말인 '어루만지다'는 '마음을 달래 준다.'라는 뜻이 있습니다.
2 '굽실대다'와 '굽신대다'는 비슷한 뜻의 낱말로, '윗사람을 대하며 허리나 고개를 자꾸 구부렸다 펴다.'라는 뜻으로 쓰입니다.
3 '냉대하다'와 '푸대접하다'는 비슷한 뜻의 낱말로, '정 없이 차갑게 대하다.'라는 뜻으로 쓰입니다.

4

1 '효자'는 '부모님을 잘 모시어 받드는 아들.'을 뜻합니다. '효자'의 '자(子)'에는 남자를 가리키는 뜻이 담겨 있습니다.
2 '효녀'는 '부모님을 잘 모시어 받드는 딸.'을 뜻합니다. '효녀'의 '녀(女)'는 여자를 뜻합니다.
3 '효심'은 '부모님을 잘 모시어 받드는 마음.'을 뜻합니다. '효심'의 '심(心)'은 마음을 뜻합니다.
4 '효행'은 '부모님을 잘 모시어 받드는 행동.'을 뜻합니다. '효행'의 '행(行)'은 행동을 뜻합니다.

5

㉠ 할아버지께서는 준희에게 어른들 말씀을 귀 기울여 들으라는 뜻으로 말씀하고 계십니다. '경청하다'는 '다른 사람이 말하는 것을 귀를 기울여 듣다.'라는 뜻입니다.
㉡ 할머니께서 준희에게 덕담을 하고 계십니다. 할아버지의 말씀대로 하는 것이 부모님을 잘 모시는 것이라는 뜻으로 '효도'라고 쓸 수 있습니다.
㉢ '기부하다'는 '다른 사람이나 기관, 단체 등을 도울 목적으로 돈이나 물건을 대가 없이 내놓는다.'라는 뜻입니다.

어휘 활용하기

1

제목에는 글의 중심 소재나 중심 생각을 적습니다. 이 글에서는 글쓴이의 경험을 통해 경청의 중요성에 대해 깨달은 내용이 중심을 이루고 있습니다.

2

'정없이 차갑게 대하다.'를 뜻하는 '냉대하다'와 바꿔 쓸 수 있습니다.

3

친구 수빈이와 다툰 일과 동생의 태도 때문에 마음이 불편했는데, 어머니가 자기의 이야기를 경청해 주어 마음이 한결 편안해졌다고 하였습니다. 이처럼 경청은 말하는 상대방의 마음을 편안하게 해 주는 효과가 있습니다.

어휘 펼치기

'윗물이 맑아야 아랫물이 맑다'라는 속담은 윗사람이 잘하면 아랫사람도 따라서 잘하게 된다는 뜻이고, '아이 보는 데는 찬물도 못 먹는다'라는 속담은 아이들은 보는 대로 따라 하므로 아이들이 볼 때는 함부로 행동하거나 말을 하여서는 안 된다는 뜻입니다.

04강 학급 회의를 해요

본문 27~31쪽

어휘 더하기 예 제 친구 하준이는 늦잠꾸러기입니다. 하준아, 일찍 자고 일찍 일어나렴.

어휘 다지기

1 **1** 건의 **2** 방지 **3** 합의

2 ❶기록 ❷배치 ❸접수
3 ❶발의 ❷협동
4 심, 많
5 ㉠방지, ㉡기록, ㉢제안

어휘 활용하기

1 ②   2 ⑤   3 협력

어휘 펼치기

아니 땐 굴뚝에 연기 날까

어휘 다지기

1

❶ '어떤 문제에 대하여 의견이나 바라는 사항을 정식으로 제시하다.'라는 뜻을 가진 낱말은 '건의하다'입니다.
❷ '어떤 좋지 않은 일이나 현상이 일어나지 않도록 막다.' 라는 뜻을 가진 낱말은 '방지하다'입니다.
❸ '서로 의견이 일치하다.'라는 뜻을 가진 낱말은 '합의하 다'입니다.

2

❶ '기록하다'는 '주로 후일에 남길 목적으로 어떤 사실이 나 생각을 적거나 영상으로 남기다.'라는 뜻을 가진 낱 말입니다. 일기를 쓰거나 학급 회의 내용을 남길 때 '기 록하다'라는 표현을 쓸 수 있습니다.
❷ '배치하다'는 '사람이나 물건 등을 알맞은 자리에 나누 어 놓다.'라는 뜻을 지닌 낱말입니다. 늑대를 잡기 위해 사냥꾼을 숲 근처에 두거나 학급용 휴지를 놓아 두는 장소를 손이 닿는 알맞은 자리로 정할 때 '배치하다'라 는 표현을 쓸 수 있습니다.
❸ '접수하다'는 '참가 신청서를 접수하다.'처럼 '신청이나 신고 등을 말이나 문서로 받다.'의 뜻으로 쓰이고, '기금 을 접수하다.'라고 할 때는 '돈이나 물건 등을 받다.'의 뜻으로도 쓰입니다.

3

❶ '제안하다'는 '의견이나 여럿이 논의해야 할 항목으로 내놓다.'라는 뜻이 있는데, 회의에서 여럿이 논의해야 할 항목을 내놓는 것을 '발의하다'라고도 합니다.
❷ '협력하다'는 '힘을 합해 서로 돕다.'라는 뜻으로 쓰이

고, 이와 비슷한 뜻을 가진 '협동하다'는 '서로 마음과 힘을 하나로 합하다.'라는 뜻으로 쓰입니다.

4

'-꾸러기'가 들어간 단어들은 앞의 말에 그것이 심하거 나 많은 사람이라는 뜻을 더합니다. '늦잠꾸러기'는 늦잠 자 는 일이 많은 사람, '장난꾸러기'는 장난을 심하게 치는 사 람, '욕심꾸러기'는 욕심이 많은 사람, '엄살꾸러기'는 엄살 을 심하게 부리거나 엄살을 부리는 일이 많은 사람입니다.

5

㉠ 쓰레기를 버리는 행동을 막아야 한다는 뜻을 표현하려 면 '방지하다'라고 쓸 수 있습니다. '방지하다'는 '어떤 좋지 않은 일이나 현상이 일어나지 않도록 막다.'라는 뜻을 가진 낱말입니다.
㉡ 쓰레기가 쌓이는 정도를 공책에 써 두었다가 학교 신문 을 통해 알리려고 합니다. '기록하다'는 이렇게 어떠한 사실을 적어서 남기는 행동을 뜻합니다.
㉢ 학급 회의 시간에 쓰레기를 버리지 말자는 제안을 하려 합니다. '제안하다'는 '의견이나 여럿이 논의해야 할 항 목으로 내놓다.'라는 뜻을 가진 낱말입니다.

어휘 활용하기

1

'예방하다'는 '병이나 사고 등이 생기지 않도록 미리 막 다.'라는 뜻입니다. 이와 비슷한 뜻의 낱말인 '방지하다'는 '어떤 좋지 않은 일이나 현상이 일어나지 않도록 막다.'라 는 뜻을 가진 말입니다.

2

사회자는 건의 사항에 나온 의견을 담임 선생님께 말씀 드리겠다고만 하였습니다. 안전 지킴이는 학생들의 지원 을 받기로 하였습니다.

3

'힘을 합해 서로 도움.'을 뜻하는 말은 '협력'입니다.

어휘 펼치기

지원이와 민재가 절교했다는 소문에 대해 의문을 가지는 민성에게 도윤은 '아니 땐 굴뚝에 연기 날까'라는 말을 해 줄 수 있습니다.

본문 **33~37쪽**

어휘 더하기 (1) 이쁘다 (2) 삐진다 (3) 헷갈린다
(4) 간질인다 (5) 터뜨린다

어휘 다지기

1 **1** 가꾸 **2** 비난 **3** 어리광
2 공손
3 무자비한
4 ④
5 무
6 ㉠ 가꾸어, ㉡ 어리광, ㉢ 투덜거리면서

어휘 활용하기

1 별난 　　2 ③ 　　3 ②

어휘 펼치기

㉠ 입, ㉡ 어깨

어휘 더하기

(1) '예쁘다'와 '이쁘다'는 같은 의미를 지닌 복수 표준어입니다.
(2) '삐치다'와 '삐지다'는 복수 표준어이므로, '삐친다'와 같은 의미로 '삐진다'를 쓸 수 있습니다.
(3) '간질이다'와 '간지럽히다'는 복수 표준어이므로, '간지럽힌다'와 같은 의미로 '간질인다'를 쓸 수 있습니다.
(4) '터트리다'와 '터뜨리다'는 복수 표준어이므로, '터트린다'와 같은 의미로 '터뜨린다'를 쓸 수 있습니다.

어휘 다지기

1

1 '어떠한 것을 좋은 상태로 만들려고 보살핀다.'라는 뜻을 지닌 낱말은 '가꾸다'이므로 빈칸에 들어갈 말은 '가꾸'입니다.
2 '다른 사람의 잘못이나 결점에 대하여 나쁘게 말하다.'라는 뜻을 지닌 낱말은 '비난하다'입니다.
3 '남을 기쁘게 하거나 남에게 귀여움을 받으려고 어린아이처럼 행동하는 일.'이라는 뜻을 지닌 낱말은 '어리광'입니다.

2

빈칸에 공통으로 들어갈 말은 '말이나 행동이 예의가 바르고 겸손함.'을 뜻하는 '공손'입니다.

3

빈칸에는 '동정심이나 인정이 없어 마음씨가 몹시 쌀쌀하고 모질다.'를 뜻하는 '무자비하다'를 활용한 '무자비한'이 들어가야 알맞습니다.

4

'비난하다'는 '다른 사람의 잘못이나 결점에 대하여 나쁘게 말하다.'라는 뜻을 가진 낱말이고, '공손하다'는 '말이나 행동이 예의가 바르고 겸손하다.'를 뜻하는 낱말이므로 뜻이 비슷한 낱말이 아닙니다.

오답풀이

'비난하다'와 비슷한 낱말에는 '공격하다, 비판하다' 등이 있고, '공손하다'와 비슷한 낱말에는 '겸손하다, 겸허하다' 등이 있습니다.

5

빈칸에 공통으로 들어갈 한 글자는 '무(無)'입니다. '무'는 '없다'는 뜻으로, '책임, 감각, 자비' 앞에 붙어 반대의 뜻을 나타냅니다.

6

㉠ 나무를 심고 잘 자라도록 보살핀다는 의미의 문장이므로 '가꾸어'가 알맞습니다.
㉡ 찬우가 힘들다고 조르고 있으므로 '어리광'을 부리고 있습니다.
㉢ 나무 심는 건 힘들고 재미없다고 하며 불평하고 있으므로 '투덜거리면서'가 알맞은 낱말입니다.

어휘 활용하기

1

'두드러지게 특이하거나 이상한'의 뜻을 지닌 낱말은 '별난'입니다.

2

'어리광'과 '응석'은 비슷한 뜻을 지닌 낱말입니다.

3

① 딱따구리는 꼬리를 아래로 향하고 몸을 세워 나무에 붙어 있다고 쓰여 있습니다.

③ 동물의 꼬리는 생각을 전달하기도 한다고 쓰여 있습니다.
④ 이 글에 동물들의 꼬리 모양에 관한 내용은 없습니다.
⑤ 새끼 주머니쥐들은 엄마 주머니쥐의 꼬리에 매달려 어리광을 부리기도 한다고 쓰여 있습니다.

소연이는 자신이 말을 함부로 옮기지 않는 사람이니 고민을 말해 보라는 의미로 '입'이 무겁다고 표현하고, 도현이는 자신이 반장이 되어서 부담을 느낀다는 의미로 '어깨'가 무겁다고 표현했을 것입니다.

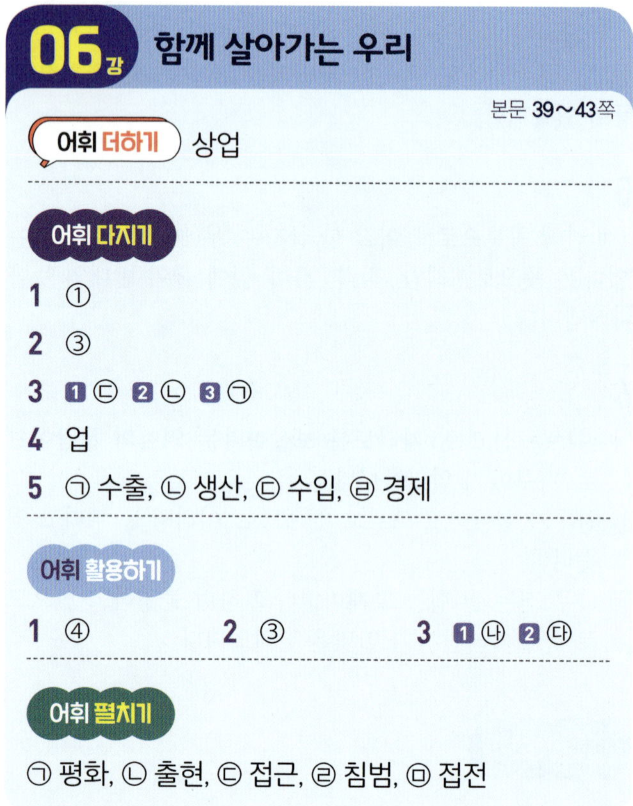

'업(業)'은 '일'을 뜻하는 한자입니다. 이익을 얻기 위해 물건을 사고파는 일을 '상업'이라고 합니다.

1

㉠ '수입'은 '외국의 상품이나 기술 등을 국내로 사들임.'이라는 뜻으로, 반대말에는 '국내의 상품이나 기술을 외국으로 팔아 내보냄.'이라는 뜻의 '수출'이 있습니다.
㉡ '생산'은 '사람들이 생활하는 데 필요한 물건을 만듦.'이라는 뜻으로, 반대말에는 '돈, 물건, 시간, 노력, 힘 등을 써서 없앰.'이라는 뜻의 '소비'가 있습니다.

ⓒ '사회'는 '사람들의 무리, 집단.'을 나타내는 낱말입니다. '경제'는 '사람들이 하는 활동.'을 의미하므로 반대되는 뜻이 아닙니다.
㉢ '임업'은 목재를 얻거나 버섯을 기르는 일 등 산을 활용하여 경제적인 이익을 얻는 일을 뜻합니다. '서비스업'은 은행에서 돈을 맡아 주거나, 맛있는 음식을 요리하는 일 등 경제적 이익을 얻기 위한 사람들의 노력이나 활동을 뜻하므로 반대되는 말이 아닙니다.

2

세계 여러 나라를 오가는 비행기, 다른 나라 대표 팀과의 경기, 외국에서 일하는 삼촌과의 통화에 모두 어울리기 위해서는 여러 나라에 관련되거나 여러 나라가 함께한다는 뜻을 지닌 낱말인 '국제'가 가장 알맞습니다.

① '국내'는 '한 나라의 안.'을 의미합니다.
② '국외'는 '한 나라의 영토 밖.'을 의미합니다.
④ '무역'은 '나라와 나라 사이에 서로 물건을 사고파는 일.'을 뜻합니다.
⑤ '세계'는 '지구 위에 있는 모든 나라.'를 뜻합니다. 우리나라를 포함한 다른 나라 전부를 의미하지만, 나라와 나라 사이에 관련이 있다는 의미는 포함되어 있지 않습니다.

3

1 '이번 달 소비가 늘어서 용돈이 얼마 안 남았다.'라는 문장을 살펴보면 '소비'가 '돈을 쓰다.'의 의미로 사용되었다는 것을 알 수 있습니다. '지출'은 어떤 목적으로 돈을 쓴다는 뜻을 가진 낱말입니다.
2 '무역'은 나라와 나라 사이에 서로 물건을 사고파는 일입니다. 다른 나라에서 물건을 사 오는 일인 '수입'과, 우리나라에서 만든 물건이나 기술을 다른 나라에 파는 일인 '수출'을 합쳐서 '수출입'이라고 합니다.
3 '희소성'은 '매우 드물고 적은 성질이나 상태.'를 의미합니다.

4

'업(業)'은 '일'을 뜻하는 한자입니다. '공업'은 '장인 공(工)'과 '일 업(業)'이 합쳐진 글자입니다. '장인'은 손으로 물건을 만드는 일을 직업으로 하는 사람을 뜻합니다. 요즘에는 기계로 물건을 만드는 경우가 많습니다. 이처럼 사람의 손이나 기계로 물건을 만드는 일을 '공업'이라고 합니다.

'상업'은 '상(商)'이라는 한자를 쓰는데 '헤아리다', '장사하다'의 뜻을 나타내는 한자입니다.

'어업'은 '고기 잡을 어(漁)'라는 한자를 쓰는데, 물고기를 잡는 일과 바다에서 김이나 미역, 굴을 기르는 양식까지 포함한 일을 말합니다.

5

㉠ 다른 나라에서 우리나라의 물건을 많이 주문하는 것은 우리나라 입장에서 물건을 다른 나라로 파는 일입니다. 따라서 '수출'이 알맞습니다.

㉡ 내용의 흐름을 보면 공장에서 물건을 더 많이 만든다는 의미가 들어가야 합니다. 물건을 만든다는 의미를 지닌 낱말인 '생산'이 들어가야 합니다.

㉢ 다른 나라의 입장에서 우리나라의 물건을 주문하고 구입하는 일은 '수입'에 해당합니다.

㉣ 다른 나라와 서로 물건을 사고파는 무역이 늘어나는 것은 생산이나 소비와 관련한 사람들의 활동, 즉 경제 활동이 늘어난다는 뜻입니다. 따라서 빈칸에 들어가기에 알맞은 낱말은 '경제'입니다.

어휘 활용하기

1

생산은 사람이 생활하는 데 필요한 물건을 만드는 것이라고 했습니다. 공연장에 가서 연극을 관람하는 것은 소비 활동에 해당합니다.

2

㉠은 '어떤 일을 하여 돈이나 물건 등을 거두어들임. 또는 그 돈이나 물건.'을 뜻하며, ③의 '수입'과 같은 뜻으로 쓰였습니다. ①, ④, ⑤에 쓰인 '수입'은 '외국의 상품이나 기술 등을 국내로 사들임.'을, ②에 쓰인 '수입'은 '사상, 문화, 풍속 등을 다른 나라로부터 배워서 들여옴.'을 뜻합니다.

3

1은 자연에서 얻은 콩을 가지고 생활에 필요한 두부를 만드는 생산 활동이므로 ㉮에 해당합니다. **2**는 물건을 배달하여 생활을 편리하고 즐겁게 해 주므로 ㉯에 해당합니다.

어휘 펼치기

옛날 사람들은 어떤 상황인지에 따라 봉화를 몇 개 올릴

것인지를 미리 약속해 두었습니다. 상황이 급해질수록 봉화의 개수를 많이 올렸습니다.

㉠ '평화'는 전쟁이나 다툼 등의 갈등이 없이 조용하고 화목함을 의미합니다. 평소와 같이 평화로운 상황에서 봉화는 한 개를 올렸다고 합니다.

㉡ '출현'은 없었거나 숨겨져 있던 사물이나 현상이 나타난다는 의미입니다. 평소에는 보이지 않던 적이 나타나면, 적이 출현했다는 의미로 봉화를 두 개 올렸다고 합니다.

㉢ '접근'은 가까이 다가간다는 뜻입니다. 적이 나타난 데에서 그치지 않고 점점 가까이 다가오면 봉화를 세 개 올려 표시하였습니다.

㉣ '침범'은 남의 땅이나 나라, 권리, 재산 등을 범하여 손해를 끼치는 것을 말합니다. 비슷한 의미의 낱말로 '침입, 침략' 등이 있습니다. 적이 쳐들어오면 봉화 4개를 올렸습니다.

㉤ '접전'은 경기나 전투에서 서로 맞붙어 싸운다는 의미를 지닌 낱말입니다. 적과 전투가 벌어지면 봉화 다섯 개를 올려 표시하였습니다.

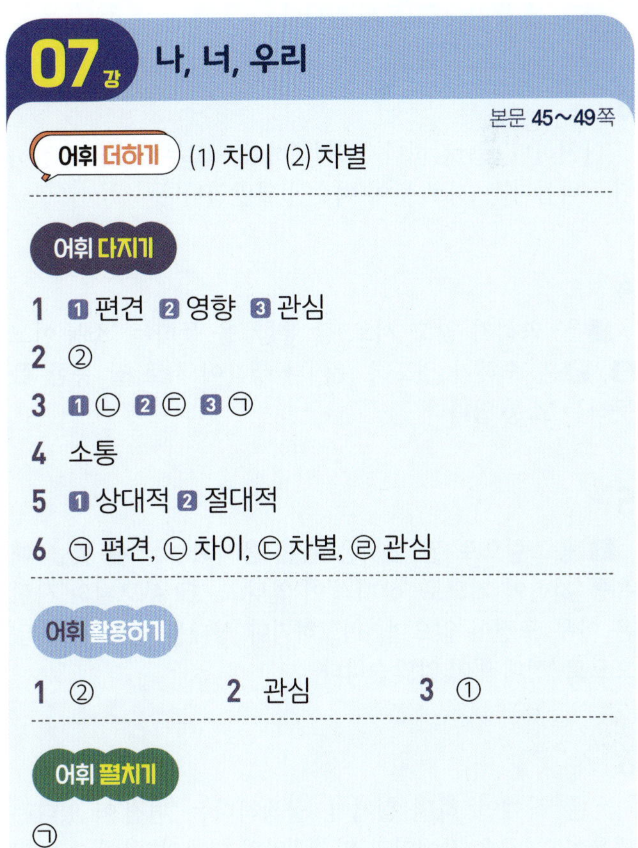

어휘 더하기

(1) 차이 (2) 차별

어휘 다지기

1 **1** 편견 **2** 영향 **3** 관심
2 ②
3 **1** ㉡ **2** ㉢ **3** ㉠
4 소통
5 **1** 상대적 **2** 절대적
6 ㉠ 편견, ㉡ 차이, ㉢ 차별, ㉣ 관심

어휘 활용하기

1 ②　　　2 관심　　　3 ①

어휘 펼치기

㉠

(1) 문화가 다른 것은 서로 같지 않고 다름을 의미하는 '차이'입니다.
(2) 선생님께서 학생들을 공평하게 대해 주시는 것은 차이를 두어 구별하는 '차별'을 하지 않으시는 것입니다.

어휘 **다지기**

1

1 '공평하고 올바르지 못하고 한쪽으로 치우친 생각.'을 뜻하는 낱말은 '편견'입니다.
2 '어떤 것의 효과나 작용이 다른 것에 미치는 것.'을 뜻하는 낱말은 '영향'입니다.
3 '어떤 것을 향하여 끌리는 감정과 생각.'을 뜻하는 낱말은 '관심'입니다.

2

ⓛ과 ⓒ은 '여럿 중에서 어떤 것을 가려내거나 뽑다.'를 뜻하는 '고르다'이고, ⓐ은 '높낮이, 크기, 모양 등이 차이가 없이 한결같다. 가지런하다.'를 뜻하는 '고르다', ⓔ은 '상태나 모양이 들쑥날쑥하던 것을 규칙적이고 일정하게 만들다.'를 뜻하는 '고르다'입니다.

3

'난처하다'–'난감하다', '격려하다'–'고무하다', '손질하다'–'다듬다'는 서로 뜻이 비슷한 낱말입니다.

4

1 은 '막히지 않고 서로 잘 통함.'을 뜻하는 '소통'이고 2 , 3 은 '오해가 없도록 뜻이나 생각이 서로 잘 통함.'을 뜻하는 '소통'입니다.

5

1 통조림으로 된 음식은 다른 음식과 비교해 봤을 때 유통 기한이 기므로 '상대적'이 알맞고, 2 부모님의 사랑은 아무 조건이 없으며, 비교하거나 상대될 만한 것이 없으므로 '절대적'이 알맞습니다.

6

㉠은 '장애인' 하면 휠체어, 불쌍하다는 '편견'이 있다는 내용이고, ⓛ은 장애인과 비장애인의 다름인 '차이'를 알고 이해하자는 내용입니다. ⓒ은 장애인을 부정적으로 바라보고 다르게 대하는 공평하지 못한 '차별'을 하지 말자는 내용이고, ⓐ은 장애인 친구에게 '관심'을 갖고 이해하자는 내용입니다.

어휘 **활용하기**

1

제시된 글에는 책을 읽는 것이 우리에게 주는 좋은 '영향'에 대해 쓰여 있습니다.

2

'관심'은 어떤 것을 향하여 끌리는 감정과 생각을 뜻합니다. '자신이 흥미가 있고 관심이 있는 주제나 분야의 책인가?'는 책을 고르는 기준 중 하나입니다.

3

① 소민은 이해되지 않는 책을 표지가 예쁘다는 이유로 골랐으므로 책을 고르는 기준에 맞지 않게 고른 친구입니다.

(오답풀이)
② 지훈은 평소 자신이 관심이 있는 동물인 판다에 관한 책을 골랐고, ④ 민정은 장래 희망이 건축가여서 유명한 건축물에 관한 책을 골랐으므로 '평소 자신이 흥미가 있고 관심이 있는 주제나 분야의 책인가?'의 기준에 알맞게 골랐습니다.
③ 예인은 과학 숙제인 화석을 조사하는 목적으로 화석에 관한 책을 골랐으므로 '자신의 독서 목적에 맞는 내용인가?'의 기준에 알맞게 골랐습니다.
⑤ 승민은 자신이 이해할 수 있는 낱말들과 내용으로 쓰여 있는 책을 골랐으므로 '자신의 수준에 맞는 책인가?'의 기준에 알맞게 골랐습니다.

어휘 **펼치기**

㉠은 주말 나들이를 갈 때 돗자리를 챙겨 가신 어머니의 '선견지명(앞을 내다보는 안목)' 덕분에 편히 쉬었다는 내용입니다.

(오답풀이)
ⓛ은 '개과천선(잘못이나 못된 마음을 고쳐 올바르고 착하게 됨.)'의 상황이며, ⓒ은 '우공이산(어떤 일이든 끊임없이 노력하면 반드시 이루어짐.)'의 상황이고, ⓐ은 '설상가상(곤란하거나 불행한 일이 잇따라 일어남.)'의 상황입니다.

1 ③
2 ㉠ 의문, ㉡ 인내심, ㉢ 보존, ㉣ 차이
3 호기심
4 ④
5 1 ㉢ 2 ㉠ 3 ㉡ 4 ㉣
6 ③
7 ②
8 해설 참고
9 1 입이 가볍다　2 입을 모으다
　　3 입에 침이 마르다
10 ④
11 ①, ③, ④
12 ㉡ 냉대, ㉢ 합의

1

㉠ '예상'은 '앞으로 있을 일이나 상황을 짐작함.'을 뜻하며 비슷한 뜻의 낱말로는 '예견, 예측' 등이 있습니다. ㉣ '책임감'은 '맡아서 해야 할 일이나 의무를 중요하게 여기는 마음.'이라는 뜻이며 비슷한 낱말로는 '사명감, 의무감' 등이 있습니다.

(오답풀이)

· '토의'는 '어떤 문제에 대하여 검토하고 협의하는 것.'을 뜻하고, '토론'은 '어떤 문제에 대하여 여러 사람이 각각 의견을 말하며 논의하는 것.'을 뜻합니다.
· '사회'는 '가족, 마을, 회사, 국가 등 공동생활을 하는 사람들의 모든 집단.'을 뜻하고, '국제'는 '여러 나라와 관련되거나 여러 나라가 함께 하는 것.'을 뜻합니다.

2

㉠ 동생이 숙제를 혼자 할 수 있을지 의심스러운 생각이 들어서 '의문(어떤 것에 대해 의심스럽게 생각함. 또는 의심스러운 문제나 사실.)'이 알맞은 말입니다.
㉡ 책의 내용이 어려워서 포기하고 싶었지만, '인내심(괴로움이나 어려움을 참고 견디는 마음.)'을 가지고 읽었더니 이해가 되었다가 알맞습니다.
㉢ 우리는 국가의 유물을 '보존(중요한 것을 잘 보호하여 그대로 남김.)'하여 후손에게 전해 주어야 합니다.
㉣ 그의 얼굴이 사진 속 얼굴과 다르다는 것을 나타내야 하기 때문에 '차이(서로 같지 않고 다름. 또는 서로 다른 정도.)'가 알맞습니다.

3

'호기심'은 '새롭고 신기한 것을 좋아하거나 모르는 것을 알고 싶어 하는 마음.'이라는 뜻입니다.

4

㉠ '수입'은 '외국의 상품이나 기술 등을 국내로 사들임.'을 뜻하고, '수출'은 '국내의 상품이나 기술을 외국으로 팔아 내보냄.'을 뜻하므로 반대되는 뜻을 지닌 말입니다.
㉡ '생산'은 '사람이 생활하는 데 필요한 물건을 만듦.'을 뜻하고, '소비'는 '돈, 물건, 시간, 노력, 힘 등을 써서 없앰.'을 뜻하므로 반대되는 뜻을 지닌 말입니다.
㉣ '칭찬하다'는 '좋은 점이나 잘한 일 등을 매우 훌륭하게 여기는 마음을 말로 나타내다.'이며, '나무라다'는 '잘못을 꾸짖어 잘 알아듣게 말하다.'이므로 반대되는 뜻을 지닌 말입니다.

(오답풀이)

㉢ '별나다'는 '두드러지게 특이하거나 이상하다.'라는 뜻이며, '색다르다'는 '보통의 것과 다르게 특색이 있다.'라는 뜻입니다.

5

1 '남의 연약한 점을 감싸고 달래다.'는 '다독이다'의 뜻입니다.
2 '잘못을 꾸짖어 잘 알아듣게 말하다.'는 '나무라다'의 뜻입니다.
3 '의견이나 사람을 높이어 귀중하게 여기다.'는 '존중하다'의 뜻입니다.
4 '의견이나 여럿이 논의해야 할 항목으로 내놓다.'는 '제안하다'의 뜻입니다.

6

서현이가 전학 간다는 소문을 듣고 의심스러워하는 소정이에게 민정이는 실제 어떤 일이 있기 때문에 소문이 났음을 비유적으로 이르는 속담인 '아니 땐 굴뚝에 연기 날까'를 말하면 알맞습니다.

(오답풀이)

· '백지장도 맞들면 낫다'는 아무리 쉬운 일이라도 혼자 하는 것보다 여럿이 힘을 모아 함께하면 더 보람되고 결과가 좋다는 뜻입니다.
· '소 잃고 외양간 고친다'는 일이 이미 잘못된 뒤에는 바로잡으려고 애써도 소용이 없다는 뜻입니다.
· '윗물이 맑아야 아랫물이 맑다'는 윗사람이 잘하면 아랫사람도 따라서 잘하게 된다는 뜻입니다.
· '구슬이 서 말이라도 꿰어야 보배'는 아무리 훌륭하고 좋은 것이라도 다듬고 정리하여 쓸모 있게 만들어 놓아야 값어치가 있다는 뜻입니다.

7

'어깨가 무겁다'는 '힘겹고 중대한 일을 맡아 책임감을 느끼고 마음의 부담이 크다.'를 뜻합니다. '어깨가 처지다'는 '실망하여 기운이 없다.'를 뜻합니다. '어깨를 나란히 하다'는 '서로 비슷한 지위나 힘을 가지다.'를 뜻합니다.

8

		①자			
②기	부	하	다		
		심			⑥선
				⑤편	견
③접	④수	하	다		지
	입				명

9

1 '선주는 내 비밀을 친구들에게 소문냈다.'는 '입이 가볍다'를 나타내는 표현입니다.

2 '아이들은 선생님의 질문에 대한 답을 함께 외쳤다.'는 '입을 모으다'를 나타내는 표현입니다.

3 '엄마는 청소를 함께한 소연이를 여러 번 칭찬하셨다.'는 '입에 침이 마르다'를 나타내는 표현입니다.

10

다미가 자신의 책을 먼저 기부했다거나 친구들이 다미를 따라서 기부했다는 내용은 나와 있지 않습니다.

11

'몰두하다'는 '다른 일에 관심을 가지지 않고 한 가지 일에만 집중하다.'라는 뜻으로, 비슷한 뜻의 낱말로는 '몰입하다, 골몰하다, 열중하다'가 있습니다.

(오답풀이)

• '매립하다'는 '낮은 지대의 땅이나 저수지, 바다 등을 돌이나 흙 등으로 메우다.', '쓰레기나 폐기물을 모아서 묻다.'라는 뜻입니다.

• '존중하다'는 '의견이나 사람을 높이어 귀하게 여기다.'라는 뜻입니다.

12

'정 없이 차갑게 대하다.' – '냉대하다'
'서로 의견이 일치하다.' – '합의하다'
따라서 ㉡, ㉢에 들어갈 말은 각각 '냉대', '합의'입니다.

Ⅱ 역사·사회·자연

08강 행복한 사회를 함께 만들어요

본문 57~61쪽

어휘 더하기 공지

어휘 다지기

1 ① ㉢ ② ㉠ ③ ㉡

2 1 행정 2 절차

3 ③

4 1 ㉠ 2 ㉡

5 ㉠ 복지, ㉡ 정책, ㉢ 공원

어휘 활용하기

1 ①   **2** ⑤   **3** 권리

어휘 펼치기

1 ①ⓘ, ②ⓜ, ③ⓓ, ④ⓐ, ⑤ⓡ   **2** 1 × 2 ×

어휘 더하기

'공지'는 '공평할 공(公)'과 '알 지(知)'를 써서 '많은 사람들에게 어떤 내용을 널리 알림.'을 뜻합니다.

어휘 다지기

1

1 정책: 정치적인 목적을 이루기 위한 방법.

2 복지: 편안하고 행복하게 사는 삶.

3 권리: 어떤 일을 하거나 다른 사람에게 요구할 수 있는 정당한 힘이나 자격.

2

1 '행정'은 정부가 법률에 따라 나라나 지역을 다스린다는 뜻입니다.

2 '절차'는 일을 해 나갈 때 거쳐야 하는 순서나 방법을 뜻합니다.

㉠ '현충일'은 우리나라를 지키기 위해 목숨을 바친 사람들의 충성을 기억하고 칭찬하기 위해 국가에서 쉬는 날로 정했습니다. 국경일이나 명절같이 국가에서 지정하여 쉬는 날을 '공휴일'이라고 합니다. 국가나 사회, 단체, 집단과 관련된 일에 '공(公)'이라는 한자를 사용합니다. '공휴일'은 '공평할 공(公), 쉴 휴(休), 날 일(日)'을 써서 나라 전체가 쉬는 날을 뜻합니다.

㉡ 어떤 사실이나 사물, 내용 등을 사람들에게 널리 알리는 것을 '공개'라고 합니다.

㉢ '공정'은 어느 한쪽으로 이익이나 손해가 치우치지 않고 올바르다는 뜻입니다. '공평할 공(公), 바를 정(正)'이 합쳐진 낱말입니다.

4

1 어떤 일을 해 나갈 때 거쳐야 하는 순서나 방법을 의미하는 낱말은 '절차'입니다.

2 주민 센터는 그 지역에 사는 사람들과 관련한 행정 업무를 맡는 곳입니다. 누군가가 태어났을 때 출생 신고를 하거나, 이사 온 사람이 새로운 주소로 옮겨 왔다는 것을 등록하는 전입 신고를 하기도 합니다.

5

㉠ 사람들이 편안하고 행복하게 사는 것과 관련 있는 낱말은 '복지'입니다.

㉡ '정책'은 정치적인 목적을 이루기 위한 방법을 뜻합니다. 정치를 의미하는 '정(政)'과 꾀를 의미하는 '책(策)'이 합쳐져, '나라를 다스리기 위해 꾀를 내는 것.'이라고 풀이할 수 있습니다.

㉢ 사람들이 놀고 쉴 수 있도록 풀밭, 나무, 꽃 등을 가꾸어 놓은 장소를 '공원'이라고 합니다.

어휘 활용하기

1

'동의'는 '같은 뜻, 같은 의견을 가짐.'을 뜻하는 말입니다. 이와 반대되는 뜻을 가진 낱말은 '어떤 행동이나 의견 등을 따르지 않고 거스름.'을 뜻하는 '반대'입니다.

2

회의 진행 순서는 글쓴이가 직접 적어 준비한 것이 아니라 선생님께서 주신 것입니다.

'어떤 일을 하거나 다른 사람에게 요구할 수 있는 정당한 힘이나 자격.'을 뜻하는 말은 '권리'입니다.

어휘 펼치기

1

① '약과'는 꿀, 기름, 밀가루를 섞은 반죽을 판에 박아서 모양을 낸 뒤 기름에 지지거나 튀겨서 만든 과자를 말합니다.

② 생강과 계피를 넣어 끓인 물에 설탕이나 꿀을 타서 식혀 마시는 한국의 전통 음료는 '수정과'입니다.

③ 찹쌀가루를 반죽하여 진달래나 개나리, 국화 따위의 꽃잎이나 대추를 붙여서 기름에 지진 떡은 '화전'입니다.

④ '강정'은 쌀가루로 만든 한국식 과자를 말합니다. 볶은 깨나 콩 등을 물엿에 뭉쳐서 만듭니다.

⑤ 엿기름 우린 물에 밥을 넣어 삭힌 후 밥알이 뜨면 설탕을 넣고 끓인 다음 차게 식혀 먹는, 단맛의 한국 전통 음료는 '식혜'입니다.

2

1 식혜와 수정과는 차게 식혀서 마시는 우리나라 전통 음료입니다.

2 강정은 쌀가루로 만든 우리나라의 전통 과자입니다.

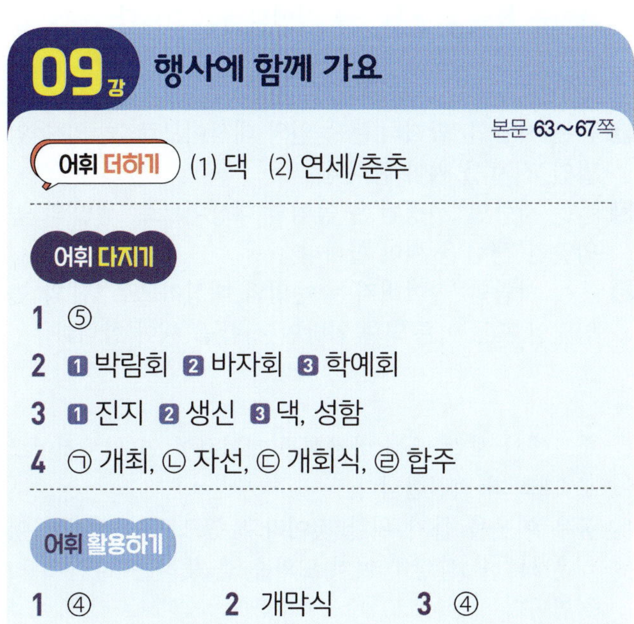

09강 행사에 함께 가요

본문 63~67쪽

어휘 더하기 (1) 댁 (2) 연세/춘추

어휘 다지기

1 ⑤

2 **1** 박람회 **2** 바자회 **3** 학예회

3 **1** 진지 **2** 생신 **3** 댁, 성함

4 ㉠ 개최, ㉡ 자선, ㉢ 개회식, ㉣ 합주

어휘 활용하기

1 ④ **2** 개막식 **3** ④

어휘 더하기

(1) 웃어른인 할아버지의 집을 가리키는 말이므로 '집'의 높임말인 '댁'으로 고쳐 써야 합니다.
(2) 웃어른인 할머니의 나이를 가리키는 말이므로 '나이'의 높임말인 '연세'나 '춘추'로 고쳐 써야 합니다.

어휘 다지기

1

㉡ 두 가지 이상의 악기로 동시에 연주하는 것을 '합주', 한 사람이 연주하는 것을 '독주'라고 합니다.
㉢ 회의나 공식적 모임을 시작할 때 하는 의식을 '개회식', 마칠 때 하는 의식을 '폐회식'이라고 합니다.
㉣ 일정 기간 동안 계속되는 대회, 공연, 행사를 처음 시작할 때 행하는 의식을 '개막식'이라고 하고, 그것을 끝맺기 위해 맨 마지막으로 하는 행사를 '폐막식'이라고 합니다.

2

① 일정 기간 동안 홍보나 판매 등을 목적으로 어떤 주제 아래에서 온갖 물품을 사람들에게 보이는 행사를 '박람회'라고 합니다.
② 자선 사업이나 사회사업 등의 자금을 마련하기 위하여 벌이는 시장을 '바자회'라고 합니다.
③ 주로 학생들의 작품을 전시하거나 준비한 공연 등을 발표하는 특별 교육 활동을 '학예회'라고 합니다.

3

① 듣는 사람인 '할머니'는 높임의 대상이므로 '밥'의 높임말인 '진지'를 써야 합니다.
② 듣는 사람인 '선생님'은 높임의 대상이므로 '생일'의 높임말인 '생신'을 써야 합니다.
③ 듣는 사람인 '할아버지'는 높임의 대상이므로 '집'의 높임말인 '댁', '이름'의 높임말인 '성함'을 써야 합니다.

4

㉠ 학교에서 사랑 나눔 바자회를 계획하여 연다는 것이므로 '개최'가 적절합니다.
㉡ 불우 이웃을 돕기 위한 것이라고 했으므로 '형편이 어려운 사람을 불쌍히 여겨 도와줌.'을 뜻하는 '자선'이 적절합니다.

㉢ 행사 첫날에 하는 것이니까 '개회식'이 적절합니다.
㉣ 학생들이 함께 악기를 연주하는 것이니까 '합주'가 적절합니다.

오답풀이

• '주선'은 '다른 사람의 일이 잘 이루어지도록 중간에서 여러 가지 방법으로 힘씀.'을 뜻합니다.
• '참석'은 '회의나 모임 등의 자리에 가서 함께함.'을 뜻합니다.

어휘 활용하기

1

국제적인 행사가 있을 때에는 개최국뿐만 아니라 참가한 나라들의 국기도 등장한다고 하였습니다.

2

월드컵이나 올림픽과 같이 일정 기간 동안 계속되는 대회, 공연, 행사를 처음 시작할 때 행하는 의식을 '개막식'이라고 합니다.

3

캐나다의 국기에는 캐나다에서 많이 자라는 설탕단풍나무의 잎이 그려져 있습니다. 이와 관련 있는 것은 '자연'입니다.

어휘 펼치기

㉠ '친구 따라 강남 간다'는 '하고 싶지 않거나 하려고 하지 않은 일을 다른 사람에게 이끌려 자기도 하게 된다.'를 뜻합니다.

오답풀이

㉡ '바늘 가는 데 실 간다'는 '사이가 긴밀해서 언제나 함께 다닌다.'를 뜻합니다.
㉢ '원수는 외나무다리에서 만난다'는 '꺼리고 싫어하는 대상을 피할 수 없는 곳에서 공교롭게 만나게 됨.'을 뜻합니다.

10강 실험을 해요

본문 69~73쪽

어휘 더하기 (1) 대 (2) 채 (3) 움큼

1 가열

2 ③

3 ④

4 ②

5 ❶ 관찰 ❷ 관측

6 자기장

7 확대경

8 ❶ ㉣ ❷ ㉢ ❸ ㉠ ❹ ㉡

어휘 활용하기

1 ㉠ 응결, ㉡ 증발 **2** 물

어휘 펼치기

③

어휘 더하기

⑴ 차, 비행기, 악기, 기계 등을 세는 단위는 '대'입니다.
⑵ 집이나 건물을 세는 단위는 '채'입니다.
⑶ 한 손으로 움켜쥘 만한 분량을 세는 단위는 '움큼'입니다.

어휘 다지기

1

어떤 물질에 뜨거운 열을 가하는 것을 '가열'이라고 합니다.

2

㉠ 혼합물을 거르는 장치를 '거름 장치'라고 합니다. '거름'은 으뜸꼴(기본형) '거르다'에서 온 말입니다.
㉡ '거르다'는 '거른'으로 활용됩니다.
㉢ 거름 장치로 분리한 소금물을 증발 접시에 담습니다. '증발'이란 어떤 물질이 액체 상태에서 기체 상태로 변하는 것을 말합니다.
㉣ 증발 접시에 담은 소금물을 가열하면 소금을 얻을 수 있습니다.

3

①, ②, ③, ⑤는 증발 현상에 관한 것이고, ④는 응결 현상에 관한 것입니다. '응결'은 액체가 한 덩어리로 엉기어

뭉치는 것, 즉 기체인 수증기가 액체인 물이 되는 현상을 말합니다.

4

'보안경'은 과학 실험을 할 때 눈을 보호하기 위하여 쓰는 안경입니다.

오답풀이
① '비커'는 실험을 할 때 사용하는 원통 모양의 유리그릇입니다.
③ '요지경'은 확대경을 장치하여 놓고 그 속의 여러 가지 재미있는 그림을 돌리면서 구경하는 장치 또는 장난감을 말합니다.
④ '확대경'은 작은 것을 크게 보이도록 하기 위해 볼록 렌즈로 만든 안경입니다.
⑤ '거름종이'는 여러 물질이 혼합된 액체에서 녹지 않는 물질을 걸러 내는 종이를 말합니다. 거름종이에는 보이지 않는 아주 작은 구멍이 많답니다.

5

'관찰'이란 사물이나 현상을 주의하여 자세히 보는 것을 말합니다. '관측'이란 눈으로 또는 기계로 자연 현상 특히 천체나 기상의 상태를 관찰하여 측정하는 것을 말합니다.
❶은 눈으로 자세히 살펴보는 것이므로 '관찰'에 해당합니다. ❷는 관찰하여 측정하는 것이므로 '관측'에 해당합니다.

6

자석의 주위, 전류의 주위, 지구의 표면과 같이 자기의 힘이 작용하는 공간을 뜻하는 낱말은 '자기장'입니다.

7

'확대경'은 작은 것을 크게 보이도록 하기 위해 볼록 렌즈로 만든 안경으로, '돋보기'를 달리 이르는 말입니다.

8

❶ '량'은 전철이나 기차의 차량을 세는 단위입니다.
❷ '움큼'은 한 손으로 움켜쥘 만한 분량을 세는 단위입니다.
❸ '대'는 차, 비행기, 악기, 기계 등을 세는 단위입니다.
❹ '채'는 집이나 건물을 세는 단위입니다.

어휘 활용하기

1

'응결'은 액체가 한 덩어리로 엉기어 뭉치는 것을 말합니

다. 구름은 하늘 높이 올라간 수증기가 응결해서 된 것이
랍니다. '증발'이란 어떤 물질이 액체 상태에서 기체 상태
로 변하는 것을 말합니다. 땅과 식물, 호수나 바다 등에서
물이 증발해 수증기가 되는 것이랍니다.

　물이 증발해 수증기가 되고, 높은 하늘로 올라간 수증기
가 응결되어 구름이 되고, 응결된 수증기끼리 뭉쳐지면 무
거워져서 비가 되어 땅으로 다시 내려옵니다. 추운 곳에서
는 비가 얼어서 내리는데 이것이 바로 '눈'이랍니다. 땅으
로 떨어진 물은 땅속으로 스며들거나 호수나 강, 바다를
이루다가 증발되어 다시 수증기가 되는 과정이 계속 반복
된답니다.

2

　물은 생명체가 살아가는 데 없어서는 안 되는 소중한 자
원인데, 지구에는 이러한 물이 풍부하기 때문에 지구를 생
명의 행성이라고 말한 것입니다.

　합성 섬유, 비닐, 플라스틱, 세제는 석유를 재료로 해서
만든 물건입니다. 종이는 나무를 재료로 해서 만듭니다.

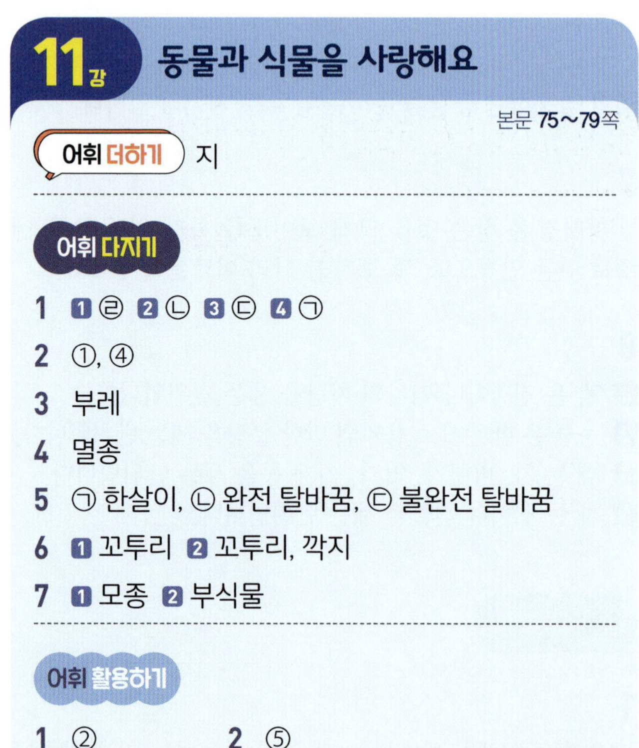

참꽃

　'지진'은 화산 활동이나 땅속의 큰 변화 때문에 땅이 흔
들리는 현상입니다. '지구촌'은 지구 전체를 한 마을처럼
여겨 이르는 말입니다. 두 낱말 모두 땅을 뜻하는 한자어
'지(地)'가 들어갑니다.

1

１ '번식'은 생물체의 수나 양이 늘어서 많이 퍼지는 것을
말합니다.
２ '보호색'은 적의 눈에 띄지 않아 생명을 보호할 수 있는,
주위의 색과 비슷한 몸의 색을 말합니다.
３ '한살이'는 동물이나 식물이 태어나서 성장하여 자손을
남기고 죽을 때까지의 과정을 말합니다.
４ '부레'는 물고기의 몸속에 있는 공기 주머니로, 뜨고 가
라앉는 것을 조절합니다.

2

　생물이 자라는 과정에서 짧은 기간에 모습을 크게 바꾸
는 것을 '탈바꿈'이라고 하고, 비슷한말로는 '변태(變態)'가
있습니다.

（오답풀이）
② '부식(腐植)'은 흙 속에서 식물이 썩으면서 여러 가지 분해
단계에 있는 유기물의 혼합물을 만드는 일을 말합니다.
③ '지대(地帶)'는 '산간 지대', '평야 지대'처럼 일정한 구역
의 땅을 말합니다.
⑤ '한살이'는 동물이나 식물이 태어나서 성장하여 자손을
남기고 죽을 때까지의 과정을 말합니다.

3

　'부레'는 물고기의 몸속에 있는 공기 주머니로, 뜨고 가
라앉는 것을 조절하는 기능 외에 종류에 따라서는 청각이
나 평형 감각 기관의 역할을 하며, 발성과 호흡의 기능과
도 연관이 있습니다.

4

　생물의 한 종류가 아주 없어지는 것을 '멸종'이라고 합니다.

5

㉠ 한살이: 동물이나 식물이 태어나서 성장하여 자손을 남기고 죽을 때까지의 과정을 말합니다.

㉡ 완전 탈바꿈: 곤충이 '알-애벌레-번데기-어른벌레'의 과정을 거치면서 탈바꿈하는 것을 말합니다.

㉢ 불완전 탈바꿈: 곤충이 '알-애벌레-어른벌레'의 과정을 거치면서 탈바꿈하는 것을 말합니다. 완전 탈바꿈과 다른 점은 '번데기'의 과정이 없다는 것입니다.

(오답풀이)

'번식'은 생물체의 수나 양이 늘어서 많이 퍼지는 것을 말합니다. '보호색'은 적의 눈에 띄지 않아 생명을 보호할 수 있는, 주위의 색과 비슷한 몸의 색을 말합니다.

6

1 강낭콩의 꽃이 지고 나면 그 자리에 생기는 것이 '꼬투리'입니다. '꼬투리' 속에 강낭콩이 나란히 들어 있답니다.

2 완두콩 꼬투리에서 완두콩을 꺼내고 남은 껍질을 '깍지'라고 합니다.

7

1 옮겨 심으려고 씨앗을 뿌려 가꾼 어린 식물을 '모종'이라고 합니다. 그러므로 아버지께서 심으신 것은 사과나무 '모종'이 맞습니다.

2 '부식물'은 식물의 뿌리나 죽은 곤충, 나뭇잎 조각 등이 썩은 것으로, 식물이 잘 자라게 도와줍니다. 따라서 꽃과 나무를 심은 화단에 부식물을 뿌려 주면 식물이 더욱 잘 자란답니다.

어휘 활용하기

1

복어의 독은 독성이 강하여 열로 조리해도 사라지지 않는다고 하였습니다.

2

무당개구리는 독을 이용하여 자신을 보호합니다. 이처럼 생존 전략으로 독을 사용하는 동물은 파란고리문어입니다.

어휘 펼치기

먹을 수 있는 꽃은 참꽃인 진달래이므로 정답은 '참꽃'입니다.

12강 어려움을 이겨 낸 우리나라

본문 **81~85**쪽

어휘 더하기 ○

어휘 다지기

1 1 보존 2 분단 3 제국

2 ②

3 1 ㉠ 2 ㉡

4 ③

5 제국, 식민지

어휘 활용하기

1 ③ **2** 자장면 **3** ①

어휘 펼치기

낙	숫	물	이		댓	돌	을		뚫
는	다								

, ㉢

어휘 더하기

2011년에 사람들이 많이 사용하는 말인 '짜장면'도 새롭게 표준어로 인정되었습니다.

어휘 다지기

1

1 '보존'은 '중요한 것을 잘 보호하여 그대로 남김.'을 뜻합니다. 1에서 '개발'과 대립되는 뜻으로 쓰였습니다.

2 '분단'은 '본래 하나였던 것이 둘 이상으로 나누어짐.'을 의미하는 낱말입니다. 우리나라는 원래 하나의 나라였지만, 1945년 38선을 기준으로 남과 북으로 나누어졌습니다. 이후 6·25 전쟁으로 인해 1953년 지금의 휴전선을 기준으로 남북으로 나뉘었습니다.

3 '제국'은 황제가 다스리는 나라입니다. 고종은 1897년 조선의 이름을 '대한 제국'으로 바꾸고, 왕을 황제로 바꾸어 부르도록 하였습니다.

2

빈칸에 공통으로 들어갈 알맞은 단어는 '국가의 의사나 정책을 최종적으로 결정하는 권력.'을 뜻하는 '주권'입니다.

오답풀이 ① '국가'는 '일정한 땅과 거기에 사는 사람들로 구성되고, 주권에 의한 하나의 통치 조직을 이루는 집단.'을 뜻합니다.
③ '영토'는 '한 국가의 땅.'을 뜻합니다.
④ '민족'은 '오랫동안 일정한 지역에서 함께 생활하면서 고유한 언어, 문화, 역사를 이룬 사람들의 집단.'을 뜻합니다.
⑤ '식민지'는 '힘이 센 다른 나라에게 정치적, 경제적으로 지배를 받는 나라.'를 뜻합니다.

3

① '겨레'는 같은 조상을 섬기며 역사를 함께하는 민족이라는 뜻입니다.
② '해방'은 자유를 억압하는 것으로부터 벗어나게 한다는 뜻으로, 대한민국이 일본 제국주의의 지배에서 벗어난 일을 일컫는 말입니다.

4

'이산가족'은 국토의 분단이나 전쟁 등의 사정으로 이리 저리 흩어져서 서로 소식을 모르는 가족입니다. 전쟁이 일어나서 가족과 헤어지게 된 상황인 ③이 적절합니다.
오답풀이 ①, ②, ④, ⑤ 모두 가족과 떨어져 살고 있는 상황이지만, '국토의 분단이나 전쟁 등의 사정'에 해당하지 않고, 서로 소식을 전하며 지내고 있습니다.

5

첫 번째 빈칸에는 황제가 다스리는 나라인 '제국'이, 두 번째 빈칸에는 '식민지'가 들어가야 합니다. 힘이 센 다른 나라에게 정치적, 경제적으로 지배를 받는 나라를 '식민지'라고 합니다. 영국은 1880~1890년대에 전 세계의 $\frac{1}{4}$의 땅을 차지할 정도로 식민지가 많았습니다. 지구는 태양을 중심으로 돌기 때문에 영국이 밤일 때 영국의 지구 반대편에 있는 나라는 낮이 됩니다. 하지만 영국의 식민지는 전 세계에 널리 퍼져 있어서, 영국이 밤이 되더라도 지구 반대편에 있는 영국의 식민지에는 해가 떠 있었습니다. 그래서 영국은 '해가 지지 않는 나라'라는 별명을 얻기도 했습니다.

어휘 활용하기

1

⊙은 '중요한 것이 잘 보호되어 그대로 남겨지다.'를 뜻하는 '보존되다'와 바꾸어 쓰는 것이 자연스럽습니다.

오답풀이 ① '고치다'는 고장이 나거나 못 쓰게 된 것을 손질하여 쓸 수 있게 한다는 뜻입니다.
② '바꾸다'는 원래 있던 내용이나 상태를 다르게 고친다는 뜻입니다.
④ '수리하다'는 고장 난 것을 손보아 고친다는 뜻입니다.
⑤ '지탱하다'는 어떤 것을 버티거나 견디거나 유지한다는 뜻입니다.

2

원래는 '자장면'으로 써야 맞는 말이었습니다. 하지만 많은 사람들이 '짜장면'으로 사용하고 있었습니다. 사전에 실린 단어와 실제 사람들이 사용하는 단어가 달라 생기는 불편함을 없애기 위해 2011년 '짜장면'도 표준어로 인정하였습니다. '자장면', '짜장면' 모두 맞는 말입니다.

3

일제 강점기에 일본은 전라도 지역에서 생산한 쌀을 빼앗아 가기 위해 군산을 활용하였다고 하였습니다.
오답풀이 ② '근대 건축관'은 광복 이후에도 은행으로 사용되었습니다.
③ '빨간색 벽돌이 인상적'이라는 구절에서 한옥을 계승하지 않았다는 것을 알 수 있습니다.
④ 글쓴이가 간 중국 음식점 건물이 국가유산으로 지정되었습니다.
⑤ 글쓴이의 엄마와 누나는 짬뽕을 먹었지만, 글쓴이는 매운 음식을 잘 먹지 못해서 짜장면을 먹었습니다.

어휘 펼치기

'낙숫물이 댓돌을 뚫는다'라는 속담은 꾸준히 노력하는 것의 중요성을 뜻하는 속담입니다. 처마 끝에서 떨어지는 물이 돌에 구멍을 만들기 위해서는 오랜 시간 계속해서 떨어져야 합니다.
큰 무쇠 덩어리를 갈아서 가느다란 바늘로 만드는 일도 마찬가지입니다. 오랜 시간 갈아야 바늘을 만들 수 있습니다. '무쇠도 갈면 바늘 된다'라는 속담은 계속해서 노력하면 어떤 어려운 일이라도 이룰 수 있다는 말입니다.
오답풀이 ㉠ '하나를 듣고 열을 안다'는 한마디 말을 듣고 여러 가지 사실을 알 정도로 영리하다는 뜻입니다.
㉡ '돌다리도 두들겨 보고 건너라'라는 속담은 잘 알고 있는 일이라도 다시 한번 확인해 보고 조심해야 한다는 의미입니다.
㉢ '공든 탑이 무너지랴'는 정성을 다한 일은 헛되지 않는다는 뜻을 지닌 속담입니다.

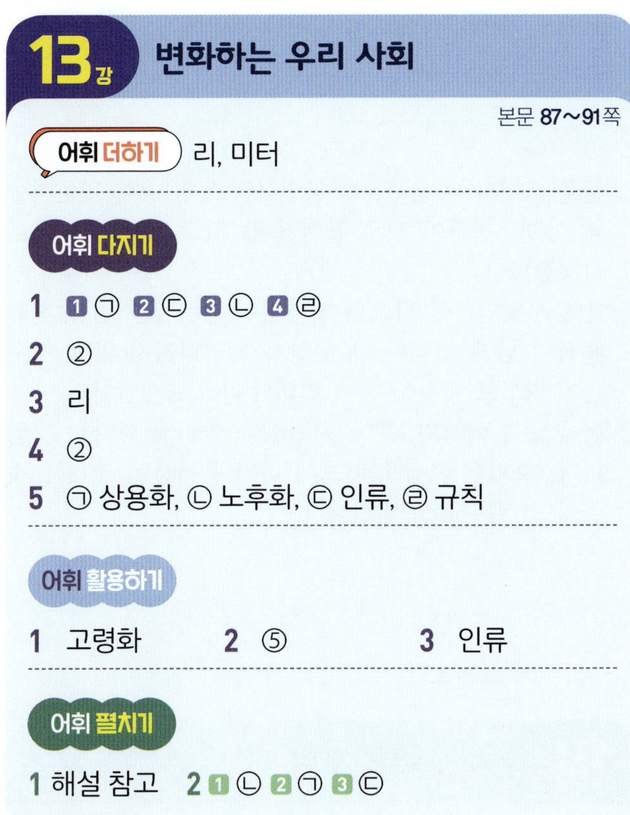

13강 변화하는 우리 사회

어휘 더하기 리, 미터

어휘 다지기

1 **1** ㉠ **2** ㉢ **3** ㉡ **4** ㉣
2 ②
3 리
4 ②
5 ㉠ 상용화, ㉡ 노후화, ㉢ 인류, ㉣ 규칙

어휘 활용하기

1 고령화 2 ⑤ 3 인류

어휘 펼치기

1 해설 참고 2 **1** ㉡ **2** ㉠ **3** ㉢

어휘 더하기

요즘은 'm(미터)'를 사용해서 거리를 나타내지만, 미터를 사용하기 이전에는 '리(里)'라는 단위를 사용해서 거리를 나타냈습니다. 1리는 약 393m입니다.

어휘 다지기

1

1 '교류'는 '문화나 사상 등이 서로 오감.'을 뜻합니다.
2 '노후화'는 '오래되거나 낡아서 쓸모가 없게 됨.'을 뜻합니다.
3 '규범'은 '한 사회의 구성원으로서 따르고 지켜야 할 원리나 행동 양식.'을 뜻합니다.
4 '인류'는 '전 세계의 모든 사람.'을 뜻합니다.

2

㉠ '상용'은 항상 쓴다는 의미입니다. 일상생활에서 늘 사용한다는 의미이므로 '일상적으로'가 들어가는 것이 알맞습니다.
㉡ '높을 고(高), 나이 령(齡)'을 합쳐 많은 나이를 '고령'이라고 합니다. 나이가 많은 사람은 '늙을 로(老)'와 '사람 인(人)'을 합쳐서 '노인'이라고 합니다. 사회에 노인이 많아지게 되는 것을 '고령화'라고 합니다.

㉢ '큰 대(大)'와 '무리 중(衆)'을 합쳐 '대중'이라고 합니다. '큰 무리, 많은 사람의 무리.'라는 뜻입니다.

3

예전에는 사람들이 거리를 나타내는 단위로 '리'를 썼습니다. 오늘날에는 거리의 단위로 'm(미터)'를 많이 씁니다. 1리는 약 393m입니다. 올림픽에서 달리기 경기를 본 적이 있나요? 달리기 경기장 한 바퀴가 400m입니다. 1리는 달리기 경기장 한 바퀴보다 조금 더 짧은 거리입니다.

4

'대중'이라는 낱말은 많은 사람과 관련되어 있다는 뜻으로, 다른 낱말과 함께 쓰이기도 합니다.
'매체'는 어떤 사실을 널리 전달하는 물체나 수단을 뜻합니다. '대중 매체'는 많은 사람들에게 정보를 전달하는 신문, 잡지, 영화, 텔레비전 등을 말합니다.
'교통'은 자동차, 기차, 배, 비행기 등의 탈것을 이용하여 사람이나 짐이 오고 가는 일입니다. 많은 사람들이 이용하는 교통수단을 '대중교통'이라고 부릅니다.
많은 사람이 형성하는 문화를 '대중문화'라고 합니다.

5

㉠ 드론을 일상적으로 많이 사용한다는 내용이 나타나 있습니다. 일상적으로 쓰게 됨을 의미하는 '상용화'가 들어가야 합니다.
㉡ 시설을 고치는 이유를 생각해 보면 무엇이 들어갈지 알 수 있습니다. 시설이 오래되어 수리가 필요하거나, 틈이 생기거나, 부서짐 등의 이유를 짐작해 볼 수 있습니다. 이런 뜻을 담고 있는 낱말을 〈보기〉에서 찾으면 '노후화'가 있습니다. '고령화'는 노인이 많아진다는 의미이므로, 시설이 낡고 오래된 것에는 알맞지 않습니다.
㉢ 무기가 위협할 수 있는 대상이 될 수 있는 것을 〈보기〉에서 고르면 '인류'입니다.
㉣ 내용의 흐름을 보면 드론을 바르게 사용하기 위한 약속이 필요하다는 것을 알 수 있습니다. 여러 사람이 지키도록 정해 놓은 법칙인 '규칙'이 들어가는 것이 알맞습니다.

어휘 활용하기

1

평균 수명이 길어지고 노인이 차지하는 비율이 늘어나고 있다는 내용이 ㉠ 바로 뒤의 문장에 나옵니다. 계속하여 노인을 위한 전문 시설이 생겨나고, 노인을 대상으로 하는 산업이 발달하고 있다는 내용이 나옵니다. 노인과 관계된 것이 늘어나는 이유는 노인이 점점 많아지고 있기 때문이

라는 것을 짐작할 수 있습니다. 이를 알맞은 단어로 나타
내면 '고령화'가 됩니다.

2

ⓒ '교류'는 한자로 '사귈 교(交), 흐를 류(流)'를 씁니다. 문
화나 사상 등이 서로 오가는 것을 뜻합니다. '왕래'는
'갈 왕(往), 올 래(來)'를 사용하여 오고 간다는 의미가
있는 낱말입니다.

(오답풀이)
① 규범: 한 사회의 구성원으로서 따르고 지켜야 할 원리
나 행동 양식.
② 규칙: 여러 사람이 지키도록 정해 놓은 법칙.
③ 대중: 많은 사람의 무리.
④ 상용: 일상적으로 씀.

3

'전 세계의 모든 사람.'을 뜻하는 낱말은 '인류'입니다.
'사람 인(人)'과 '무리 류(類)'가 합쳐진 낱말입니다.

어휘 펼치기

1

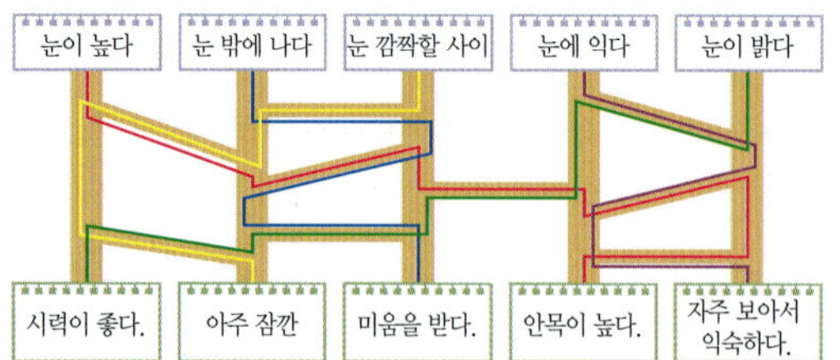

'눈'과 관련된 관용 표현은 많습니다. 신체 기관으로서의
'눈'의 뜻을 가진 표현도 있고, '보다'의 뜻에서 갈라져 나와
생긴 표현도 있습니다.
• 눈이 높다: 여기서의 '눈'은 안목, 어떤 것의 가치를 판단
하거나 구별할 수 있는 능력의 의미로 사용되었습니다.
• 눈 밖에 나다: 눈 밖으로 나가면 보이지 않게 됩니다. 누
군가를 믿지 못하고 미워하게 되면 그 사람을 찾지 않게
되고, 점점 그 사람과 멀어지게 됩니다.
• 눈 깜짝할 사이: 눈을 감았다가 뜨는 데 얼마나 걸리나
요? '눈 깜짝할 사이'는 매우 짧은 시간을 표현하는 말입
니다.
• 눈에 익다: 여기에서의 '익다'는 '익숙하다'의 의미입니
다. 여러 번 보아서 익숙하다는 의미로 사용되는 관용
표현입니다.
• 눈이 밝다: 여기서의 '눈'은 '시력'을 의미합니다. 볼 수
있는 능력이 뛰어난 것을 '눈이 밝다'라고 합니다. 길을

잘 익혀 기억하는 능력이 뛰어난 사람에게 '길눈이 밝다'
라고 쓰기도 합니다.

2

1 '눈을 붙이다'는 눈꺼풀을 붙인다는 뜻입니다. 윗눈꺼풀
과 아랫눈꺼풀이 서로 붙어 눈을 감고 잔다는 의미로
사용합니다.
2 발로 무엇인가를 밟으면 발자국이 남는 것처럼 밟히면
흔적이 남게 됩니다. 무엇인가가 잊혀지지 않고 자꾸
눈에 떠오르는 것을 '눈에 밟히다'라고 표현합니다.
3 '눈을 끌다'에서의 '끌다'는 관심을 쏠리게 한다는 뜻입
니다. 호기심을 일으켜 보게 하거나 마음이 쏠리는 것
을 '눈을 끌다'라고 말합니다.

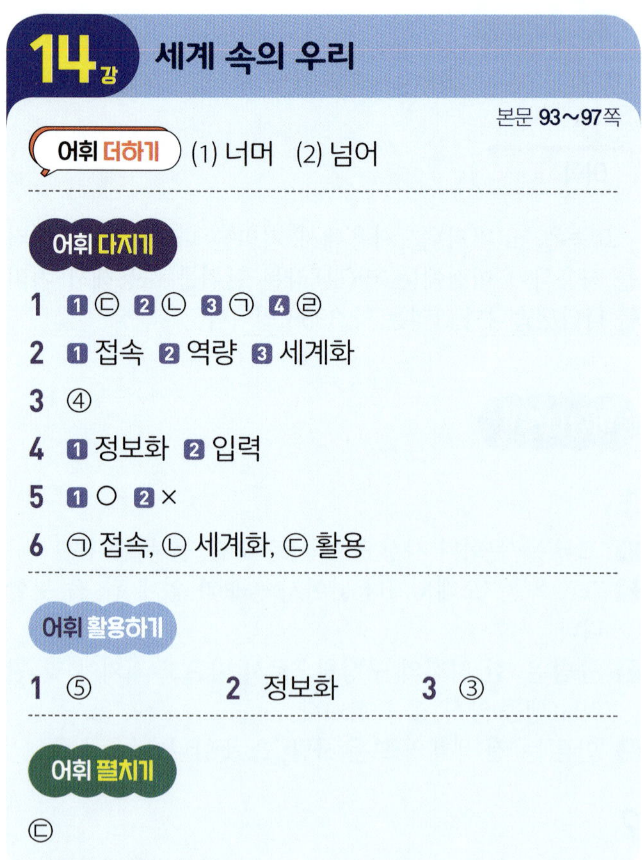

어휘 더하기

(1) '산을 넘어선 건너편'을 뜻하는 말이므로 '너머'가 알맞
습니다.
(2) 담 위를 넘거나 지나가는 것을 뜻하는 말이므로 '넘어'
가 알맞습니다.

1

1 '검색'은 '책이나 컴퓨터에서 필요한 자료를 찾아내는 것.'을 뜻합니다.

2 '입력'은 '문자나 숫자 등의 정보를 컴퓨터가 기억하게 함.'을 뜻합니다.

3 '게시판'은 '알릴 내용을 여러 사람이 볼 수 있도록 붙여 두는 판.'을 뜻합니다.

4 '활용'은 '어떤 대상이 가지고 있는 쓰임이나 능력을 충분히 잘 이용함.'을 뜻합니다.

2

1 '컴퓨터에서, 여러 개의 프로세서와 기억 장치를 물리적으로 또는 전기 회로로 연결하는 일.'을 뜻하는 낱말은 '접속'입니다.

2 '어떤 일을 해낼 수 있는 힘과 능력.'을 뜻하는 낱말은 '역량'입니다.

3 '세계 여러 나라를 이해하고 세계적으로 나아감.'을 뜻하는 낱말은 '세계화'입니다.

3

ⓛ '게시판'은 '알릴 내용을 여러 사람이 볼 수 있도록 붙여 두는 판.'으로, 비슷한 낱말에는 '어떤 내용이나 일을 소개하거나 사정 등을 알리는 글이 붙은 판.'을 뜻하는 '안내판'이 있습니다.

ⓔ '활용'은 '어떤 대상이 가지고 있는 쓰임이나 능력을 충분히 잘 이용함.'을 뜻합니다. 비슷한 의미의 낱말에는 '대상을 필요에 따라 이롭거나 쓸모가 있게 씀.'을 뜻하는 '이용'이 있습니다.

ⓒ '입력'은 '문자나 숫자 등의 정보를 컴퓨터가 기억하게 함.'을 뜻합니다. '출력'은 '컴퓨터 등의 기기가 입력을 받아 일을 하고 밖으로 결과를 내는 일.'을 뜻하므로 입력과 출력은 반대되는 낱말입니다.

ⓒ '검색'은 '책이나 컴퓨터에서 필요한 자료를 찾아내는 것.'이라는 뜻입니다. '접속'은 '컴퓨터에서, 여러 개의 프로세서와 기억 장치 사이를 물리적으로 또는 전기 회로로 연결하는 일.'이라는 뜻입니다. 따라서 '검색'과 '접속'은 비슷한 뜻의 낱말이 아닙니다.

4

1 '지식과 자료 등을 정보의 형태로 만들어 가치를 높임.'을 뜻하는 낱말은 '정보화'입니다.

2 '문자나 숫자 등의 정보를 컴퓨터가 기억하게 함.'을 뜻하는 낱말은 '입력'입니다.

5

1 '산을 넘어선 건너편'을 뜻하는 말이므로 '너머'가 알맞습니다.

2 '창문 위를 넘거나 지나가면 위험하다.'를 뜻하는 말이므로 '넘어'가 알맞습니다. '너머'는 '경계나 가로막은 것을 넘어선 건너편.'을 뜻합니다.

6

ⓐ 인터넷 연결이 끊어져서 다른 나라 문화 조사하기 과제를 하지 못한 상황이므로 '접속'이라는 낱말이 알맞습니다.

ⓛ '세계 여러 나라를 이해하고 세계적으로 나아감.'이라는 뜻의 '세계화'라는 낱말이 알맞습니다.

ⓒ '어떤 대상이 가지고 있는 쓰임이나 능력을 충분히 잘 이용함.'이라는 뜻의 '활용'이 알맞은 낱말입니다.

1

아버지의 말씀을 통해 우리나라도 지구촌 문제 해결을 위해서 지구촌 전등 끄기 행사에 참여하고 있다는 것을 알 수 있습니다.

2

'지식과 자료 등을 정보의 형태로 만들어 가치를 높임.'의 뜻을 가진 낱말은 '정보화'입니다.

3

'게시판'은 '알릴 내용을 여러 사람이 볼 수 있도록 붙여 두는 판.'입니다. 이와 비슷한 뜻의 낱말인 '안내판'은 '어떤 내용이나 일을 소개하거나 사정 등을 알리는 글이 붙는 판.'이라는 뜻을 가진 낱말입니다.

ⓒ '모난 돌이 정 맞는다'는 '여럿 가운데 두드러지는 사람이 남에게 미움을 받게 된다.'를 뜻하는 속담입니다.

ⓐ '사공이 많으면 배가 산으로 간다'는 '여러 사람이 자기 주장만 내세우면 일이 제대로 되기 어렵다.'를 뜻하는 속담입니다.

ⓛ '말 한마디에 천 냥 빚도 갚는다'는 '말을 잘하면 어려운 일도 쉽게 해결할 수 있다.'라는 뜻의 속담입니다.

1 ②

2 ④

3 ❶ ㉃ ❷ ㉄ ❸ ㉆ ❹ ㉠ ❺ ㉣

4 표결

5 ❶ 제국 ❷ 광복 ❸ 이산가족 ❹ 대중

6 ㉠ 독립, ㉡ 편견, ㉢ 무자비하다, ㉣ 대중

7 ❶ 보호색 ❷ 멸종

8 해설 참고

9 ❶ ㉣ ❷ ㉢ ❸ ㉡ ❹ ㉠

10 ❶ 댁 ❷ 생신 ❸ 성함 ❹ 연세 ❺ 진지

11 ②

12 천체

13 ❶ 관찰 ❷ 은하 ❸ 확대경 ❹ 통계

1

㉠ '동의'는 '같은 뜻', '같은 의견을 가짐.'을 뜻하며, '이의'는 '어떤 주장이나 결정 등에 대하여 가지는 다른 의견.'을 뜻하므로 서로 반대되는 뜻을 지닌 말입니다. ㉢ '개막식'은 '일정 기간 동안 계속되는 대회, 공연, 행사를 처음 시작할 때 행하는 의식.'을 뜻하고, '폐막식'은 '일정 기간 동안 행사를 치르고 난 뒤 그것을 끝맺기 위해 맨 마지막으로 하는 행사.'를 뜻하므로 서로 반대되는 뜻을 지닌 말입니다.

(오답풀이)
㉡ '교류'는 '문화나 사상 등이 서로 오감.'을 뜻하고, '왕래'는 '사람들이 서로 오고 가고 함.'을 뜻합니다.
㉣ '보안경'은 '눈을 보호하기 위하여 쓰는 안경.'을 뜻하고, '확대경'은 '작은 것을 크게 보이도록 하기 위해 볼록 렌즈로 만든 안경. 또는 볼록 렌즈. 돋보기.'를 뜻합니다.

2

㉡ '동의'는 '같은 뜻.', '같은 의견을 가짐.'을 뜻하며, 비슷한말로는 '동조'가 있습니다.
㉢ '학예회'는 '주로 학생들의 작품을 전시하거나 준비한 공연 등을 발표하는 특별 교육 활동.'을 뜻하며, 비슷한 말로는 '학습 발표회'가 있습니다.

(오답풀이)
㉠ '권리'는 '어떤 일을 하거나 다른 사람에게 요구할 수 있

는 정당한 힘이나 자격.'을 뜻하고, '의무'는 '마땅히 해야 할 일.'을 뜻합니다.
㉣ '입력'은 '문자나 숫자 등의 정보를 컴퓨터가 기억하게 함.'을 뜻하고, '출력'은 '컴퓨터 등의 기기나 장치가 입력을 받아 일을 하고 밖으로 결과를 내는 일. 또는 그 결과.'를 뜻합니다.

3

❶ 국가는 국민이 편안하고 행복하게 살도록 '복지' 향상에 힘써야 합니다.
❷ 원래의 모양이나 형태를 바꾸는 것을 '탈바꿈'이라고 합니다.
❸ 한 지역이나 단체가 다른 지역이나 단체와 서로 돕거나 교류하기 위하여 친선 관계를 맺는 일을 '자매결연'이라고 합니다.
❹ '절차'는 일을 해 나갈 때 거쳐야 하는 순서나 방법을 뜻하므로, 제사를 지내는 '절차'가 알맞습니다.
❺ '박람회'는 일정 기간 동안 홍보나 판매 등을 목적으로 어떤 주제 아래에서 온갖 물품을 사람들에게 보이는 행사를 뜻합니다.

4

'표결'은 '투표를 해서 결정함.'을 뜻하므로 '표결'의 결과로 건의가 통과되고, '표결'의 결과로 토론의 안건에 대한 찬반을 결정하고, '표결'을 통해 다수의 의견을 따른다가 알맞습니다.

5

❶ '제국'은 '황제가 다스리는 나라.'라는 뜻입니다.
❷ '광복'은 '빼앗긴 주권을 다시 찾음.'이라는 뜻입니다.
❸ '이산가족'은 '국토의 분단이나 전쟁 등의 사정으로 이리저리 흩어져서 서로 소식을 모르는 가족.'이라는 뜻입니다.
❹ '대중'은 '수많은 사람의 무리.'라는 뜻입니다.

6

❶ '많은 사람들의 무리.'라는 뜻을 가진 낱말은 '대중'입니다.
❷ '한 나라가 완전한 주권을 가짐.'이라는 뜻을 가진 낱말은 '독립'입니다.
❸ '동정심이나 인정이 없어 마음씨가 몹시 쌀쌀하고 모질다.'라는 뜻을 가진 낱말은 '무자비하다'입니다.
❹ '공평하고 올바르지 못하고 한쪽으로 치우친 생각.'이라는 뜻을 가진 낱말은 '편견'입니다.

7

1 개구리는 '보호색(적의 눈에 띄지 않아 생명을 보호할 수 있는, 주위의 빛깔과 비슷한 몸의 색.)'을 가지고 있어서 적의 눈에 잘 띄지 않습니다.

2 환경 오염이 심해지면서 '멸종(생물의 한 종류가 아주 없어짐.)' 위기에 놓인 동물들이 늘고 있습니다.

8

<table>
<tr><td>①바</td><td></td><td></td><td>⑥행</td><td>⑦정</td></tr>
<tr><td>②자</td><td>기</td><td>장</td><td></td><td>책</td></tr>
<tr><td>회</td><td></td><td>③복</td><td></td><td></td></tr>
<tr><td>④식</td><td>⑤민</td><td>지</td><td></td><td>⑧세</td></tr>
<tr><td></td><td>족</td><td></td><td></td><td>계</td></tr>
<tr><td></td><td></td><td>⑨노</td><td>후</td><td>화</td></tr>
</table>

9

1 '액체가 기체로 변하는 현상.'은 '증발'이라고 합니다.

2 '액체가 한 덩어리로 엉기어 뭉침.'은 '응결'이라고 합니다.

3 '규정이나 규칙에 의하여 공적인 일을 처리함.'은 '행정'이라고 합니다.

4 '한 국가 또는 사회의 모든 사람에게 관계되는 것.'은 '공공'이라고 합니다.

10

'집'의 높임 표현은 '댁', '생일'의 높임 표현은 '생신', '이름'의 높임 표현은 '성함', '나이'의 높임 표현은 '연세 또는 춘추', '밥'의 높임 표현은 '진지'입니다.

11

지환이와 시현이는 망원경을 보고 안내문을 읽기는 했지만, 망원경으로 밤하늘을 관찰했다는 내용은 나와 있지 않습니다.

12

'천체'는 우주에 있는 모든 물체를 통틀어 이르는 말입니다. 글의 내용으로 보아 도서관에서는 '천체 관찰 전시회'가 열리고 있었으며, 천체를 관찰하는 망원경인 '천체 망원경'이 있었습니다.

13

1 '관찰'은 '사물이나 현상을 주의하여 자세히 살펴봄.'이라는 뜻입니다.

2 '은하'는 '흰 구름 모양으로 길게 보이는 수많은 천체의 무리.'라는 뜻입니다.

---

3 '확대경'은 '작은 것을 크게 보이도록 하기 위해 만든 안경. 또는 볼록 렌즈.'라는 뜻입니다.

4 '통계'는 '어떤 현상을 종합적으로 한눈에 알아보기 쉽게 일정한 체계에 따라 숫자로 나타냄.'이라는 뜻입니다.

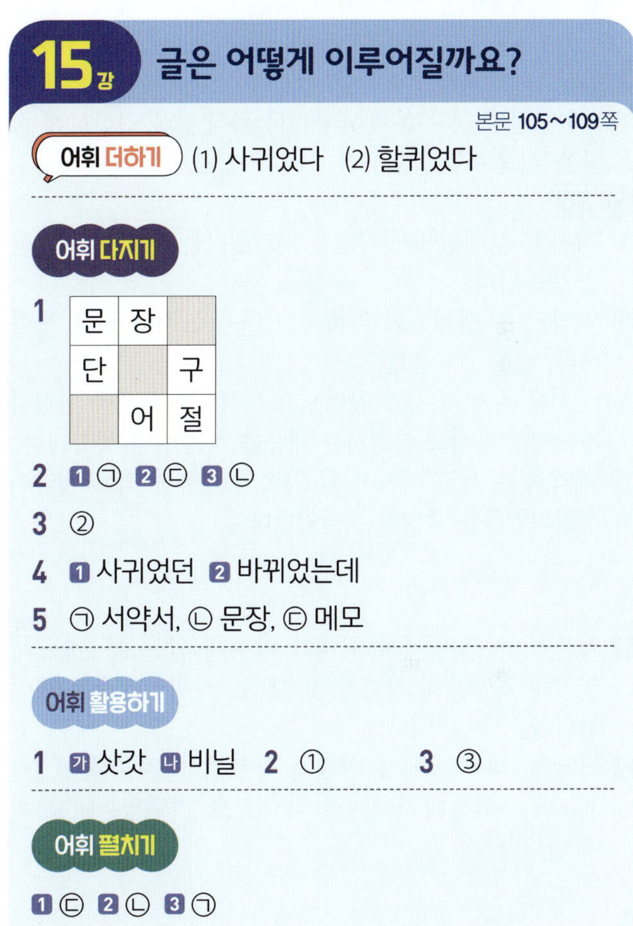

15강 글은 어떻게 이루어질까요?

본문 105~109쪽

어휘 더하기 (1) 사귀었다 (2) 할퀴었다

어휘 다지기

1
<table>
<tr><td>문</td><td>장</td><td></td></tr>
<tr><td>단</td><td></td><td>구</td></tr>
<tr><td></td><td>어</td><td>절</td></tr>
</table>

2 1 ㉠ 2 ㉢ 3 ㉡

3 ②

4 1 사귀었던 2 바뀌었는데

5 ㉠ 서약서, ㉡ 문장, ㉢ 메모

어휘 활용하기

1 ㉮ 삿갓 ㉯ 비닐 2 ①   3 ③

어휘 펼치기

1 ㉢ 2 ㉡ 3 ㉠

어휘 더하기

(1) 기본형이 '사귀다'이므로 '사귀'의 형태를 바꾸면 안 됩니다. '사귀었다'가 바른 표기입니다.

(2) 기본형이 '할퀴다'이므로 '할퀴'의 형태를 바꾸면 안 됩니다. '할퀴었다'가 바른 표기입니다.

어휘 다지기

1

하나의 완결된 뜻을 나타내는, 말과 글을 이루는 기본

단위는 '문장'입니다. 문장을 구성하고 있는 각각의 마디를 '어절'이라고 합니다. 문장들이 모여 '문단'을 만듭니다. 그리고 한 토막의 말이나 글은 '구절'이라고 합니다.

2

1 '중학생이다.'는 '무엇이다'에 해당합니다.

2 '아침마다 일찍 일어난다.'는 움직임을 나타내기 때문에 '어찌하다'에 해당합니다.

3 '나보다 더 부지런하다.'는 상태나 성질을 나타내기 때문에 '어떠하다'에 해당합니다.

3

책이나 글의 첫 부분에 내용이나 목적 등을 간단하게 적은 글을 '서문'이라고 합니다.

(오답풀이)

① '각서'는 상대방에게 약속을 지키겠다는 내용을 적은 글을 뜻합니다.

③ '서약서'는 맹세하고 약속하는 내용을 적은 글을 뜻합니다.

④ '선서문'은 여러 사람 앞에서 공식적으로 무엇을 인정하거나 지키겠다고 다짐하는 내용을 적은 글을 뜻합니다.

⑤ '계약서'는 서로 지켜야 할 약속의 내용을 적고 계약이 성립되었음을 증명하는 글입니다.

4

1 기본형 '사귀다'에서 형태가 바뀌지 않는 부분인 '사귀-'에 '-었던'이 결합한 것이므로 '사귀었던'으로 써야 합니다.

2 기본형 '바뀌다'에서 형태가 바뀌지 않는 부분인 '바뀌-'에 '-었는데'가 결합한 것이므로 '바뀌었는데'로 써야 합니다.

5

㉠ 지켜야 할 내용을 적은 글이므로 '서약서'가 적절합니다.

㉡ 이해하기 쉽도록 간결하게 썼다는 내용으로 볼 때 '문장'이 적절합니다.

㉢ 잊어버리지 않도록 적는다고 한 것을 볼 때 '메모'가 적절합니다.

[어휘 **활용하기**]

1

가 문단에서 옛날 사람들은 비가 올 때면 삿갓을 사용했다고 했습니다.

나 문단에서 오늘날 사람들은 비닐로 만든 우산을 쓴다고 했습니다.

2

'삿갓은'은 '무엇이'에 해당하고, '대나 갈대를 엮어서 만든 모자이다.'는 '무엇이다'에 해당합니다.

3

앞 문장에서는 비단으로 만든 우산이 비에 젖으면 무거워져 들고 다니기 어려웠다고 했고, 뒷문장에서는 가벼운 소재로 우산을 만들었다고 했습니다. 앞 문장이 뒷문장의 원인에 해당하므로 '그래서'가 들어가야 자연스럽습니다.

[어휘 **펼치기**]

'원격'은 '멀리 떨어져 있음.'을, '무선'은 '전선을 연결하지 않고 전파를 통해 통신이나 방송을 보내거나 받음.'을 뜻하고, '점자'는 '손가락으로 더듬어 읽도록 만든 문자.'를 뜻합니다.

16강 탐험하고 연구해요

본문 111~115쪽

[어휘 **더하기**] ㉠ 고생대, ㉡ 중생대, ㉢ 신생대

[어휘 **다지기**]

1 **1** 진화 **2** 연대기 **3** 추정

2 **1** 지질 **2** 지층

3 ④

4 화석

5 예상

6 ㉠ 화석, ㉡ 추정, ㉢ 지층

[어휘 **활용하기**]

1 ⑤　　**2** ㉠ 퇴적물, ㉡ 지층, ㉢ 화석　　**3** ②

[어휘 **펼치기**]

꿩 먹고 알 먹기/도랑 치고 가재 잡기

㉠ 삼엽충은 고생대를 대표하는 생물로, 고생대에만 번식했던 생물입니다.
㉡ 암모나이트와 공룡은 중생대에 살았던 대표적인 생물입니다.
㉢ 신생대에는 대형 포유류가 많이 번식했습니다. 대표적인 생물에는 매머드가 있습니다.

어휘 다지기

1

생물이 생명이 생긴 후부터 조금씩 발전해 가는 현상을 '진화', 왕들의 업적과 같은 역사상의 사건을 연대순으로 적은 기록을 '연대기', 어떠한 것을 근거로 미루어 생각하고 판단하는 것을 '추정'이라고 합니다.

2

❶ 제주도는 화산 활동으로 이루어진 섬으로, 땅의 표면이 주로 화성암인 현무암으로 이루어져 있습니다.
❷ '지층'을 통해 자갈, 모래, 진흙 등의 퇴적물이 쌓인 순서와 쌓일 당시의 환경을 알 수 있으므로 '지층'은 땅에 새겨진 지구의 역사책이라고 할 수 있습니다.

3

호랑이 새끼가 태어난 것은 호랑이가 '번식'한 것이고, 회사가 성장한 것은 '번성' 또는 '번영'했다고 합니다. 밀림이 우거지고 퍼진 것은 '번식' 또는 '번성'으로 표현할 수 있습니다. 빈칸에 들어갈 낱말로 알맞게 짝 지어진 것은 ㉠ 번식, ㉡ 번영, ㉢ 번성입니다.

4

조개 화석이 발견되는 지역은 과거에 갯벌이나 바다였음을 추정할 수 있습니다. 공룡 화석을 통해 과거에 살았던 공룡의 모습을 복원할 수 있습니다.

5

빈칸에 들어갈 말은 모두 앞으로의 일을 미리 헤아려 짐작함(추측함)을 의미하는 말이고, 주어진 초성이 'ㅇㅅ'이므로 '예상'이 알맞습니다.

6

학생들은 공룡 전시관에 있는 공룡 발자국 '화석'을 보며 대화를 나누고 있습니다. 화석을 통해 생물이 살던 시기와

환경을 미루어 짐작하는 '추정'을 할 수 있습니다. 자갈, 모래, 진흙 등이 오랜 시간 쌓여서 이루어진 '지층' 속에서 여러 생물의 흔적을 찾을 수 있습니다.

어휘 활용하기

1

이 글에서 고생물학자들이 화석을 연구할 때 사용하는 도구에 관한 내용은 찾아볼 수 없습니다.

2

'화석이 만들어지는 과정'은 '죽은 생물체 위로 빠르게 '퇴적물'이 쌓인다. → 오랜 시간 동안 쌓인 퇴적물이 '지층'을 이룬다. → 지층 속에서 죽은 생물의 몸이 단단하게 굳어져서 '화석'이 된다.'입니다.

3

②는 '나무나 풀이 자라서 우거져 있음.'을 뜻하는 '번성'이고, ①, ③, ④, ⑤는 '세력이 커져서 널리 퍼짐.'을 뜻하는 '번성'입니다.

어휘 펼치기

대화의 상황에서 좋아하는 가수의 물건을 싸게 살 수 있고, 그 수익금으로 어려운 이웃도 도울 수 있다고 했습니다. 물건을 사는 한 가지의 일로 두 가지의 이익을 얻는 '꿩 먹고 알 먹기' 또는 '도랑 치고 가재 잡기'에 해당하는 상황입니다.

17강 나는야 수학자!

본문 117~121쪽

어휘 더하기 하지, 동지

어휘 다지기

1 ❶ 정삼각형 ❷ 이등변 삼각형
2 ❶ 통계 ❷ -들이 ❸ 소수
3 어림
4 ❶ 둔각 ❷ 예각 ❸ 직각
5 소수
6 ④

어휘 펼치기

어	림	반	푼	어	치	도		없	다			
어	림	반	닷	곱	없	는		소	리		한	다

어림

어휘 더하기

'하지'는 이십사절기의 하나로 망종과 소서 사이에 들며, 양력 6월 21일경으로, 일 년 중 낮이 가장 길고 밤이 가장 짧습니다. '동지'도 이십사절기의 하나로 대설과 소한 사이에 들며, 12월 22일이나 23일경으로, 일 년 중 낮이 가장 짧고 밤이 가장 깁니다.

어휘 다지기

1
1 트라이앵글은 세 변의 길이가 같은 정삼각형 모양의 리듬 악기입니다.
2 길이가 같은 두 개의 연필이 두 개의 변을 이루고, 길이가 다른 한 개의 연필이 나머지 한 개의 변을 이루면 두 변의 길이가 같은 삼각형인 이등변 삼각형이 됩니다.

2
1 그래프를 보면 통계를 쉽게 알 수 있습니다. '통계'는 자료 조사한 것을 한눈에 알아보기 쉽게 일정한 틀, 즉 표나 그래프로 나타낸 것을 말합니다.
2 '-들이'란 '그만큼 담을 수 있는 용량.'의 뜻을 더하는 접미사를 말합니다.
3 고양이의 무게는 3.9 kg입니다. 이는 '일의 자리보다 작은 자리의 값을 가진 수.'를 뜻하는 '소수'가 알맞습니다.

3

'어림'은 짐작하여 대강 헤아리는 것을 말합니다.

4
1 9시 10분은 90도보다는 크고 180도보다는 작은 각을 이루므로 '둔각'입니다.
2 11시는 90도보다 작은 각을 이루므로 '예각'입니다.
3 9시는 두 직선이 만나서 90도의 각을 이루므로 '직각'입니다.

5

일의 자리보다 작은 자리의 값을 가진 수를 '소수'라고 합니다. 일의 자리의 값을 가진 수 다음에 점을 찍어 나타냅니다. 예를 들면, '0.1, 4.52' 등과 같이 나타냅니다.

6

'평면(平面)', '평행(平行)', '평지(平地)', '평균(平均)'의 '평(平)'은 '평평하다'라는 뜻입니다.

어휘 활용하기

1

삼촌은 수학에 어려움을 느껴 수학 공부를 포기하려는 혜미에게 일상생활에서 만날 수 있는 수학 용어들을 소개하며 혜미가 수학 공부에 재미를 느끼길 바라고 있습니다.

2

두 개의 직선이 나란히 있어 아무리 길게 늘려도 서로 만나지 않음을 뜻하는 낱말은 '평행'입니다.

어휘 펼치기

'어림 반 푼어치도 없다'는 몹시 부당하거나 터무니없는 말을 함을 이르는 말입니다. '어림 반 닷곱 없는 소리 한다'는 어림잡아 반에 다섯 홉이 모자라는 소리를 한다는 뜻으로 조금도 이치에 맞지 않는 소리를 한다는 말이랍니다.

18강 생각과 글

본문 123~127쪽

어휘 더하기 　① 해설, ② 지문, ③ 대사

어휘 다지기

1 ④

2 ②

3 ❶ ㉢ ❷ ㉠ ❸ ㉡ ❹ ㉣

4 조직

5 ❶ 짜임 ❷ 점검 ❸ 쓰임새

6 ㉠ 조직, ㉡ 짜임새, ㉢ 점검

1 제시 　　**2** ② 　　**3** ② 　　**4** ②

④

어휘 더하기

①은 극본의 앞부분에 배경, 인물, 무대 장치 등을 설명하는 글이므로 '해설'입니다

②는 인물의 동작이나 표정, 심리 등을 서술한 글이므로 '지문'입니다.

③은 배우가 실제로 하는 말에 해당하므로 '대사'입니다.

어휘 다지기

1

'조직'은 '① 어떤 목표를 이루기 위해 여럿이 모여 체계 있는 집단을 이룸. 또는 그 집단. ② 천의 짜임새. ③ 짜서 이루거나 얽어서 만듦.'을 뜻하는 낱말이고, '기준'은 '구별하거나 정도를 판단하기 위하여 그것과 비교하도록 정한 대상이나 잣대.'를 뜻하는 낱말이므로 서로 비슷한 뜻을 지닌 말이 아닙니다.

2

소방 안전은 안전 여부를 검사하므로 '점검'을 실시해야 하고, 안전 관리 '기준'에 적합해야 하고, 개선 및 해결 방안에 대한 '요점'을 정리하여 자세히 안내해야 합니다.

3

㉠ 요점 – 가장 중요하고 중심이 되는 사항.

㉡ 뜻풀이 – 어려운 낱말이나 글의 뜻을 알기 쉽게 밝혀 말함.

㉢ 쓰임새 – 쓰임의 정도.

㉣ 제시 – 무엇을 하고자 하는 생각을 말이나 글로 나타내어 보임.

4

❶은 '조직'의 뜻풀이 중 '천의 짜임새.', ❷는 '조직'의 뜻

풀이 중 '목표를 이루기 위해 여럿이 모여 체계 있는 집단을 이룸. 또는 그 집단.'을 뜻하므로 공통으로 들어갈 낱말은 '조직'입니다.

5

❶은 문장의 '짜임', ❷는 여행 일정을 꼼꼼하게 '점검', ❸은 물건의 다양한 '쓰임새'가 문장에 들어갈 알맞은 낱말입니다.

6

㉠은 작가가 극본 내용을 거의 다 구성했다는 의미로 이야기하므로 '조직'이 알맞고, ㉡은 감독이 작가의 극본을 칭찬하고 있으므로 '글, 이론 등의 내용이 체계를 잘 갖춘 상태.'인 '짜임새'가 어울립니다. ㉢은 작가가 극본을 다시 보고 수정한다고 하였으므로 '점검'이 알맞은 낱말입니다.

어휘 활용하기

1

'제시'는 무엇을 하고자 하는 생각을 말이나 글로 나타내어 보임을 뜻하는 낱말입니다.

2

'글쓰기 과정'은 '계획하기 → 내용 선정하기 → 내용 조직하기 → 표현하기 → 고쳐쓰기'입니다.

3

'짜임'은 조직이나 구성을 뜻하는 낱말입니다.

4

글쓰기 마지막 단계인 '고쳐쓰기' 단계에서는 자신이 쓴 글을 다시 읽고 '점검'해서 잘못되었거나 어색한 부분을 고쳐 씁니다. '점검'은 '낱낱이 검사함. 또는 그런 검사.'를 뜻합니다.

어휘 펼치기

비가 와서 여행을 가지 못한 언짢은 일을 맛있는 음식을 배달시켜 먹을 수 있어서 더 좋다고 좋게 풀이하였습니다. 언짢은 일을 좋게 풀이하는 것을 비유하는 말인 '꿈보다 해몽이 좋다'와 어울리는 상황입니다.

오답풀이

①은 '꿩 먹고 알 먹기' 또는 '도랑 치고 가재 잡기'와 어울리는 상황, ②는 '가는 말이 고와야 오는 말이 곱다'라는

속담과 어울리는 상황, ③은 '꿩 대신 닭'과 어울리는 상황, ⑤는 '티끌 모아 태산' 또는 '낙숫물이 댓돌을 뚫는다'와 어울리는 상황입니다.

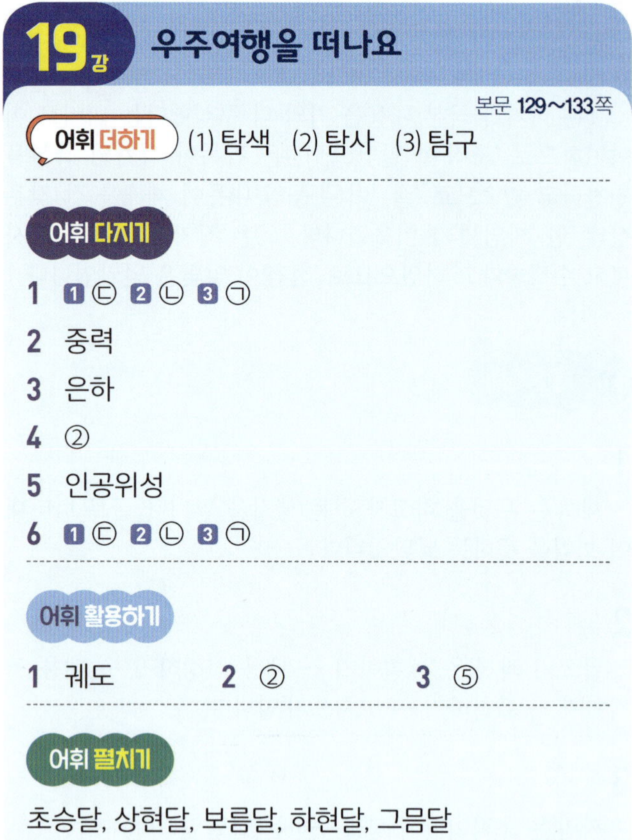

19강 우주여행을 떠나요

본문 129~133쪽

어휘 더하기 (1) 탐색   (2) 탐사   (3) 탐구

어휘 다지기

1 ❶ ㉢ ❷ ㉡ ❸ ㉠
2 중력
3 은하
4 ②
5 인공위성
6 ❶ ㉢ ❷ ㉡ ❸ ㉠

어휘 활용하기

1 궤도   2 ②   3 ⑤

어휘 펼치기

초승달, 상현달, 보름달, 하현달, 그믐달

어휘 더하기

'탐색'은 '드러나지 않은 사물이나 현상을 찾아내거나 밝히기 위해 살피어 찾음.'이라는 뜻이고, '탐사'는 '알려지지 않은 사물이나 사실을 빠짐없이 조사함.'이라는 뜻이며, '탐구'는 '학문 등을 깊이 파고들어 연구함.'이라는 뜻입니다.

어휘 다지기

1

❶ '탐구'는 학문 등을 깊이 파고들어 연구하는 것입니다.
❷ '탐색'은 드러나지 않은 사물이나 현상을 찾아내거나 밝히기 위해 살피어 찾는 것입니다.
❸ '탐사'는 알려지지 않은 사물이나 사실을 빠짐없이 조사하는 것입니다.

2

'중력'이란 지구가 지구 위의 물체를 끌어당기는 힘을 말합니다. 둥근 지구 위에서 우리가 떨어지지 않고 살아갈 수 있는 것은 지구가 끌어당기는 힘인 중력 때문이랍니다. 식물의 뿌리가 아래로 자라는 것, 고드름이 아래쪽으로 맺히는 것도 모두 중력 때문이랍니다.

3

'은하'는 흰 구름 모양으로 길게 보이는 수많은 천체의 무리를 말합니다.

4

'천체'는 우주에 있는 모든 물체를 통틀어 이르는 말이므로 '천체'가 나머지 낱말 모두를 포함하는 낱말입니다.

(오답풀이)
① '위성'은 행성의 주위를 도는 우주의 천체를 말합니다.
③ '항성'은 보이는 위치를 바꾸지 않고 별자리를 구성하며, 스스로 빛을 내는 별을 말합니다.
④ '행성'은 중심 별이 강하게 끌어당기는 힘 때문에 타원형의 궤도를 그리며 중심 별의 주위를 도는 천체를 말합니다.
⑤ '혜성'은 태양을 중심으로 타원이나 포물선을 그리며 도는, 꼬리가 달린 천체를 말합니다.

5

'인공위성'이란 지구와 같은 행성 둘레를 돌면서 관찰할 수 있도록 로켓을 이용하여 쏘아 올린 물체를 말합니다. 과학 위성, 통신 위성, 군사 위성, 기상 위성 등이 있답니다. 1957년 구 소련이 쏘아 올린 스푸트니크 1호가 세계 최초의 인공위성이랍니다.

6

❶ '항성'은 보이는 위치를 바꾸지 않고 별자리를 구성하며, 스스로 빛을 내는 별을 말합니다.
❷ '행성'은 중심 별이 강하게 끌어당기는 힘 때문에 타원형의 궤도를 그리며 중심 별의 주위를 도는 천체를 말합니다.
❸ '혜성'은 태양을 중심으로 타원이나 포물선을 그리며 도는, 꼬리가 달린 천체를 말합니다.

어휘 활용하기

1

'행성, 혜성, 인공위성'이 중력의 영향을 받아 다른 천체의 둘레를 돌면서 그리는 곡선의 길을 '궤도'라고 합니다.

2

지구는 태양이 강하게 끌어당기는 힘 때문에 타원형의 궤도를 그리며 태양의 주위를 도는 '행성'입니다. 보이는 위치를 바꾸지 않고 스스로 빛을 내는 태양은 '항성'에 해당합니다.

3

본문 마지막 부분의 '같은 해에 다른 탐사선은 화성 표면에 착륙해 강줄기처럼 보이는 부분에서 화성 암석을 조사했습니다. 그 결과, 화성에서 강물의 침식과 퇴적 작용이 있었음을 확인했습니다. 아주 오래전에 화성 표면에 물이 흘렀다는 증거를 찾은 셈입니다.'를 보면 오래전에 화성 표면에 물이 흘렀다는 것을 알 수 있는 증거는 '화성에서 강물의 침식과 퇴적 작용이 있었음을 보여 주는 화성 암석'임을 알 수 있습니다.

어휘 펼치기

- 초승달: 음력 2~3일경에 볼 수 있는, 눈썹 모양의 달.
- 상현달: 음력 7~8일경에 볼 수 있는, 오른쪽이 불룩한 반달 모양의 달.
- 보름달: 음력 15일경에 볼 수 있는, 공처럼 달의 모습이 모두 보이는 달.
- 하현달: 음력 22~23일경에 볼 수 있는, 왼쪽이 불룩한 반달 모양의 달.
- 그믐달: 음력 27~28일경에 볼 수 있는, 초승달의 반대 모양인 달.

20강 낱말과 친해져 봐요

본문 135~139쪽

어휘 더하기 ④

- -

어휘 다지기

1 **1** ② **2** ⑤
2 **1** ㉮, ㉯, ㉺, ㉻ **2** ㉮, ㉯, ㉢, ㉺, ㉻, ㉺, ㉻
3 ㉠ 맨, ㉡ 한
4 ㉠ 음소, ㉡ 낱말, ㉢ 표준어

- -

어휘 활용하기

1 ⑤　　　　2 ④

- -

어휘 펼치기

| 낯 | 말 | 은 | | 새 | 가 | | 듣 | 고 | | 밤 | 말 | 은 | | 쥐 | 가 |

| | 듣 | 는 | 다 | | , ㉡ |

어휘 더하기

'한걱정'은 큰 걱정을 뜻합니다. '한걱정'에 쓰인 '한-'은 '큰'의 뜻을 더해 주고 있습니다.

오답풀이

'한낮', '한가운데', '한복판'에 쓰인 '한-'은 '정확한', '한창인'의 뜻을 더해 주고 있습니다.

어휘 다지기

1

1 모음 하나로 이루어진 음절은 '왜'입니다. '왜'에서 'ㅇ'은 자음 'ㅇ'이 아닙니다. 자음 'ㅇ'은 받침에만 올 수 있습니다.

오답풀이

① '수'는 자음 'ㅅ'과 모음 'ㅜ'로 이루어진 음절입니다.
③ '초'는 자음 'ㅊ'과 모음 'ㅗ'로 이루어진 음절입니다.
④ '짐'은 자음 'ㅈ'과 모음 'ㅣ', 자음 'ㅁ'으로 이루어진 음절입니다.
⑤ '용'은 모음 'ㅛ'와 자음 'ㅇ'으로 이루어진 음절입니다.

2 '강'은 자음 'ㄱ'과 모음 'ㅏ', 자음 'ㅇ'으로 이루어진 음절입니다.

오답풀이

① '애'는 모음 하나로 이루어진 음절입니다.
② '양'은 모음 'ㅑ'와 자음 'ㅇ'으로 이루어진 음절입니다.
③ '파'는 자음 'ㅍ'과 모음 'ㅏ'로 이루어진 음절입니다.
④ '옥'은 모음 'ㅗ'와 자음 'ㄱ'으로 이루어진 음절입니다.

2

1 ㉮의 'ㅊ', ㉯의 'ㅌ', ㉺의 'ㅊ', ㉻의 'ㅊ'이 거센소리에 해당합니다.

2 ㉮의 'ㅉ', ㉯의 'ㄲ', ㉢의 'ㄸ'과 'ㄲ', ㉺의 'ㅉ', ㉻의 'ㅉ'과 'ㅃ', ㉺의 'ㄲ', ㉻의 'ㅆ'이 된소리에 해당합니다.

3

㉠ '아무것도 끼거나 지니지 않은 손.'이라는 뜻으로 보아 '맨-'이 들어가야 합니다.

㉡ '큰 겨레라는 뜻으로'라는 표현으로 보아 '한-'이 들어가야 합니다.

4

㉠ 말의 뜻을 구별 짓는 소리의 최소 단위를 '음소'라고 합
니다.

㉡ 자음이나 모음에 의해 뜻이 달라진 '달', '발', '벌', '밥'은
모두 낱말입니다.

㉢ '발표'처럼 여러 사람 앞에서 말하는 공적인 말하기에서
는 표준어를 사용해야 합니다.

오답풀이

'음절'은 '모음', '모음과 자음', '자음과 모음', '자음과 모
음과 자음'이 어울려 한 덩어리로 내는 말소리의 단위를 뜻
합니다. '사투리'는 일부 지방에서만 쓰는, 표준어가 아닌
말을 뜻합니다.

어휘 활용하기

1

'똑같은'을 발음하면 [똑까튼]이 됩니다. 된소리 'ㄸ, ㄲ'
과 거센소리 'ㅌ'이 나타난 것을 확인할 수 있습니다. '종이
[종이]'에는 된소리와 거센소리 모두 나타나지 않고, '접힌
[저핀]'과 '삼각형[삼가켱]'에는 거센소리가 나타났고, '바깥
쪽[바깐쪽]'에는 된소리가 나타납니다.

2

'올립니다'의 기본형은 '올리다'입니다.

어휘 펼치기

㉢의 빈칸에 들어갈 낱말은 '탑'입니다. '공든 탑이 무너
지랴'는 '정성과 노력을 다하여 한 일은 그 결과가 헛되지
않다.'를 비유적으로 이르는 속담입니다.

21강 보고 배워요

본문 **141~145**쪽

어휘 더하기 (1) 으로써 (2) 로서

어휘 다지기

1 ①㉡ ②㉢ ③㉠ ④㉢

2 ①전문가 ②보고서

3 ①

---

4 ③

5 ㉠견학, ㉡안내, ㉢소감

어휘 활용하기

1 ②　　　　**2** 견학

3 예 화폐 박물관에 다녀와서 동생에게 화폐에 대해
설명해 주니 마치 화폐 전문가가 된 것 같았기 때
문입니다.

어휘 펼치기

㉠

어휘 더하기

(1) 톱을 도구로 이용하여 나무를 자르는 것을 뜻할 때에는
'톱으로써'가 알맞습니다.

(2) 지위나 신분, 자격 등을 나타내는 뜻으로 쓰일 때에는
'친구로서'가 알맞습니다.

어휘 다지기

1

① '실제 현장에 가서 직접 보고 조사함.'을 뜻하는 낱말은
'답사'입니다.

② '어떤 내용을 소개하여 알려 줌.'을 뜻하는 낱말은 '안
내'입니다.

③ '간략하게 중요한 것만 그린 지도.'를 뜻하는 낱말은 '약
도'입니다.

④ '어떤 일에 대하여 느끼고 생각한 것.'을 뜻하는 낱말은
'소감'입니다.

2

① '어떤 한 분야에 많은 지식과 경험, 기술을 가지고 있는
사람.'을 뜻하는 낱말은 '전문가'입니다.

② '연구하거나 조사한 것의 내용이나 결과를 알리는 문서
나 글.'을 뜻하는 낱말은 '보고서'입니다.

3

㉠ 졸업식에서 졸업에 대하여 느끼고 생각한 것을 발표하
는 상황이므로 '어떤 일에 대하여 느끼고 생각한 것.'을
뜻하는 낱말인 '소감'이 알맞습니다.

ⓒ '안내'는 '어떤 내용을 소개하여 알려 줌.'의 뜻으로, 글의 내용상 '안내'라는 낱말이 알맞습니다.

ⓒ 학교에 찾아오기 쉽게 초대장에 그려진 것으로는 '간략하게 중요한 것만 그린 지도.'라는 뜻의 '약도'라는 낱말이 알맞습니다.

4

ⓒ '요약하다'는 '말이나 글에서 중요한 것을 골라 짧게 만들다.'라는 뜻으로, 비슷한말에는 '글이나 말에서 중요한 내용만 골라 간단하게 정리하다.'를 뜻하는 '간추리다'가 있습니다.

ⓒ '전문가'는 '어떤 한 분야에 많은 지식과 경험, 기술을 가지고 있는 사람.'을 뜻합니다. 비슷한 의미의 낱말에는 '어떤 분야에서 최고의 전문가 중 하나라고 널리 인정되는 사람.'을 뜻하는 '권위자'가 있습니다.

오답풀이

ⓒ '보고서'는 '연구하거나 조사한 것의 내용이나 결과를 알리는 문서나 글.'을 뜻합니다. '그래프'는 '수량이나 수치의 변화를 직선, 곡선, 점선, 막대 등으로 나타낸 그림.'을 뜻합니다.

ⓒ '약도'는 '간략하게 중요한 것만 그린 지도.'라는 뜻입니다. '소감'은 '어떤 일에 대하여 느끼고 생각한 것.'이라는 뜻입니다.

5

ⓒ 수원 화성을 직접 찾아가서 보고 배우는 것을 뜻하므로 '어떤 일과 관련된 곳을 직접 찾아가서 보고 배움.'이라는 뜻의 '견학'이라는 낱말이 알맞습니다.

ⓒ 관람 시간, 관람 예절 등을 소개하여 알려 주는 자료를 찾아보고 가면 도움이 된다고 알려 주는 상황이므로 '어떤 내용을 소개하여 알려 줌.'이라는 뜻의 '안내'라는 낱말이 알맞습니다.

ⓒ 수원 화성 견학을 다녀온 뒤에 느끼고 생각한 것을 알려 달라는 상황이므로 '어떤 일에 대하여 느끼고 생각한 것.'을 뜻하는 낱말인 '소감'이 적절합니다.

어휘 활용하기

1

화폐 박물관에 미리 답사를 다녀온 사람은 글쓴이가 아닌 담임 선생님입니다.

2

'어떤 일과 관련된 곳을 직접 찾아가서 보고 배움.'이라는 뜻을 가진 낱말은 '견학'입니다.

3

'어떤 한 분야에 많은 지식과 경험, 기술을 가지고 있는 사람.'을 뜻하는 낱말은 '전문가'입니다. 글쓴이는 동생에게 화폐에 대해 설명해 주니 화폐 전문가가 된 것 같아서 뿌듯해했습니다.

어휘 펼치기

ⓒ '목마른 사람이 우물 판다'는 '어떤 일이든 급한 사람이 그 일을 서둘러 하게 되어 있다.'를 뜻하는 속담입니다.

오답풀이

ⓒ '바늘 가는 데 실 간다'는 '서로 떨어질 수 없는 아주 가까운 사이.'를 뜻하는 속담입니다.

ⓒ '개구리 올챙이 적 생각 못 한다'는 '형편이 나아졌다고 해서 예전 어렵던 때의 일을 생각하지 않고 잘난 듯이 뽐낸다.'를 뜻하는 속담입니다.

15~21강 어휘 굳히기　　본문 146~149쪽

1 ①
2 ②
3 ㉠ 기본형, ㉡ 표준어, ㉢ 탐사, ㉣ 어림
4 ④
5 ⑤
6 해설 참고
7 ②
8 ②
9 바람직하다
10 ④
11 ①
12 ①

1

'둔각'은 '90도보다는 크고 180도보다는 작은 각.'을 뜻합니다. 80도라고 하였으므로 '예각'을 쓰는 것이 알맞습니다.

2

'답사'는 '실제 현장에 가서 직접 보고 조사함.'을 뜻합니다. '어떤 내용을 소개하여 알려 줌.'을 뜻하는 낱말은 '안내'입니다.

3

㉠ '기본형'은 '동사나 형용사와 같이 모양이 바뀌는 단어
의 기본이 되는 형태.'를 뜻합니다.
㉡ '표준어'는 '한 나라에서 공식적으로 쓰는 언어.'를 뜻합
니다.
㉢ '탐사'는 '알려지지 않은 사물이나 사실을 빠짐없이 조
사함.'을 뜻합니다.
㉣ '어림'은 '대강 짐작으로 헤아림. 또는 그런 셈이나 짐
작.'을 뜻합니다.

4

밑줄 친 부분은 어려운 낱말을 알기 쉽게 알려 주고 있
으므로 '어려운 낱말이나 글의 뜻을 알기 쉽게 밝혀 말함.'
을 뜻하는 '뜻풀이'가 가장 관련 있는 낱말입니다.

5

'돌다리도 두들겨 보고 건너라'는 '잘 알거나 확실해 보이
는 일이라도 한 번 더 점검하고 주의해야 한다.'라는 뜻의
속담입니다.

6

	¹보	고	①서	
			약	
²②어	절		³서	③문
림		④진		단
		⁴화	석	

7

'신종'은 '새로 발견하였거나 새롭게 개량한 품종.' 또는
'새로운 종류.'를 뜻합니다. '번성'은 '세력이 커져서 널리
퍼짐.' 또는 '나무나 풀이 자라서 우거져 있음.'을 뜻하므로
'신종'과 '번성'은 비슷한 말이 아닙니다.

8

'요약하다'는 '말이나 글에서 중요한 것을 골라 짧게 만들
다.'라는 뜻으로, 비슷한말에는 '글에서 중요한 점만을 골
라 간략하게 정리하다.'를 뜻하는 '간추리다'가 있습니다.

9

'문단'은 '글에서 여러 문장들이 모여 하나의 완결된 생각
을 나타내는 단위.'를 뜻하며 두 번째 그림과 어울립니다.
도착한 곳의 글자는 '바'입니다. '지층'은 '자갈, 모래, 진흙,
화산재 등이 오랜 시간 동안 쌓여 이루어진 층.'으로 네 번
째 그림이 알맞습니다. 도착한 곳의 글자는 '람'입니다. '은
하'는 '흰 구름 모양으로 길게 보이는 수많은 천체의 무리.'
로 세 번째 그림이 알맞습니다. 노착한 곳의 글자는 '식'입
니다. '서약서'는 '맹세하고 약속하는 내용을 적은 글.'을
뜻하며 첫 번째 그림이 알맞습니다. 도착한 곳의 글자는
'하'입니다. '통계'는 '어떤 현상을 종합적으로 한눈에 알아
보기 쉽게 일정한 체계에 따라 숫자로 나타냄.'을 뜻하며
다섯 번째 그림이 알맞습니다. 도착한 곳의 글자는 '다'입
니다.

10

아침 일찍 별난 주먹밥을 만든 사람은 '나'의 아빠입니다.

11

물총 놀이로 옷이 많이 젖고 갈아입을 옷도 없는 상황이
지만 오히려 시원해서 좋다며 좋게 풀이하고 있으므로 언
짢은 일을 좋게 풀이하는 것을 비유하는 말인 '꿈보다 해몽
이 좋다'라는 표현이 알맞습니다. 따라서 ㉮에 들어갈 말
은 '꿈'입니다.

12

'남을 기쁘게 하거나 남에게 귀여움을 받으려고 어린아
이처럼 행동하는 일.'을 뜻하는 낱말은 '어리광'입니다. '별
난'은 '두드러지게 특이하거나 이상한.'이라는 뜻입니다.

4단계

초등 3~4학년 권장

정답과 해설

교과서 기본과 응용 문제,
한 번에 잡자!

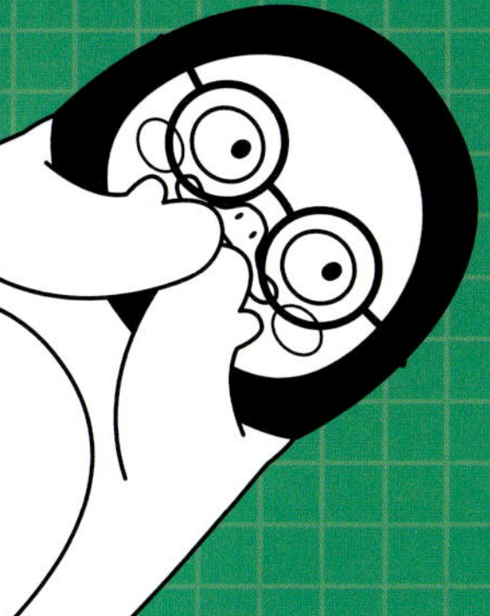

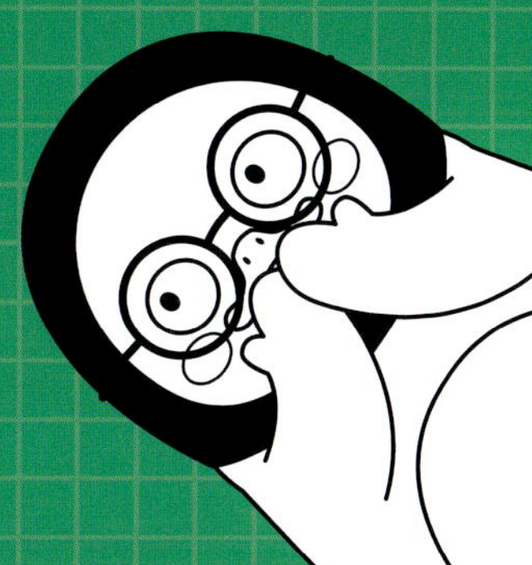

만점왕
수학 플러스

초 1~6학년, 학기별 발행

1 만점왕 수학이 쉬운
중위권 학생을 위한
문제 중심 수학 학습서

2 교과서 개념과
응용 문제로 키우는
문제 해결력

3 인터넷·모바일·TV로
제공하는 무료 강의

EBS와 함께하는 자기주도 학습 초등·중학 교재 로드맵

	예비 초등	1학년	2학년	3학년	4학년	5학년	6학년

전과목 기본서/평가

만점왕 국어/수학/사회/과학
교과서 중심 초등 기본서

만점왕 통합본 학기별(8책) `HOT`
바쁜 초등학생을 위한 국어·사회·과학 압축본

만점왕 단원평가 학기별(8책)
한 권으로 학교 단원평가 대비

기초학력 진단평가 초2~중2
초2부터 중2까지 기초학력 진단평가 대비

국어

독해
4주 완성 독해력 1~6단계
학년별 교과 연계 단기 독해 학습

문학

문법

어휘
어휘가 독해다! 초등 국어 어휘 1~2단계
1, 2학년 교과서 필수 낱말 + 읽기 학습

어휘가 독해다! 초등 국어 어휘 기본
3, 4학년 교과서 필수 낱말 + 읽기 학습

어휘가 독해다! 초등 국어 어휘 실력
5, 6학년 교과서 필수 낱말 + 읽기 학습

한자
참 쉬운 급수 한자 8급/7급 II/7급
한자능력검정시험 대비 급수별 학습

어휘가 독해다! 초등 한자 어휘 1~4단계
하루 1개 한자 학습을 통한 어휘 + 독해 학습

쓰기
참 쉬운 글쓰기 1-따라 쓰는 글쓰기
맞춤법·받아쓰기로 시작하는 기초 글쓰기 연습

참 쉬운 글쓰기 2-문법에 맞는 글쓰기/3-목적에 맞는 글쓰기
초등학생에게 꼭 필요한 기초 글쓰기 연습

문해력
어휘/쓰기/ERI독해/배경지식/디지털독해가 문해력이다
평생을 살아가는 힘, 문해력을 키우는 학기별·단계별 종합 학습

문해력 등급 평가 초1~중1
내 문해력 수준을 확인하는 등급 평가

영어

독해

EBS ELT 시리즈 | 권장 학년 : 유아 ~ 중1

EBS Big Cat
Collins **BIG CAT**
다양한 스토리를 통한 영어 리딩 실력 향상

EBS Big Cat
Shinoy and the Chaos Crew
흥미롭고 몰입감 있는 스토리를 통한 풍부한 영어 독서

EBS easy learning
easy learning
저연령 학습자를 위한 기초 영어 프로그램

EBS랑 홈스쿨 초등 영독해 Level 1~3
다양한 부가 자료가 있는 단계별 영독해 학습

EBS 기초 영독해
중학 영어 내신 만점을 위한 첫 영독해

문법
EBS랑 홈스쿨 초등 영문법 1~2
다양한 부가 자료가 있는 단계별 영문법 학습

EBS 기초 영문법 1~2 `HOT`
중학 영어 내신 만점을 위한 첫 영문법

어휘
EBS랑 홈스쿨 초등 필수 영단어 Level 1~2
다양한 부가 자료가 있는 단계별 영단어 테마 연상 종합 학습

쓰기

듣기
초등 영어듣기평가 완벽대비 학기별(8책)
듣기 + 받아쓰기 + 말하기 All in One 학습서

수학

연산
만점왕 연산 Pre 1~2단계, 1~12단계
과학적 연산 방법을 통한 계산력 훈련

개념

응용
만점왕 수학 플러스 학기별(12책)
교과서 중심 기본 + 응용 문제

심화
만점왕 수학 고난도 학기별(6책)
상위권 학생을 위한 초등 고난도 문제집

특화
초등 수해력 영역별 P단계, 1~6단계(14책)
다음 학년 수학이 쉬워지는 영역별 초등 수학 특화 학습서

사회

사회 역사
초등학생을 위한 多담은 한국사 연표
연표로 흐름을 잡는 한국사 학습

매일 쉬운 스토리 한국사 1~2 **/스토리 한국사** 1~2
하루 한 주제를 이야기로 배우는 한국사/ 고학년 사회 학습 입문서

과학

과학

기타

창체
창의체험 탐구생활 1~12권
창의력을 키우는 창의체험활동·탐구

AI
쉽게 배우는 초등 AI 1(1~2학년)
초등 교과와 융합한 초등 1~2학년 인공지능 입문서

쉽게 배우는 초등 AI 2(3~4학년)
초등 교과와 융합한 초등 3~4학년 인공지능 입문서

쉽게 배우는 초등 AI 3(5~6학년)
초등 교과와 융합한 초등 5~6학년 인공지능 입문서

단원별
연산은
계산박사
POWER
정답지
2단계
천재교육

1 100까지의 수

6~7쪽

1. 20	**2.** 30
3. 50	**4.** 40

1. 16	**2.** 35
3. 27	**4.** 43
5. 39	

1. 13, 15	**2.** 18, 21
3. 33, 35	**4.** 25, 27
5. 40, 42	**6.** 37, 38
7. 46, 49	

1. 23에 ○표	**2.** 36에 ○표
3. 41에 ○표	**4.** 50에 ○표
5. 28에 ○표	**6.** 39에 ○표
7. 47에 ○표	

8쪽

1. 6, 60
2. 7, 70
3. 9, 90
4. 8, 80

9쪽

1. 70 ; 칠십, 일흔
2. 80 ; 팔십, 여든
3. 60 ; 육십, 예순
4. 90 ; 구십, 아흔

10쪽

1. 63	**2.** 75
3. 81	**4.** 59
5. 68	**6.** 72
7. 94	

11쪽

1. 5, 2 ; 52
2. 6, 9 ; 69
3. 7, 4 ; 74
4. 8, 7 ; 87

12쪽

1. 오십사, 쉰넷
2. 육십칠, 예순일곱
3. 팔십구, 여든아홉
4. 칠십삼, 일흔셋
5. 오십육, 쉰여섯
6. 팔십이, 여든둘
7. 구십일, 아흔하나

13쪽

1. 51	**7.** 64
2. 79	**8.** 83
3. 62	**9.** 97
4. 58	**10.** 76
5. 94	**11.** 85
6. 81	**12.** 69

14쪽

1. 일흔셋에 △표
2. 예순둘에 △표
3. 89에 △표
4. 쉰넷에 △표
5. 칠십육에 △표
6. 구십칠에 △표
7. 오십팔에 △표
8. 92에 △표
9. 육십팔에 △표
10. 96에 △표
11. 팔십팔에 △표
12. 예순여섯에 △표

15쪽
1. 53, 55, 56
2. 67, 70, 72
3. 78, 79, 82
4. 58, 60, 62, 64
5. 74, 76, 77, 79
6. 85, 87, 89, 90
7. 96, 97, 99, 100

16쪽
1. 56, 58
2. 72, 74
3. 64, 66
4. 80, 82
5. 69, 71
6. 51, 53
7. 93, 95
8. 87, 89
9. 54, 56
10. 59, 61
11. 75, 77
12. 98, 100

17쪽
1. >
2. <
3. <
4. >
5. <
6. >
7. <

18쪽
1. 54, ⑥⓪
2. 66, ⑦①
3. ⑧⑨, 83
4. 92, ⑨⑦

19쪽
1. 72, 69
2. 84, 93
3. 58, 55
4. 76, 77

20쪽
1. <
2. >
3. <
4. >
5. >
6. >
7. <
8. >
9. >
10. <
11. <
12. >
13. <
14. >

21쪽
1. >
2. <
3. <
4. <
5. >
6. <
7. >
8. <
9. >
10. <
11. >
12. >
13. >
14. <

22쪽
1. > ; 큽니다에 ◯표, 작습니다에 ◯표
2. < ; 작습니다에 ◯표, 큽니다에 ◯표
3. > ; 큽니다에 ◯표, 작습니다에 ◯표
4. < ; 작습니다에 ◯표, 큽니다에 ◯표
5. < ; 작습니다에 ◯표, 큽니다에 ◯표
6. > ; 큽니다에 ◯표, 작습니다에 ◯표
7. > ; 큽니다에 ◯표, 작습니다에 ◯표

23쪽
1. 87에 ◯표, 51에 △표
2. 73에 ◯표, 59에 △표
3. 94에 ◯표, 78에 △표
4. 75에 ◯표, 50에 △표
5. 91에 ◯표, 60에 △표
6. 82에 ◯표, 56에 △표
7. 89에 ◯표, 58에 △표
8. 90에 ◯표, 50에 △표
9. 85에 ◯표, 69에 △표
10. 92에 ◯표, 54에 △표
11. 83에 ◯표, 55에 △표
12. 93에 ◯표, 79에 △표
13. 72에 ◯표, 53에 △표
14. 99에 ◯표, 77에 △표

24쪽
1. 59에 ○표, 53에 △표
2. 77에 ○표, 70에 △표
3. 95에 ○표, 92에 △표
4. 68에 ○표, 61에 △표
5. 88에 ○표, 80에 △표
6. 58에 ○표, 52에 △표
7. 79에 ○표, 71에 △표
8. 73에 ○표, 62에 △표
9. 84에 ○표, 57에 △표
10. 90에 ○표, 75에 △표
11. 96에 ○표, 82에 △표
12. 67에 ○표, 50에 △표
13. 86에 ○표, 72에 △표
14. 99에 ○표, 63에 △표

25쪽
1. 7, 9에 ○표
2. 5, 6에 ○표
3. 8, 9에 ○표
4. 3, 4, 5에 ○표
5. 6, 7, 8에 ○표
6. 0, 2에 ○표
7. 4, 5에 ○표

26쪽
1. 4 ; 짝수에 ○표
2. 5 ; 홀수에 ○표
3. 7 ; 홀수에 ○표
4. 10 ; 짝수에 ○표
5. 3 ; 홀수에 ○표
6. 8 ; 짝수에 ○표
7. 12 ; 짝수에 ○표
8. 9 ; 홀수에 ○표

27쪽
1. △   7. ○
2. ○   8. △
3. △   9. ○
4. △   10. ○
5. ○   11. △
6. △   12. ○

28~29쪽
1. 60
2. 73
3. 팔십사, 여든넷
4. (1) △   (2) ○
5. 58, 60, 61
6. 100, 백
7. 74, 76
8. (1) <   (2) >
9. 96에 ○표, 77에 △표
10. 현아

2 덧셈과 뺄셈 (1)

32~33쪽
1. 3   2. 5
3. 6   4. 7
5. 8   6. 9

1. 1   2. 2
3. 1   4. 2
5. 4   6. 4

1. 2   2. 6
3. 4   4. 5
5. 7   6. 8
7. 9

1. 1   2. 3
3. 1   4. 0
5. 1   6. 2
7. 6

34쪽
1. (예) 1, 3, 2, 6
2. (예) 2, 1, 2, 5
3. (예) 2, 2, 2, 6
4. (예) 4, 1, 3, 8
5. (예) 2, 5, 2, 9
6. (예) 2, 3, 4, 9
7. (예) 4, 2, 1, 7
8. (예) 3, 2, 3, 8

35쪽
1. (계산 순서대로) 3, 6, 6
2. (계산 순서대로) 4, 5, 5
3. (계산 순서대로) 4, 7, 7
4. (계산 순서대로) 6, 8, 8
5. (계산 순서대로) 6, 9, 9
6. (계산 순서대로) 8, 9, 9
7. (계산 순서대로) 5, 7, 7
8. (계산 순서대로) 7, 9, 9

36쪽
1. 6
2. 6
3. 7
4. 9
5. 8
6. 9
7. 8
8. 9
9. 7
10. 9
11. 8
12. 9

37쪽
1. 2, 1, 1 (또는 1, 2, 1)
2. 2, 2, 3
3. 1, 3, 4 (또는 3, 1, 4)
4. 3, 2, 1 (또는 2, 3, 1)
5. 5, 1, 3 (또는 1, 5, 3)
6. 4, 2, 2 (또는 2, 4, 2)
7. 2, 1, 4 (또는 1, 2, 4)
8. 3, 2, 4 (또는 2, 3, 4)

38쪽
1. (계산 순서대로) 5, 3, 3
2. (계산 순서대로) 4, 2, 2
3. (계산 순서대로) 7, 3, 3
4. (계산 순서대로) 2, 1, 1
5. (계산 순서대로) 5, 1, 1
6. (계산 순서대로) 5, 2, 2
7. (계산 순서대로) 2, 1, 1
8. (계산 순서대로) 4, 2, 2

39쪽
1. 2
2. 1
3. 1
4. 1
5. 1
6. 6
7. 1
8. 2
9. 5
10. 1
11. 1
12. 2

40쪽
1. 7, 3 (또는 3, 7)
2. 9, 1 (또는 1, 9)
3. 2, 8 (또는 8, 2)
4. 4, 6 (또는 6, 4)
5. 5, 5

41쪽
1. 9, 9
2. 2, 2
3. 6, 6
4. 5, 5
5. 3, 3

42쪽
1. 6+4에 색칠
2. 5+5에 색칠
3. 8+2에 색칠
4. 9+1에 색칠
5. 4+6에 색칠
6. 7+3에 색칠

43쪽
1. 2
2. 3
3. 1
4. 5
5. 6
6. 9
7. 5
8. 9
9. 4
10. 2
11. 8
12. 3

44쪽
1. 3, 7 (또는 7, 3)
2. 6, 4 (또는 4, 6)
3. 5, 5
4. 8, 2 (또는 2, 8)
5. 1, 9 (또는 9, 1)

45쪽
1. 4, 6　　2. 7, 3
3. 2, 8　　4. 5, 5
5. 9, 1

46쪽
1. 7, 7　　2. 5, 5
3. 9, 9　　4. 8, 8
5. 4, 4

47쪽
1. 8　　7. 4
2. 6　　8. 1
3. 5　　9. 3
4. 3　　10. 8
5. 1　　11. 5
6. 4　　12. 2

48쪽
1. (계산 순서대로) 10, 14, 14
2. (계산 순서대로) 10, 12, 12
3. (계산 순서대로) 10, 13, 13
4. (계산 순서대로) 10, 15, 15
5. (계산 순서대로) 10, 17, 17
6. (계산 순서대로) 10, 16, 16
7. (계산 순서대로) 10, 18, 18
8. (계산 순서대로) 10, 19, 19

49쪽
1. 1+9에 ○표, 12
2. 2+8에 ○표, 14
3. 6+4에 ○표, 17
4. 5+5에 ○표, 13
5. 3+7에 ○표, 11
6. 4+6에 ○표, 18
7. 3+7에 ○표, 16
8. 9+1에 ○표, 14
9. 5+5에 ○표, 17
10. 8+2에 ○표, 15
11. 6+4에 ○표, 13
12. 7+3에 ○표, 19

50쪽
1. (계산 순서대로) 10, 11, 11
2. (계산 순서대로) 10, 15, 15
3. (계산 순서대로) 10, 16, 16
4. (계산 순서대로) 10, 13, 13
5. (계산 순서대로) 10, 18, 18
6. (계산 순서대로) 10, 19, 19
7. (계산 순서대로) 10, 14, 14
8. (계산 순서대로) 10, 17, 17

51쪽
1. 3+7에 ○표, 14
2. 9+1에 ○표, 15
3. 6+4에 ○표, 11
4. 2+8에 ○표, 13
5. 1+9에 ○표, 17
6. 5+5에 ○표, 19
7. 6+4에 ○표, 17
8. 7+3에 ○표, 18
9. 9+1에 ○표, 16
10. 5+5에 ○표, 12
11. 4+6에 ○표, 15
12. 8+2에 ○표, 16

52쪽
1. (계산 순서대로) 10, 12, 12
2. (계산 순서대로) 10, 14, 14
3. (계산 순서대로) 10, 13, 13
4. (계산 순서대로) 10, 16, 16
5. (계산 순서대로) 10, 17, 17
6. (계산 순서대로) 10, 11, 11
7. (계산 순서대로) 10, 15, 15
8. (계산 순서대로) 10, 12, 12

53쪽
1. 11
2. 19
3. 14
4. 15
5. 18
6. 12
7. 15
8. 13
9. 12
10. 18
11. 16
12. 17

54~55쪽
1. (1) (계산 순서대로) 3, 8, 8
   (2) (계산 순서대로) 5, 9, 9
2. (1) (계산 순서대로) 3, 1, 1
   (2) (계산 순서대로) 2, 1, 1
3. (1) (계산 순서대로) 10, 16, 16
   (2) (계산 순서대로) 10, 17, 17
4. (1) 10   (2) 4
5. (1) 4   (2) 7
6. 2＋8에 ○표
7. (1) 1＋9에 ○표, 14
   (2) 3＋7에 ○표, 16
8. 예 3＋4＋2＝9, 9개

3 모양과 시각

58~59쪽
1. □
2. △
3. □
4. ○
5. △

1.
2.

1. 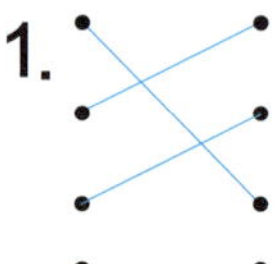에 ○표
2. 에 ○표
3. 에 ○표
4. 에 ○표

1. 2, 1, 2
2. 1, 3, 3
3. 2, 3, 2
4. 5, 2, 1

60쪽
1. ○   5. ○   9. ○
2.   6. ○   10.
3. ○   7.   11. ○
4.   8. ○   12.

61쪽
1. ○   5. ○   9. ○
2.   6.   10.
3.   7.   11. ○
4. ○   8. ○   12.

62쪽
1. ○   5.   9. ○
2.   6. ○   10. ○
3. ○   7.   11.
4.   8. ○   12.

63쪽 1. 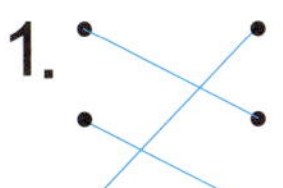 2. 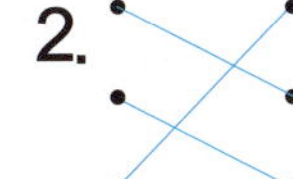

64쪽
1. 2개, 1개, 4개
2. 2개, 3개, 2개
3. 4개, 2개, 1개
4. 3개, 2개, 7개

65쪽
1. (○) (　)
2. (　) (○)
3. (　) (○)
4. (○) (　)

66쪽
1. 9시, 아홉 시
2. 5시, 다섯 시
3. 11시, 열한 시
4. 3시, 세 시
5. 6시, 여섯 시
6. 1시, 한 시
7. 8시, 여덟 시
8. 12시, 열두 시

67쪽 1. 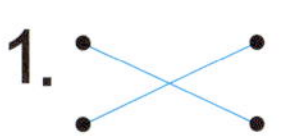 2. 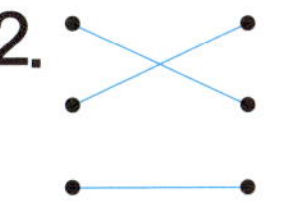

68쪽

1.  , 8

2. , 5

3. , 3

4. , 6

5. , 2

6. , 11

69쪽

1.  5. 

2.  6. 

3.  7. 

4.  8. 

70쪽

1. 2시 30분, 두 시 삼십 분
2. 4시 30분, 네 시 삼십 분
3. 10시 30분, 열 시 삼십 분
4. 7시 30분, 일곱 시 삼십 분
5. 9시 30분, 아홉 시 삼십 분
6. 5시 30분, 다섯 시 삼십 분
7. 8시 30분, 여덟 시 삼십 분
8. 12시 30분, 열두 시 삼십 분

71쪽   1. 2.

72쪽

1.  , 4, 30
2. , 8, 30
3. , 10, 30
4. , 6, 30
5. , 12, 30
6. , 2, 30

73쪽   1.   5.

2.   6.

3.   7.

4.   8.

74~
75쪽

1.

2. ●에 ○표
3. (1) 2   (2) 11, 30
4. (○) (   )
5. (1)   (2)

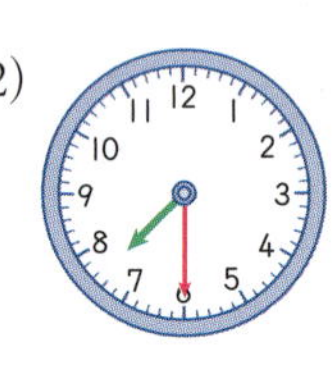

6. 4개, 1개, 3개
7. (   ) (○)

4 덧셈과 뺄셈 (2)

78~79쪽

1. 6 2. 7
3. 9 4. 2
5. 3 6. 1

1. 3 2. 6
3. 1 4. 8
5. 5 6. 6

1. 4 2. 8
3. 3 4. 1
5. 3 6. 5

1. 1+9에 ◯표, 14
2. 5+5에 ◯표, 17
3. 8+2에 ◯표, 16
4. 7+3에 ◯표, 14
5. 6+4에 ◯표, 15
6. 9+1에 ◯표, 17

80쪽

1. 10, 11 ; 11
2. 9, 10, 11 ; 11
3. 11, 12, 13, 14 ; 14
4. 7, 8, 9, 10, 11, 12 ; 12

81쪽

1. 12, 12
2. 15, 15
3. 13, 13

82쪽

1. 12
2. 14
3. 13
4. 15

83쪽

1. 11, 11, 1
2. 14, 14, 4
3. 13, 13, 3
4. 15, 15, 5

84쪽

1. 13, 13, 3 6. 15, 15, 5
2. 12, 12, 2 7. 16, 16, 6
3. 13, 13, 3 8. 14, 14, 4
4. 12, 12, 2 9. 11, 11, 1
5. 18, 18, 8 10. 17, 17, 7

85쪽

1. (위부터) 13, 3
2. (위부터) 12, 1
3. (위부터) 11, 1
4. (위부터) 16, 6

86쪽

1. (위부터) 12, 4
2. (위부터) 11, 3
3. (위부터) 11, 1
4. (위부터) 13, 2
5. (위부터) 18, 1
6. (위부터) 11, 1
7. (위부터) 13, 3
8. (위부터) 12, 2
9. (위부터) 15, 5
10. (위부터) 14, 4

87쪽

1. (위부터) 12, 4
2. (위부터) 13, 6
3. (위부터) 15, 5
4. (위부터) 12, 2

88쪽
1. (위부터) 11, 5
2. (위부터) 13, 4
3. (위부터) 16, 2
4. (위부터) 12, 7
5. (위부터) 11, 6
6. (위부터) 12, 2
7. (위부터) 14, 4
8. (위부터) 15, 5
9. (위부터) 14, 4
10. (위부터) 17, 7

89쪽
1. 11
2. 12
3. 14
4. 14
5. 12
6. 14
7. 11
8. 12
9. 13
10. 16
11. 16
12. 17

90쪽
1. (위부터) 14, 1
2. (위부터) 13, 3
3. (위부터) 15, 5
4. (위부터) 17, 7

91쪽
1. (위부터) 11, 1
2. (위부터) 12, 3
3. (위부터) 12, 2
4. (위부터) 16, 1
5. (위부터) 14, 2
6. (위부터) 11, 1
7. (위부터) 15, 5
8. (위부터) 11, 1
9. (위부터) 13, 3
10. (위부터) 14, 4

92쪽
1. (위부터) 14, 4
2. (위부터) 12, 5
3. (위부터) 16, 6
4. (위부터) 16, 6

93쪽
1. (위부터) 12, 7
2. (위부터) 11, 6
3. (위부터) 12, 4
4. (위부터) 15, 3
5. (위부터) 17, 2
6. (위부터) 12, 2
7. (위부터) 11, 1
8. (위부터) 13, 3
9. (위부터) 13, 3
10. (위부터) 18, 8

94쪽
1. 11
2. 11
3. 12
4. 14
5. 13
6. 15
7. 14
8. 14
9. 16
10. 13
11. 17
12. 16

95쪽
1. 11, 12, 13, 14
2. 12, 13, 14, 15
3. 16, 15, 14, 13
4. 15, 14, 13, 12
5. 13, 13, 13, 13
6. 12, 12, 12, 12

96쪽
1. (위부터) 9, 2
2. (위부터) 8, 4
3. (위부터) 7, 3
4. (위부터) 9, 1

97쪽
1. (위부터) 8, 1
2. (위부터) 7, 3
3. (위부터) 7, 2
4. (위부터) 7, 6
5. (위부터) 8, 5
6. (위부터) 4, 6
7. (위부터) 7, 3
8. (위부터) 6, 4
9. (위부터) 9, 1
10. (위부터) 9, 1

98쪽
1. 6,
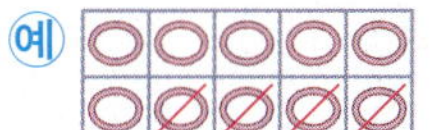
2. 9,

3. 8,

4. 8,
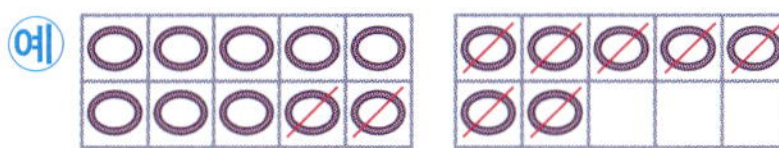

99쪽
1. (위부터) 6, 1
2. (위부터) 6, 3
3. (위부터) 7, 10
4. (위부터) 8, 10

100쪽
1. (위부터) 8, 2
2. (위부터) 9, 4
3. (위부터) 8, 6
4. (위부터) 9, 5
5. (위부터) 9, 8
6. (위부터) 4, 10
7. (위부터) 9, 10
8. (위부터) 6, 10
9. (위부터) 8, 10
10. (위부터) 9, 10

101쪽
1. 5, 5
2. 5, 5
3. 8, 8
4. 7, 7
5. 5, 5
6. 6, 6
7. 8, 8
8. 9, 9

102쪽
1. 7
2. 4
3. 8
4. 9
5. 6
6. 9
7. 7
8. 9
9. 7
10. 7
11. 3
12. 7

103쪽
1. 9, 8, 7, 6
2. 5, 6, 7, 8
3. 5, 6, 7, 8
4. 8, 8, 8, 8
5. 9, 9, 9, 9
6. 9, 7, 5, 3

104~
105쪽
1. 11, 12 ; 12
2. 14, 14, 4
3. (1) (위부터) 11, 1
   (2) (위부터) 12, 2
4. (1) (위부터) 8, 2
   (2) (위부터) 8, 5
5. (1) 11   (2) 16
6. (1) 3   (2) 8
7. (1) 11, 12, 13, 14
   (2) 6, 7, 8, 9
8. 13−7, 15−9에 ◯표
9. 예 공깃돌을 근표는 8개, 수애는 5개 가지고 있습니다. 근표와 수애가 가지고 있는 공깃돌은 모두 몇 개입니까?

5 규칙 찾기

108~109쪽

1. 30
2. 50
3. 70
4. 90

---

1. 26
2. 41
3. 52
4. 78
5. 89

---

1. 19, 20
2. 31, 32
3. 37, 39
4. 53, 55
5. 76, 77
6. 82, 84
7. 97, 100

---

1. □
2. ○
3. △
4. □
5. ○

110쪽

1. 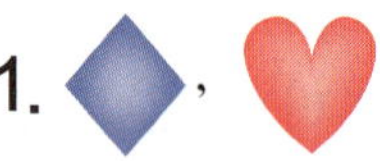

2. 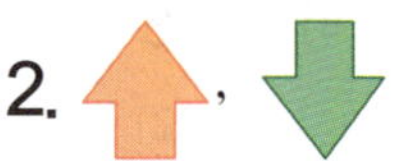

3. 

4. 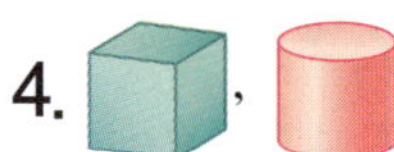

5. 

6. 

111쪽

1. 예 연필, 지우개가 반복됩니다.
2. 예 빨간색 풍선, 파란색 풍선이 반복됩니다.
3. 예 사과, 바나나, 바나나가 반복됩니다.
4. 예 농구공, 농구공, 야구공, 야구공이 반복됩니다.
5. 예 가위, 바위, 보가 반복됩니다.

112쪽

1.
2.

3.
4.
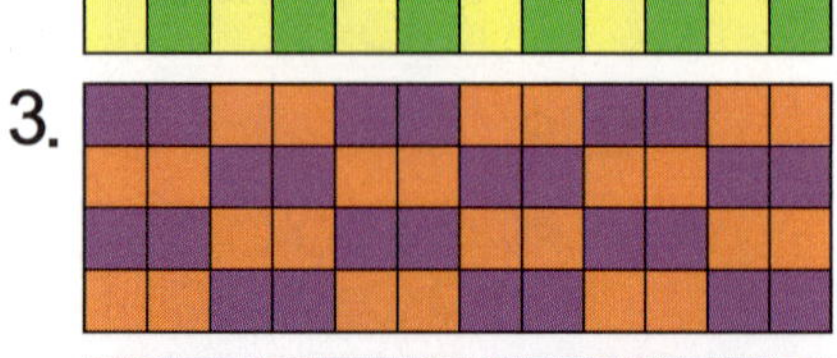

113쪽

1. 1, 3
2. 2, 0
3. 4, 8
4. 9, 5
5. 10, 7
6. 66, 6
7. 100, 10

114쪽

1. 12, 14, 16
2. 18, 21, 24
3. 30, 35, 45
4. 28, 55, 64
5. 51, 67, 83
6. 62, 76, 90
7. 44, 77, 88

115쪽
1. 5, 3, 1
2. 16, 12, 8
3. 42, 30, 18
4. 60, 55, 45
5. 28, 25, 19
6. 70, 40, 20
7. 71, 62, 44

116쪽
1. 46, 52
2. 77, 94
3. 47, 61
4. 55, 73
5. 73, 90

117쪽
1. , 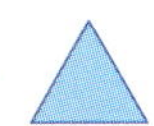
2. 4, 2
3. 
4. 5, 1

118~ 119쪽
1. 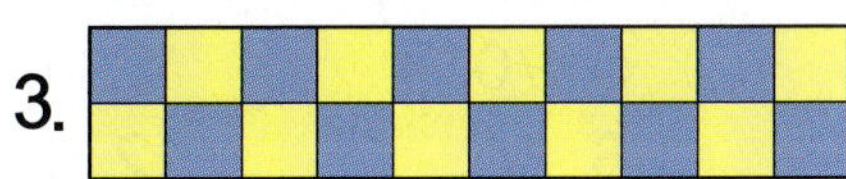
2. ⑩ 풀, 가위가 반복됩니다.
3.
4. 0, 9
5. 55, 65, 85
6. 50, 48, 44
7. 91
8. 10, 2

6 덧셈과 뺄셈 (3)

122~ 123쪽
1. (위부터) 12, 2
2. (위부터) 12, 2
3. (위부터) 11, 2
4. (위부터) 15, 1
5. 15

1. (위부터) 12, 2
2. (위부터) 11, 1
3. (위부터) 13, 3
4. (위부터) 16, 1
5. 17

1. (위부터) 8, 2
2. (위부터) 6, 4
3. (위부터) 6, 3
4. (위부터) 8, 4
5. 7

1. (위부터) 8, 3
2. (위부터) 6, 2
3. (위부터) 7, 10
4. (위부터) 6, 10
5. 7

124쪽
1. 27
2. 43
3. 58
4. 35

125쪽
1. 1, 7
2. 3, 2
3. 5, 9
4. 7, 3
5. 9, 4
6. 8, 5
7. 2, 3
8. 1, 9
9. 5, 2
10. 2, 1
11. 4, 6
12. 3, 8
13. 6, 5
14. 8, 7

126쪽
1. 36	7. 42
2. 14	8. 85
3. 48	9. 29
4. 25	10. 54
5. 71	11. 98
6. 93	12. 67

127쪽
1. 25　　2. 48
3. 39　　4. 59

128쪽
1. 1, 9	6. 9, 4	10. 4, 7
2. 3, 5	7. 6, 7	11. 8, 9
3. 5, 8	8. 1, 9	12. 3, 9
4. 2, 7	9. 5, 4	13. 6, 6
5. 7, 9		14. 9, 8

129쪽
1. 18	7. 29
2. 39	8. 76
3. 56	9. 47
4. 69	10. 96
5. 28	11. 67
6. 75	12. 87

130쪽
1. 38　　2. 54
3. 19　　4. 48

131쪽
1. 1, 9	6. 3, 9	10. 2, 9
2. 4, 9	7. 1, 8	11. 8, 7
3. 6, 7	8. 3, 8	12. 7, 8
4. 9, 5	9. 8, 4	13. 3, 7
5. 5, 9		14. 9, 6

132쪽
1. 26	7. 89
2. 16	8. 97
3. 69	9. 57
4. 39	10. 29
5. 89	11. 98
6. 47	12. 78

133쪽
1. 70　　2. 80
3. 40　　4. 70

134쪽
1. 5, 0	6. 7, 0	10. 8, 0
2. 5, 0	7. 2, 0	11. 7, 0
3. 9, 0	8. 6, 0	12. 9, 0
4. 6, 0	9. 8, 0	13. 8, 0
5. 9, 0		14. 9, 0

135쪽
1. 30	7. 90
2. 60	8. 80
3. 60	9. 70
4. 40	10. 50
5. 90	11. 90
6. 80	12. 70

136쪽
1. 73　　2. 35
3. 72　　4. 64

137쪽
1. 4, 8   6. 8, 1   10. 4, 7
2. 7, 6   7. 8, 5   11. 9, 3
3. 6, 2   8. 6, 6   12. 7, 1
4. 8, 7   9. 9, 9   13. 9, 9
5. 9, 5   14. 7, 4

138쪽
1. 65   7. 58
2. 79   8. 85
3. 94   9. 74
4. 72   10. 82
5. 68   11. 99
6. 91   12. 97

139쪽
1. 57   2. 83
3. 59   4. 68

140쪽
1. 3, 6   6. 9, 7   10. 6, 6
2. 5, 8   7. 7, 3   11. 8, 7
3. 7, 9   8. 8, 4   12. 5, 8
4. 4, 9   9. 9, 6   13. 7, 4
5. 8, 8   14. 8, 9

141쪽
1. 29   7. 48
2. 93   8. 57
3. 67   9. 73
4. 69   10. 86
5. 99   11. 89
6. 94   12. 98

142쪽
1. <   7. >
2. >   8. <
3. <   9. <
4. >   10. <
5. =   11. >
6. <   12. <

143쪽
1. 6, 30, 36 (또는 30, 6, 36)
   ; 36개
2. 23, 12, 35 (또는 12, 23, 35)
   ; 35개
3. 23, 6, 29 (또는 6, 23, 29)
   ; 29개
4. 12, 30, 42 (또는 30, 12, 42)
   ; 42개

144쪽
1. 32   2. 62
3. 21   4. 45

145쪽
1. 1, 5   6. 7, 1   10. 5, 1
2. 3, 1   7. 5, 4   11. 4, 4
3. 2, 1   8. 3, 0   12. 6, 3
4. 6, 2   9. 4, 3   13. 7, 2
5. 8, 1   14. 9, 1

146쪽
1. 13   7. 21
2. 32   8. 64
3. 53   9. 71
4. 84   10. 40
5. 61   11. 91
6. 75   12. 82

147쪽
1. 40   2. 30
3. 30   4. 10

148쪽
1. 2, 0	6. 4, 0	10. 2, 0
2. 2, 0	7. 2, 0	11. 2, 0
3. 5, 0	8. 1, 0	12. 6, 0
4. 5, 0	9. 1, 0	13. 2, 0
5. 3, 0		14. 7, 0

149쪽
1. 10	7. 10
2. 60	8. 40
3. 10	9. 40
4. 30	10. 30
5. 10	11. 50
6. 10	12. 30

150쪽
1. 44	2. 45
3. 32	4. 16

151쪽
1. 1, 7	6. 6, 4	10. 1, 6
2. 2, 5	7. 1, 7	11. 1, 3
3. 2, 8	8. 4, 6	12. 3, 1
4. 3, 9	9. 8	13. 4, 2
5. 1, 1		14. 2, 4

152쪽
1. 14	7. 18
2. 17	8. 43
3. 36	9. 31
4. 28	10. 19
5. 36	11. 25
6. 22	12. 14

153쪽
1. 35	2. 42
3. 21	4. 22

154쪽
1. 1, 2	6. 4, 6	10. 1, 1
2. 2, 2	7. 3	11. 2, 0
3. 3, 1	8. 1, 4	12. 5, 2
4. 4, 3	9. 5, 7	13. 4, 2
5. 3, 2		14. 1, 3

155쪽
1. 21	7. 17
2. 22	8. 42
3. 24	9. 21
4. 12	10. 41
5. 40	11. 42
6. 44	12. 35

156쪽
1. <	7. >
2. >	8. >
3. >	9. <
4. >	10. >
5. =	11. <
6. <	12. =

157쪽
1. 17, 6, 11 ; 11개
2. 40, 20, 20 ; 20개
3. 29, 20, 9 ; 9개
4. 29, 17, 12 ; 12개

158~159쪽
1. 34	2. 23
3. 4, 9	4. 4, 0
5. 68	6. 44

7. <
8. 10, 5, 15 (또는 5, 10, 15)
   ; 15개
9. 20, 28, 48 (또는 28, 20, 48)
   ; 48개
10. 28, 10, 18 ; 18개

계산박사 단계별 교육 과정

학년	학기	단계
1학년	1학기	1단계
	2학기	2단계
2학년	1학기	3단계
	2학기	4단계
3학년	1학기	5단계
	2학기	6단계
4학년	1학기	7단계
	2학기	8단계
5학년	1학기	9단계
	2학기	10단계
6학년	1학기	11단계
	2학기	12단계